Paris

1830

Guizot, François-Pierre-Guillaume

Cours d'histoire moderne

Volume 5

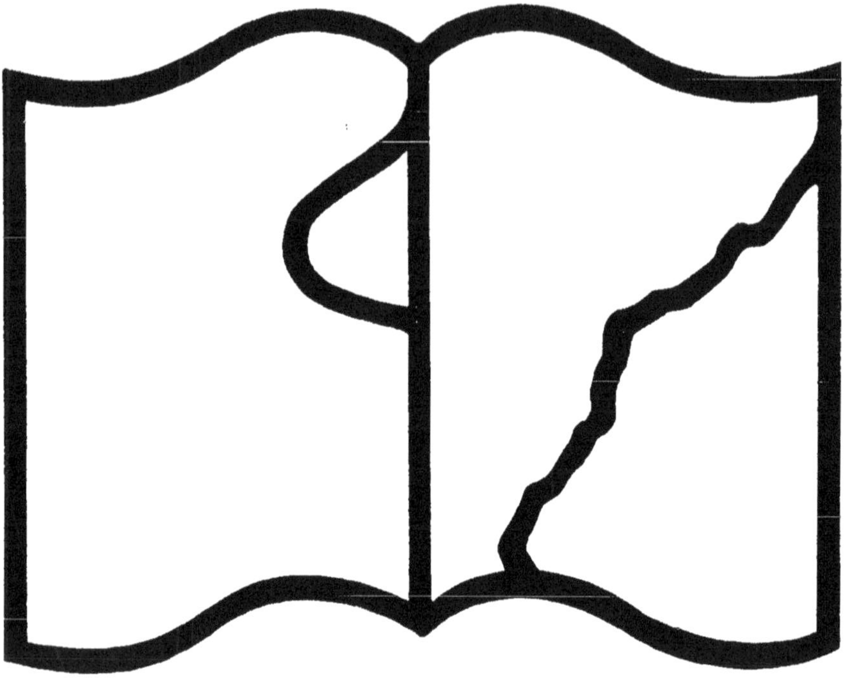

Symbole applicable
pour tout, ou partie
des documents microfilmés

Texte détérioré — reliure défectueuse

NF Z 43-120-11

J. Boulanger

COURS
D'HISTOIRE
MODERNE,

PROFESSÉ

PAR M. GUIZOT,

A LA FACULTÉ DES LETTRES DE PARIS.

REVU PAR L'AUTEUR.

HISTOIRE
DE LA CIVILISATION EN FRANCE

DEPUIS LA CHUTE DE L'EMPIRE ROMAIN JUSQU'EN 1789.

TOME IV. — LIVRAISONS 1 — 12

PARIS,

PICHON ET DIDIER, ÉDITEURS,

LIBRAIRES-COMMISSIONNAIRES, QUAI DES AUGUSTINS, N° 47.

ALEXANDRE MESNIER, LIBRAIRE, PLACE DE LA BOURSE. | PAPINOT, LIBRAIRE. RUE DE SORBONNE, N° 34.

1830

COURS D'HISTOIRE MODERNE.

1829—1830.

PREMIÈRE LEÇON.

Objet du cours. — Des élémens de l'unité nationale. — Ils existent et commencent à se développer, en France, vers la fin du xe siècle. — De là date la civilisation française. — L'époque féodale sera l'objet de ce cours. — Elle comprend les xie, xiie et xiiie siècles, de Hugues Capet à Philippe de Valois. — Preuves que ce sont là les limites de l'époque féodale. — Plan du cours. — Histoire 1° de la société, 2° de l'esprit humain pendant l'époque féodale. — L'histoire de la société se divise en 1° histoire de la société civile, 2° histoire de la société religieuse. — L'histoire de l'esprit humain se divise en 1° histoire de la littérature savante, en latin; 2° histoire de la littérature nationale, en langue vulgaire.

— Importance du moyen âge dans l'histoire de la civilisation française. — De l'état actuel des opinions sur le moyen âge. — Est-il vrai que l'impartialité historique et la sympathie poétique pour cette époque aient des dangers? — Utilité de cette étude.

MESSIEURS,

L'an dernier, en commençant ce cours, j'ai été obligé d'en déterminer le sujet, d'expliquer les motifs de ce choix. Je n'ai aujourd'hui rien de pareil à faire. L'objet de notre étude est connu; la route est tracée. J'ai essayé de vous faire assister aux origines de la civilisation française, sous les deux premières races; je me propose de la suivre à travers toutes ses vicissitudes, dans son long et glorieux développement, jusqu'à la veille de nos jours. Je la reprends donc aujourd'hui où je l'ai laissée, c'est-à-dire à la fin du xe siècle, à l'avénement des Capétiens.

C'est là, je le disais en finissant il y a quelques mois, c'est là que commence la France, la civilisation française. Jusque là, vous vous le rappelez, nous avons parlé de la civilisation gauloise, romaine, gallo-romaine, franque, gallo-franque; nous avons été obligés d'allier des noms étrangers, des noms qui ne sont pas le nôtre, pour exprimer avec quelque justesse une société sans unité, sans fixité, sans ensemble. A partir de la fin du xe siècle, il n'y a plus rien de semblable; c'est maintenant des Français, de la civilisation française que nous avons à nous occuper.

Et pourtant, Messieurs, c'est à cette même époque que toute unité nationale et politique disparaît sur notre territoire. Ainsi le disent tous les livres; ainsi le montrent tous les faits. C'est l'époque où prévaut complètement le régime féodal, c'est-à-dire le démembrement du peuple et du pouvoir. Au xie siècle, le sol que nous appelons français est couvert de petits peuples, de petits souverains, à peu près étrangers les uns aux autres, à peu près indépendans les uns des autres. L'ombre même d'un gouvernement central, d'une nation générale, semble avoir disparu.

Comment se fait-il que la civilisation et l'histoire vraiment française commencent précisément au moment où il est presque impossible de découvrir une France?

C'est que, dans la vie des peuples, l'unité

extérieure, visible, l'unité de nom et de gouvernement, bien qu'importante, n'est pas la première, la plus réelle, celle qui constitue vraiment une nation. Il y a une unité plus profonde, plus puissante; c'est celle qui résulte, non pas de l'identité de gouvernement et de destinée, mais de la similitude des élémens sociaux, de la similitude des institutions, des mœurs, des idées, des sentimens, des langues; l'unité qui réside dans les hommes mêmes que la société réunit, et non dans les formes de leur rapprochement; l'unité morale enfin, très-supérieure à l'unité politique et qui peut seule la fonder solidement.

Eh bien! Messieurs, c'est à la fin du xe siècle qu'est placé le berceau de cet être unique et complexe à la fois qui est devenu la nation française. Il lui a fallu bien des siècles et de longs efforts pour sortir de là, et se produire dans sa simplicité et sa grandeur. Cependant, à cette époque, ses élémens existent et on commence à entrevoir le travail de leur développement. Dans les temps que nous avons étudiés l'an dernier, du ve au xe siècle, sous la main de Charlemagne, par exemple, l'unité politique, extérieure, a été souvent plus grande, plus forte qu'à l'époque dont nous allons nous occuper. Mais si vous regardez au fond des choses, à l'état moral des hommes mêmes, l'unité y manque complètement. Les races sont profondément diverses et même ennemies ; les lois, les traditions, les mœurs, les langues diffèrent et luttent également ; les situations, les relations sociales n'ont ni généralité, ni fixité. A la fin du xe et au commencement du xie siècle, il n'y a point d'unité politique pareille à celle de Charlemagne ; mais les races commencent à s'amalgamer ; la diversité des lois, selon l'origine, n'est plus le principe de toute la législation. Les situations sociales ont acquis quelque fixité ; des institutions, non pas les mêmes, mais partout analogues, les institutions féodales ont prévalu, ou à peu près, sur tout le territoire. Au lieu de la diversité radicale, impérissable, de la langue latine et des langues germaniques, deux langues commencent à se former, la langue romane du midi, et la langue romane du nord, différentes sans doute, cependant de même origine, de même caractère, et destinées à s'amalgamer un jour. Dans l'âme des hommes, dans leur existence morale, la diversité commence aussi à s'effacer. Le Germain est moins adonné à ses traditions, à ses habitudes germaniques ; il se détache peu à peu de son passé pour appartenir à sa situation présente. Il en arrive autant du Romain ; il se souvient moins de l'ancien empire et de sa chute, et des sentimens qui en naissaient pour lui. Sur les vainqueurs et sur les vaincus, les faits nouveaux, actuels, qui leur sont communs, exercent chaque jour plus d'empire. En un mot, l'unité politique est à peu près nulle ; la diversité réelle encore très-grande ; cependant il y a au fond plus d'unité véritable qu'il n'y en a eu depuis cinq siècles. On commence à entrevoir les élémens d'une nation ; et la preuve, c'est que, depuis cette époque, la tendance de tous ces élémens sociaux à se rapprocher, à s'assimiler, à se former en grandes masses, c'est-à-dire la tendance vers l'unité nationale, et par là vers l'unité politique, devient le caractère dominant, le grand fait de l'histoire de la civilisation française, le fait général et constant autour duquel tournera toute notre étude.

Le développement de ce fait, Messieurs, le triomphe de cette tendance a été la bonne fortune de la France. C'est par là surtout qu'elle a devancé les autres peuples du continent dans la carrière de la civilisation. Regardez l'Espagne, l'Italie, l'Allemagne même ; qu'est-ce qui leur manque ? Elles ont marché beaucoup plus lentement que la France vers l'unité morale, vers la formation en un seul peuple. Ou bien, là où l'unité morale s'est formée ou à peu près, comme en Italie et en Allemagne, sa transformation en unité politique, la naissance d'un gouvernement général a été ralentie ou tout-à-fait arrêtée. Plus heureuse, la France est arrivée plus tôt et plus complètement à cette double unité, non pas seul principe, mais seul gage de la force et de la grandeur des nations. C'est à la fin du xe siècle qu'elle s'est, pour ainsi dire, mise en marche vers cet important résultat. C'est donc bien de cette époque que date véritablement la civilisation française ; c'est là que nous pouvons commencer à l'étudier sous son vrai nom.

L'époque féodale, c'est-à-dire l'époque où le régime féodal est le fait dominant sur notre territoire, sera l'objet du cours de cette année.

Elle est comprise entre Hugues Capet et Philippe de Valois, c'est-à-dire qu'elle embrasse les xie, xiie et xiiie siècles.

Que ce soient là vraiment les limites, la carrière de l'époque féodale, il est aisé, je crois, de le constater.

Le caractère propre, général, de la féodalité,

je viens de le rappeler, et tout le monde le connaît, c'est le démembrement du peuple et du pouvoir en une multitude de petits peuples et de petits souverains ; l'absence de toute nation générale, de tout gouvernement central. Voyons dans quelles limites ce fait est contenu. Ces limites seront nécessairement celles de l'époque féodale.

On peut, si je ne me trompe, les reconnaître surtout à trois symptômes.

1° Sous quels ennemis a succombé la féodalité? qui l'a combattue en France? deux forces : la royauté d'une part, les communes de l'autre. Par la royauté, s'est formé en France un gouvernement central; par les communes, s'est formée une nation générale, qui est venue se grouper autour du gouvernement central.

A la fin du xe siècle, la royauté et les communes n'étaient pas, ou étaient à peine visibles. Au commencement du xive siècle, la royauté est la tête de l'État, les communes sont le corps de la nation. Les deux forces sous lesquelles devait succomber le régime féodal ont atteint alors, non pas certes leur entier développement, mais une prépondérance décidée. A ce symptôme, on peut donc dire que là s'arrête l'époque féodale proprement dite, puisque l'absence de toute nation générale et de tout-pouvoir central est son caractère essentiel.

Voici un second symptôme qui assigne à l'époque féodale les mêmes limites.

Du xe au xive siècle, les guerres, qui sont alors le principal événement de l'histoire, ont, la plupart du moins, un même caractère. Ce sont des guerres intérieures, civiles pour ainsi dire, dans le sein de la féodalité elle-même. C'est un suzerain qui s'efforce de conquérir du territoire sur ses vassaux; ce sont des vassaux qui se disputent certaines portions du territoire. Telles nous apparaissent, sauf les Croisades, presque toutes les guerres de Louis le Gros, de Philippe-Auguste, de saint Louis et de Philippe le Bel; c'est de la nature même de la société féodale que dérivent leurs motifs et leurs effets.

Avec le xive siècle, les guerres changent de caractère. Alors commencent les guerres étrangères, non plus de vassal à suzerain ou de vassal à vassal, mais de peuple à peuple, de gouvernement à gouvernement. A l'avénement de Philippe de Valois, éclatent les grandes guerres des Français contre les Anglais, les prétentions des rois d'Angleterre, non sur tel ou tel fief, mais sur le pays et le trône de France; et elles se prolongent jusqu'à Louis XI.

Il ne s'agit plus alors de guerres féodales, mais de guerres nationales : preuve certaine que l'époque féodale s'arrête à ces limites, qu'une autre société a déjà commencé.

Enfin, si nous nous adressons à un troisième genre d'indice, si nous interrogeons les grands événemens qu'on est accoutumé, et avec raison, à considérer comme le résultat, comme l'expression de la société féodale, vous trouverez qu'ils sont tous renfermés dans l'époque dont nous parlons. Les Croisades, cette grande aventure de la féodalité et sa gloire populaire, finissent, ou à peu près, avec saint Louis et le XIIIe siècle; on n'en entend plus ensuite qu'un vain retentissement. La chevalerie, cette poétique fille, cet idéal, pour ainsi dire, du régime féodal, est également renfermée dans les mêmes limites : au XIVe siècle, elle est en décadence, et un chevalier errant paraît déjà un personnage ridicule. La littérature romanesque et chevaleresque, les troubadours, les trouvères, en un mot toutes les institutions, tous les faits qu'on peut regarder comme les résultats, les compagnons de la féodalité, appartiennent de même aux XIe, XIIe et XIIIe siècles. C'est donc bien là l'époque féodale, et quand je la renferme dans ces limites, je n'institue point une classification arbitraire, purement conventionnelle ; c'est le fait même.

Maintenant, Messieurs, comment étudierons-nous cette époque ? quel plan nous la fera mieux connaître ?

Vous vous rappelez, j'espère, que j'ai regardé la civilisation comme le résultat de deux grands faits : le développement, d'une part, de la société ; d'autre part, de l'homme individuel. J'ai donc eu soin de retracer toujours la civilisation extérieure et la civilisation intérieure, l'histoire de la société et l'histoire de l'homme, des relations humaines et des idées humaines, l'histoire politique et l'histoire intellectuelle.

Nous suivrons la même méthode, nous examinerons l'époque féodale sous ce double point de vue.

Sous le point de vue politique, en nous renfermant dans l'histoire de la société, nous trouverons, du xe au xive siècle, comme du ve au xe, deux sociétés très-voisines l'une de l'autre, emboîtées, pour ainsi dire, l'une dans l'autre, cependant essentiellement distinctes ; la société civile et la société religieuse, l'Église et l'État. Nous les étudierons séparément, comme nous l'avons déjà fait.

La société civile doit être considérée : 1° dans les faits qui la constituaient et qui nous montrent ce qu'elle a été ; 2° dans les monumens législatifs et politiques, qui émanent d'elle et où est empreint son caractère.

Les trois grands faits de l'époque féodale, les trois faits dont la nature et les rapports renferment l'histoire de la civilisation pendant ces trois siècles, sont : 1° les possesseurs de fiefs, l'association féodale elle-même ; 2° au-dessus et à côté de l'association féodale, en intime relation avec elle, et pourtant reposant sur d'autres principes, et appliquée à se créer une existence distincte, la royauté ; 3° au-dessous et à côté de l'association féodale, en intime relation aussi avec elle, et pourtant reposant aussi sur d'autres principes, et travaillant à s'en séparer, les communes. L'histoire de ces trois faits et de leur action réciproque est, à cette époque, l'histoire de la société civile.

Quant aux monumens écrits qui nous en restent, il y en a quatre principaux : deux recueils de lois, que la science moderne, à tort, je pense, appellerait des codes ; et deux ouvrages de jurisconsultes. Les monumens législatifs sont : 1° le Recueil des ordonnances des rois de France, et spécialement les Établissemens de saint Louis; 2° les Assises du royaume franc de Jérusalem, rédigées par ordre de Godefroi de Bouillon, et qui reproduisent, plus complètement et plus fidèlement que tout autre document, l'image de la société féodale.

Les deux ouvrages de jurisconsultes sont, 1° la *Coutume de Beauvaisis*, par Beaumanoir; 2° le *Traité de l'ancienne Jurisprudence des Français, ou Conseils à un Ami*, par Pierre de Fontaines.

J'étudierai avec vous ces monumens de la législation féodale, comme j'ai étudié les lois barbares et les Capitulaires, en les décomposant soigneusement et en essayant de bien démêler ce qu'ils contiennent, et d'en reconnaître exactement la nature.

De la société civile, nous passerons à la société religieuse; nous la considérerons, comme nous l'avons déjà fait: 1° en elle-même, dans son organisation propre et intérieure; 2° dans ses rapports avec la société civile, avec l'État; 3° enfin dans ses rapports avec le gouvernement extérieur de l'Église universelle, c'est-à-dire avec la papauté.

L'histoire de la société, si je ne me trompe, sera ainsi complète: nous entrerons dans l'histoire de l'esprit humain. Elle réside, à cette époque, dans deux grands faits, deux littératures distinctes : 1° une littérature savante, écrite en latin, adressée uniquement aux classes lettrées, laïques ou ecclésiastiques, et qui contient la théologie et la philosophie du temps; 2° une littérature nationale, populaire, toute en langue vulgaire, adressée à tout le monde, particulièrement aux oisifs et au peuple. Quiconque négligera l'un ou l'autre de ces deux faits, quiconque ne connaîtra pas bien ces deux littératures, ne les verra pas marcher de front, rarement voisines, rarement agissant l'une sur l'autre, mais toutes deux puissantes et tenant une grande place, n'aura qu'une idée incomplète et fausse de l'histoire intellectuelle de cette époque, de l'état et du progrès des esprits.

Tel est, Messieurs, dans son ensemble, le plan du cours de cette année.

C'est là, à coup sûr, un vaste champ ouvert à notre étude. Il y a là de quoi exciter et alimenter long-temps la curiosité scientifique. Mais une si grande époque de notre histoire, la France dans les plus rudes crises de son développement, le moyen âge enfin n'est-il plus aujourd'hui pour nous que matière de science, objet de curiosité? N'avons-nous pas, à le bien connaître, quelque intérêt plus général et plus pressant ? ce passé-là n'a-t-il plus de valeur que pour l'érudition ? est-il devenu complètement étranger au présent, à notre vie ?

Deux faits, si je ne me trompe, deux faits contemporains, visibles, attestent qu'il n'en est rien.

Evidemment, l'imagination se plaît aujourd'hui à se reporter vers cette époque. Ses traditions, ses mœurs, ses aventures, ses monumens ont pour le public un attrait qu'on ne saurait méconnaître. On peut interroger à ce sujet les lettres et les arts; on peut ouvrir les histoires, les romans, les poésies de notre temps; on peut entrer chez les marchans de meubles, de curiosités : partout on verra le moyen âge exploité, reproduit, occupant la pensée, amusant le goût de cette portion du public qui a du temps à donner à ses besoins ou à ses plaisirs intellectuels.

En même temps se manifeste, de la part de quelques hommes éclairés et honorables, amis sincères de la science et du progrès de l'humanité, un redoublement d'humeur contre cette époque et tout ce qui la rappelle. A leurs yeux, ceux qui y cherchent des inspirations, ou seulement des plaisirs poétiques, ramènent les lettres vers la barbarie; ceux qui, sous le point de vue politique et au milieu d'une masse énorme d'erreur et de mal, prétendent y trouver quelque chose de bien, ceux-là, qu'ils le veuillent ou non, favorisent le système du despotisme et du privilége. Ces impitoyables ennemis du moyen âge déplorent l'aveuglement du public, qui peut prendre quelque plaisir à se reporter, en imagination seulement, au milieu de ces siècles barbares, et semblent prédire, si cette disposition continue, le retour de toutes les absurdités, de tous les maux qui pesaient alors sur les peuples.

Ceci prouve clairement que le moyen âge est encore pour nous tout autre chose que matière de science; qu'il correspond à des intérêts plus actuels, plus directs que ceux de l'érudition et de la critique historique, à des sentimens plus généraux, plus vifs que celui de la pure curiosité.

Comment s'en étonner? Le double fait que je fais remarquer est précisément le résultat, et pour ainsi dire une forme nouvelle des deux caractères essentiels du moyen âge, des deux grands faits par lesquels cette époque a tenu, dans l'histoire de notre civilisation, tant de place, et pesé si fortement sur les siècles postérieurs.

D'une part, il est impossible de méconnaître que c'est là le berceau des sociétés et des mœurs modernes. De là datent : 1° les langues modernes, et spécialement la nôtre ; 2° les littératures modernes, précisément dans ce qu'elles ont de national, d'original, d'étranger à toute science, à toute imitation d'autres temps et d'autres pays ; 3° la plupart des monumens modernes, des monumens où se sont rassemblés pendant des siècles et se rassemblent encore les peuples : églises, palais, hôtels de ville, ouvrages d'art et d'utilité publique de tout genre ; 4° presque toutes les familles historiques, les familles qui ont joué un rôle et placé leur nom dans les diverses phases de notre destinée ; 5° un grand nombre d'événemens nationaux, importans en eux-mêmes et long-temps populaires, les Croisades, la Chevalerie, en un mot, presque tout ce qui a préoccupé, agité pendant des siècles l'imagination du peuple français.

C'est là évidemment l'âge héroïque des nations modernes, entre autres de la France. Quoi de plus naturel que sa richesse et son attrait poétique ?

A côté de ce fait, cependant, on en rencontre un autre non moins incontestable ; l'état social du moyen âge a été constamment, surtout en France, insupportable et odieux. Jamais le berceau d'une nation ne lui a inspiré une telle antipathie. Jamais le régime féodal, ses institutions, ses principes, n'ont obtenu cette adhésion irréfléchie, fruit de l'habitude, que les peuples ont souvent donnée aux plus mauvais systèmes d'organisation sociale. La France a constamment lutté pour leur échapper, pour les abolir. Quiconque leur a porté un coup, rois, jurisconsultes, Église, a été approuvé et populaire; le despotisme même, quand il a paru un moyen de s'en délivrer, a été accepté comme un bienfait.

Le XVIIIe siècle et la révolution française ont été chez nous le dernier terme, l'expression définitive de ce fait de notre histoire. Depuis long-temps, quand ils ont éclaté, l'état social du moyen âge était changé, énervé, dissous. C'est pourtant contre ses conséquences et ses souvenirs, que, dans la pensée et l'intention populaire, cette grande secousse s'est surtout accomplie. La société qui a péri alors, c'est la société que l'invasion germanique avait faite en Occident, et dont la féodalité avait été la forme première et essentielle. Elle n'était plus, à vrai dire; cependant c'était à elle qu'on en voulait.

Mais, précisément à cause de ce fait, Messieurs, précisément parce que le XVIIIe siècle et la révolution ont été l'explosion définitive de l'antipathie nationale pour l'état social du moyen âge, deux choses ont dû arriver et sont arrivées en effet : 1° Dans leurs violens efforts contre la mémoire et les restes de cette époque, le XVIIIe siècle et la révolution ont dû manquer envers elle d'impartialité, et ne pas reconnaître le bien qui s'y pouvait rencontrer; 2° on a dû méconnaître également alors son caractère poétique, son mérite et son attrait comme berceau de certains élémens de la vie nationale. Les époques où domine l'esprit critique, c'est-à-dire qui s'occupent surtout d'examiner et de démolir, comprennent peu en général les temps poétiques, ces temps où l'homme se laisse complaisamment aller à l'impulsion de ses mœurs et des faits qui l'entourent. Elles comprennent peu surtout ce qu'il y a de vrai et de poétique dans les temps auxquels elles font la guerre. Ouvrez les écrits du XVIIIe siècle, ceux-là du moins qui ont bien le caractère de l'époque et ont contribué à la grande révolution alors accomplie; vous verrez que l'esprit humain s'y montre fort peu sensible au mérite poétique de tout état social très-différent du type qu'il concevait et poursuivait alors, surtout au mérite poétique des temps rudes et grossiers, et, parmi ces temps, du moyen âge. L'*Essai sur les mœurs et l'esprit des nations* est en ce genre l'image la plus fidèle de la disposition générale du siècle; cherchez-y l'histoire du moyen âge : vous y verrez Voltaire constamment appliqué à faire ressortir tout ce qu'il y avait de grossier, d'absurde, d'odieux, de malheureux à cette époque. Il a raison, grandement raison dans le jugement définitif qu'il en porte, et dans ses efforts pour en abolir les restes. Mais c'est là tout ce qu'il en voit; il ne songe qu'à juger et à abolir. Dans ses écrits historiques, s'entend, dans ses ouvrages de polémique critique, car Voltaire a fait autre chose que de la critique; Voltaire était poète aussi, et quand il se laissait aller à son imagination, à ses instincts poétiques, il retrouvait des impressions bien différentes de ses jugemens. Il a parlé du moyen âge ailleurs que dans l'*Essai sur les mœurs et l'esprit des nations*? et comment en a-t-il parlé?

Oh! l'heureux temps que celui de ces fables,
Des bons démons, des esprits familiers,
Des farfadets, aux mortels secourables!
On écoutait tous ces faits admirables
Dans son château, près d'un large foyer.

Le père et l'oncle, et la mère et la fille,
Et les voisins, et toute la famille,
Ouvraient l'oreille à monsieur l'aumônier,
Qui leur faisait des contes de sorcier.

On a banni les démons et les fées;
Sous la raison les grâces étouffées
Livrent nos cœurs à l'insipidité;
Le raisonner tristement s'accrédite;
On court, hélas! après la vérité :
Ah! croyez-moi, l'erreur a son mérite.

Voltaire a tort d'appeler *erreur* le côté poétique de ces vieux temps; la poésie s'y associait sans doute à beaucoup d'erreurs; mais en elle-même elle était vraie, quoique d'une vérité très-différente de la vérité philosophique, et elle répondait à des besoins très-légitimes de la nature humaine. Peu importe, du reste, cette observation incidente; ce qu'il faut remarquer, c'est le singulier contraste entre Voltaire poète et Voltaire critique : le poète ressent vivement, pour le moyen âge, des impressions auxquelles le critique se montre complètement étranger; et l'un déplore la perte de ces impressions que l'autre s'applique à détruire. Rien, à coup sûr, ne fait mieux ressortir ce défaut d'impartialité politique et de sympathie poétique du XVIIIe siècle dont je parlais tout-à-l'heure.

Nous sommes maintenant dans la réaction contre cette disposition de l'époque qui nous a précédés. C'est là le fait qui se manifeste dans la direction que prennent, en grande partie du moins, les études historiques, les travaux littéraires, les goûts du public, et aussi dans l'humeur des partisans exclusifs du XVIIIe siècle. Cette humeur est-elle légitime ? Le danger qu'on signale dans cette réaction est-il grand ? est-il même réel ?

Sous le point de vue littéraire, je ne le nierai pas absolument. Je ne répondrais pas qu'il n'y ait quelque exagération, quelque manie dans ce retour de l'imagination vers le moyen âge, et que le bon sens et le bon goût n'aient un peu à en souffrir. La réaction, poursuivie avec beaucoup de talent, me paraît, à tout prendre, un tâtonnement plutôt qu'une régénération. Elle vient, à mon avis, d'hommes fort distingués, quelquefois sincèrement inspirés, mais qui s'égarent souvent en cherchant une bonne veine, plutôt que de gens qui l'ont trouvée, et qui l'exploitent avec confiance. Mais, en vérité, dans l'état actuel de la société et des esprits, le mal ne peut devenir bien grave. La publicité et la critique ne sont-elles pas toujours là, dans le monde littéraire aussi bien que dans le monde politique, et toujours prêtes à rendre partout les mêmes services, à avertir, retenir, combattre, empêcher enfin qu'on ne tombe sous la domination exclusive d'une coterie ou d'un système? Elles n'épargnent point la nouvelle école; et le public, le vrai et grand public, tout en l'accueillant avec bienveillance, ne paraît point disposé à s'en laisser asservir. Il la juge et la tance même quelquefois assez rudement. Rien ne me paraît donc annoncer que la barbarie soit près de rentrer dans le goût national.

Il faut bien d'ailleurs prendre la vie où elle se manifeste, le vent d'où il vient, le talent où il a plu au ciel de le mettre; car il faut, avant tout, dans le monde littéraire, du talent, de la vie. Ce qu'il y a de pis, c'est l'immobilité, la stérilité.

S'agit-il du danger de l'impartialité politique, caractère de la réaction qu'on déplore? Celui-ci, il faut le nier absolument. L'impartialité ne sera jamais une pente populaire, l'erreur des masses; elles sont gouvernées par des idées et des passions simples, exclusives; il n'y a pas à craindre qu'elles jugent jamais trop favorablement du moyen âge et de son état social. Les intérêts actuels, les traditions nationales conservent à cet égard, sinon toute leur ardeur, du moins bien assez d'empire pour prévenir tout excès. L'impartialité dont il s'agit ne pénétrera guère au-delà des régions de la science et de la discussion philosophique.

Qu'est-elle d'ailleurs dans ces régions mêmes et parmi les hommes qui s'en piquent le plus? Les pousse-t-elle à quelque retour vers les doctrines du moyen âge, à quelque approbation de ses institutions, de son état social? Pas le moins du monde. Les principes sur lesquels reposent les sociétés modernes, les progrès et les besoins de la raison et de la liberté humaine, n'ont certainement pas de plus fermes, de plus zélés défenseurs que les partisans de l'impartialité historique; ils sont les premiers sur leur brèche, et plus en butte que nuls autres aux coups de leurs ennemis. Ils n'ont aucune estime pour les vieilles formes, la bizarre et tyrannique classification de la France féodale, œuvre de la force, que des siècles et des travaux immenses ont eu tant de peine à réformer. Ce qu'ils réclament, c'est un jugement complet et libre sur ce passé de la patrie. Ils ne croient pas qu'il ait été absolument dépourvu de vertu, de liberté, de raison, ni qu'on soit en droit de le mépriser pour ses erreurs et ses chutes dans une carrière où, encore aujourd'hui, après tant de progrès et de victoires, nous avançons nous-mêmes si laborieusement.

Il n'y a là évidemment aucun péril ni pour la liberté de l'esprit humain, ni pour la bonne organisation de la société.

N'y aurait-il pas, en revanche, à cette impartialité historique, à cette sympathie poétique pour l'ancienne France, de grands avantages?

Et d'abord, n'est-ce pas quelque chose qu'une source d'émotions et de plaisirs rouverte à l'imagination des hommes? Toute cette longue époque, toute cette vieille histoire, où l'on ne voyait naguère qu'absurdité et barbarie, redevient pour nous riche en grands souvenirs, en belles aventures, en événemens, en sentimens auxquels nous portons un vif intérêt. C'est un domaine rendu à ce besoin d'émotion, de sympathie, que rien, grâce à Dieu, ne saurait étouffer dans notre nature. L'imagination, Messieurs, joue un rôle immense dans la vie des hommes et des peuples. Pour l'occuper, pour la satisfaire, il lui faut ou une passion actuelle, énergique, comme celle qui animait le XVIIIe siècle et la révolution, ou un spectacle riche et varié. Le présent seul, le présent sans passion, le présent calme et régulier, ne suffit pas à l'âme humaine; elle s'y sent à l'étroit et pauvre; elle veut plus d'étendue, plus de variété. De là l'importance et le charme du passé, des traditions nationales, de toute cette partie de la vie des peuples où l'imagination erre et se joue librement, au milieu d'un espace bien plus vaste que la vie actuelle. Les peuples peuvent un moment, sous l'empire d'une crise violente, renier leur passé, le maudire même; ils ne sauraient l'oublier, ni s'en détacher long-temps et absolument. Un jour, dans l'un des parlemens éphémères tenus en Angleterre sous Cromwell, dans celui qui prit le nom d'un de ses membres, personnage ridicule, dans le parlement Barebone, un fanatique se leva et demanda que, dans tous les dépôts, dans tous les lieux publics, on anéantît les archives, les titres, tous les monumens écrits de la vieille Angleterre. C'était là un accès de cette fièvre qui saisit quelquefois les peuples au milieu des plus utiles, des plus glorieuses régénérations. Cromwell, plus sensé, fit repousser la proposition. Croyez-vous qu'elle eût eu long-temps l'assentiment de l'Angleterre, qu'elle eût vraiment atteint son but?

A mon avis, l'école du XVIIIe siècle a, plus d'une fois, commis cette méprise de ne pas comprendre tout le rôle que joue l'imagination dans la vie de l'homme et de la société. Elle a attaqué, décrié, d'une part tout ce qui était ancien, de l'autre, tout ce qui prétendait à être éternel, l'histoire et la religion; c'est-à-dire qu'elle a paru disputer et vouloir enlever aux hommes le passé et l'avenir, pour les concentrer dans le présent. La méprise s'explique, s'excuse même par l'ardeur de la lutte alors engagée, et par l'empire de la passion du moment, qui satisfaisait à ces besoins d'émotion et d'imagination impérissables dans la nature humaine. Mais elle n'en est pas moins grave, et de grave conséquence. Il me serait facile d'en retrouver, dans mille détails de notre histoire contemporaine, la preuve et les effets.

On s'est plaint d'ailleurs, et avec raison, que notre histoire ne fût point nationale, que nous manquassions de souvenirs, de traditions populaires. On a imputé à ce fait quelques-uns des défauts de notre littérature, et même de notre caractère. Faut-il donc l'étendre au-delà de ses limites naturelles? Faut-il regretter que le passé redevienne quelque chose pour nous, que nous y reprenions quelque intérêt?

Ce serait, sous le point de vue politique, et dans un but tout positif, un précieux avantage.

La puissance des souvenirs est grande pour enraciner et féconder les institutions. Les nôtres, Messieurs, sont bonnes et fortes; elles reposent sur des intérêts vraiment nationaux, sur des idées qui ont pénétré fort avant dans tous les esprits. Cependant elles sont jeunes; elles ne peuvent réclamer l'autorité d'une longue expérience, du moins d'une longue expérience nationale. C'est au nom de la raison, de la philosophie qu'elles ont paru d'abord; elles ont pris naissance dans des doctrines : noble origine, mais quelque temps sujette aux incertitudes, aux vicissitudes de l'esprit humain. Quoi de plus utile que de leur faire aussi pousser des racines dans le passé; de rattacher les principes et les garanties de notre ordre social aux principes entrevus, aux garanties cherchées dans la même voie, à travers les siècles? Les faits sont aujourd'hui populaires; les faits ont faveur et crédit. Hé bien! que les institutions, les idées qui nous sont chères, s'établissent fortement au sein des faits, des faits de tous les temps; qu'on en retrouve partout la trace; qu'elles reparaissent partout dans notre histoire. Elles y puiseront de la force, et nous-mêmes de la dignité; car un peuple s'estime plus haut et se sent plus fier quand il peut prolonger ainsi, dans une longue série de siècles, sa destinée et ses sentimens.

Un autre avantage enfin, un avantage d'une toute autre nature, mais non moins considérable, doit résulter pour nous de l'impartialité envers le moyen âge, et d'une contemplation attentive, familière, de cette époque.

Que la réforme sociale qui s'est accomplie de notre temps, sous nos yeux, soit immense, nul homme de sens ne le peut contester. Jamais les relations humaines n'ont été réglées avec plus de justice; jamais il n'en est résulté un bien-être plus général.

Non-seulement la réforme sociale est grande, mais je suis convaincu qu'une réforme morale correspondante s'est aussi accomplie; qu'à aucune époque peut-être il n'y a eu, à tout prendre, autant d'honnêteté dans la vie humaine, autant d'hommes vivant régulièrement; que jamais une moindre somme de force publique n'a été nécessaire pour réprimer les volontés individuelles. La moralité pratique a fait, j'en suis convaincu, presque les mêmes progrès que le bien-être et la prospérité du pays.

Mais sous un autre point de vue, nous avons, je crois, beaucoup à gagner, et nous sommes justement reprochables. Nous avons vécu, depuis cinquante ans, sous l'empire d'idées générales de plus en plus accréditées et puissantes; sous le poids d'événemens redoutables, presque irrésistibles. Il en est résulté une certaine faiblesse, une certaine mollesse dans les esprits et dans les caractères. Les convictions et les volontés individuelles manquent d'énergie et de confiance en elles-mêmes. On croit à une opinion commune, on obéit à une impulsion générale, on cède à une nécessité extérieure. Soit pour résister, soit pour agir, chacun a peu d'idée de sa propre force, peu de confiance dans sa propre pensée. L'individualité, en un mot, l'énergie intime et personnelle de l'homme est faible et timide. Au milieu des progrès de la liberté générale, beaucoup d'hommes semblent avoir perdu le sentiment fier et puissant de leur propre liberté.

Messieurs, tel n'était pas le moyen âge. La condition sociale y était déplorable; la moralité humaine fort inférieure à ce qu'on en a dit, fort inférieure à celle de nos jours. Mais dans beaucoup d'hommes, l'individualité était forte, la volonté énergique. Il y avait alors peu d'idées générales qui dominassent tous les esprits, peu d'événemens qui, dans toutes les parties du territoire, dans toutes les situations, pesassent sur les caractères. L'individu se déployait pour son compte, selon son penchant, irrégulièrement et avec confiance; la nature morale de l'homme apparaissait çà et là dans toute son ambition, avec toute son énergie. Spectacle non-seulement dramatique, attachant, mais instructif et utile; qui ne nous offre rien à regretter, rien à imiter, mais beaucoup à apprendre; ne fût-ce qu'en éveillant sans cesse notre attention sur ce qui nous manque, en nous montrant ce que peut un homme quand il sait croire et vouloir.

De tels mérites, Messieurs, valent bien, à coup sûr, le soin que nous apporterons dans notre étude; et vous verrez, je l'espère, qu'il n'y a pour nous, à être justes, pleinement justes envers cette grande époque, aucun péril et quelque fruit.

DEUXIÈME LEÇON.

Nécessité d'étudier la formation progressive du régime féodal. — On oublie souvent que les faits sociaux ne se forment que lentement, et subissent, en se formant, beaucoup de vicissitudes. — Décomposition du régime féodal dans ses élémens essentiels. Ils sont au nombre de trois : 1° la nature de la propriété territoriale ; 2° la fusion de la souveraineté et de la propriété ; 3° l'organisation hiérarchique de l'association féodale. — De l'état de la propriété territoriale du ve au xe siècle. — Origine et sens du mot *feodum*. — Il est synonyme de *beneficium*. — Histoire des bénéfices du ve au xe siècle. — Examen du système de Montesquieu sur la gradation légale de la durée des bénéfices. — Causes de l'accroissement du nombre des bénéfices. — Presque toute la propriété foncière devient féodale.

MESSIEURS,

J'ai établi que l'époque féodale embrasse les XIe XIIe et XIIIe siècles. Avant d'y entrer, avant de l'étudier en elle-même et selon le plan que j'ai tracé, il faut avoir une idée un peu précise des origines de la féodalité; il faut pouvoir la suivre et se la représenter, du ve au xe siècle, dans les diverses phases de sa formation progressive.

Je dis de sa formation progressive, et à dessein. Aucun grand fait, aucun état social n'apparaît complet et tout-à-coup; il se forme lentement, successivement; il est le résultat d'une multitude de faits divers, de diverses dates, de diverses origines, et qui se modifient et se combinent de mille manières avant d'arriver à constituer un ensemble qui se présente sous une forme claire, systématique, reçoive un nom spécial, et traverse une longue vie.

Vérité si simple, Messieurs, si évidente, qu'au premier aspect il semble inutile de la rappeler; il le faut bien pourtant, car elle a été, elle est sans cesse oubliée. On étudie, on décrit en général une époque historique quand elle a cessé, un état social quand il a disparu. C'est alors dans leur ensemble, sous leur forme complète et définitive, que cette époque, cet état se présentent à l'esprit de l'observateur et de l'historien. Il se laisse aisément aller à croire qu'il en a toujours été ainsi; il oublie aisément que ces faits qu'il contemple dans tout leur développement, ont commencé, grandi, subi, en grandissant, une foule de métamorphoses; et il veut les voir, il les cherche partout tels qu'il les connaît et les conçoit au moment de leur pleine maturité.

De cette disposition sont nées une foule d'erreurs, et d'erreurs graves, dans l'histoire des êtres mêmes dont l'unité, dont la permanence est la plus grande et la plus visible, dans l'histoire des hommes. Pourquoi tant de contradictions et d'incertitudes sur le caractère et la destinée morale de Mahomet, de Cromwell, de Napoléon? Pourquoi ces problèmes sur leur sincérité ou leur hypocrisie, leur égoïsme ou leur patriotisme? Parce qu'on veut voir comme simultanées, comme ayant co-existé en eux, des dispositions, des idées qui s'y sont développées successivement; parce qu'on oublie que, sans perdre leur identité essentielle, ils ont beaucoup et sans cesse changé; qu'aux vicissitudes de leur destinée extérieure, ont correspondu des révolutions intérieures, souvent inaperçues de leurs contemporains, mais réelles et puissantes. Si on les suivait pas à pas, de leur apparition dans le monde jusqu'à leur mort, si on assistait à ce travail caché de leur nature morale au milieu de la mobilité et de l'activité de leur vie, on verrait disparaître, s'atténuer du moins beaucoup ces incohérences, ces obscurités dont on s'étonne ; et alors seulement on les connaîtrait, on les comprendrait véritablement.

S'il en est ainsi dans l'histoire des êtres individuels, les plus simples de tous, et dont la durée est si courte, à combien plus forte raison dans l'histoire des sociétés, de ces faits généraux, si vastes, si complexes, et qui traversent tant de siècles! C'est ici surtout qu'il y a péril à méconnaître la variété des origines, la complication et la lenteur de la formation. Nous en avons, dans la matière spéciale qui nous occupe, un éclatant exemple. Peu de problêmes historiques ont été plus longuement et plus vivement débattus que celui de savoir quand et comment a commencé le régime féodal. Pour ne parler que des érudits et des publicistes français, Chantereau-Lefèvre, Salvaing, Brussel, Boulainvilliers, Dubos, Mably, Montesquieu et tant d'autres, s'en font chacun une idée différente. D'où vient cette diversité? C'est qu'ils ont presque tous voulu trouver, dans son berceau même, le régime féodal tout entier, tel qu'ils le voyaient à l'époque de son plein développement. La féodalité est, pour ainsi dire, entrée toute faite dans leur esprit ; et c'est dans cet état, à ce degré de son histoire, qu'ils l'ont partout cherchée. Et comme cependant chacun d'eux s'est attaché de préférence à tel ou tel caractère du régime féodal, et l'a fait consister dans tel ou tel élément plutôt que dans tel autre, ils ont été conduits, sur l'époque et le mode de sa formation, à des idées prodigieusement diverses; idées faciles à rectifier et à concilier, dès qu'on veut bien ne pas oublier que la féodalité a employé cinq siècles à se former, et que ses nombreux élémens appartiennent, dans ce long intervalle, à des époques et à des origines très-différentes.

C'est d'après cette idée, et en ne la perdant jamais de vue, que j'essaierai de tracer, rapidement et comme préparation à l'étude de la féodalité elle-même, l'histoire de sa formation progressive.

Pour y réussir, il faut 1° déterminer les principaux faits, les élémens essentiels de cet état social; je veux dire les faits qui le constituent proprement et le distinguent de tout autre; 2° suivre ces faits à travers leurs transformations successives, soit chacun isolément et en lui-même, soit dans les rapprochemens et les combinaisons qui, au bout de cinq siècles, en ont fait sortir la féodalité.

Les faits essentiels, les élémens constitutifs du régime féodal peuvent, je crois, se réduire à trois:

1° La nature particulière de la propriété territoriale; propriété réelle, pleine, héréditaire, et pourtant reçue d'un supérieur, imposant à son possesseur, sous peine de déchéance, certaines obligations personnelles, manquant enfin de cette complète indépendance qui en est aujourd'hui le caractère;

2° La fusion de la souveraineté avec la propriété; je veux dire l'attribution au propriétaire du sol, sur tous les habitans de ce même sol, de tous ou presque tous les droits qui constituent ce que nous appelons la souveraineté, et ne sont aujourd'hui possédés que par le gouvernement, le pouvoir public;

3° Le système hiérarchique d'institutions législatives, judiciaires, militaires, qui liaient entre eux les possesseurs de fiefs, et en formaient une société générale.

Ce sont là, si je ne me trompe, les faits vraiment essentiels et constitutifs de la féodalité. Il serait aisé de la décomposer en un plus grand nombre d'élémens, de lui assigner un plus grand nombre de caractères; mais ceux-là sont, je crois, les principaux, et contiennent tous les autres. Je m'y bornerai donc, et les résumerai en disant que, pour bien comprendre le développement progressif de la féodalité, nous avons à étudier : 1° l'histoire de la propriété territoriale, c'est-à-dire de l'état des terres; 2° l'histoire de la souveraineté et de la condition sociale, c'est-à-dire de l'état des personnes; 3° l'histoire du régime politique, c'est-à-dire de l'état des institutions.

J'entre sur-le-champ en matière : l'histoire de la propriété territoriale nous occupera aujourd'hui.

A la fin du xe siècle, lorsque la féodalité fut définitivement constituée, son élément territorial portait, vous le savez, le nom de *fief*, *feodum*, *feudum*. Un écrivain plein de sens et de science, Brussel, dans son *Examen de l'usage général des Fiefs, aux XIe, XIIe, XIIIe et XIVe siècles*, dit que le mot *fief*, *feodum*, ne désignait pas originairement la terre même, le corps du domaine, mais seulement ce qu'on appelle en langage féodal la *mouvance* de la terre, c'est-à-dire sa relation de dépendance envers tel ou tel suzerain :

Ainsi, dit-il, lorsque le roi Louis le Jeune notifie, par une charte de l'an 1167, que le comte Henri de Champagne vient d'accorder, en sa présence, à Barthélemi, évêque de Beauvais, le *fief* de Savegny, l'on doit seulement entendre par là que le comte Henri a accordé à l'évêque de Beauvais la mouvance de Savegny; en sorte que cette terre, qui avait jusqu'alors relevé immédiatement du comte de Champagne, devait commencer dès ce moment à n'en plus relever qu'en arrière-fief [1].

Je crois que Brussel se trompe. Il est tout-à-fait invraisemblable que le nom de la propriété féodale n'ait désigné d'abord que la qualité, l'attribut de cette propriété, et non la chose même. Quand on a donné les premières terres qui sont devenues des fiefs, ce n'est pas la suzeraineté seule qu'on a conférée; on a donné évidemment la terre même. Plus tard, lorsque le régime féodal et ses idées ont acquis un peu de fixité et de développement, alors on a pu distinguer la *mouvance* du domaine, donner l'une à part de l'autre, et la désigner par un mot particulier. Il se peut qu'à cette époque le mot *fief* ait été souvent employé pour la *mouvance*, indépendamment du corps de la terre. Mais tel ne saurait avoir été le sens primitif de *feodum*; le domaine et la mouvance ont été, à coup sûr, originairement confondus dans le langage comme en fait.

Quoi qu'il en soit, ce mot ne se rencontre qu'assez tard dans les documens de notre his-

[1] Tome I, pag. 3.

toire. Il apparaît pour la première fois dans une charte de Charles le Gros, en 884. Il y est répété trois fois, et à peu près à la même époque on le rencontre aussi ailleurs. Son étymologie est incertaine; on lui en a assigné plusieurs. Je ne vous en indiquerai que deux, les seules probables. Selon les uns, et c'est l'avis de la plupart des jurisconsultes français, de Cujas entre autres, le mot *feodum* est d'origine latine; il vient du mot *fides*, et désigne la terre à raison de laquelle on était tenu à la fidélité envers un suzerain. Selon les autres, et surtout selon les écrivains allemands, *feodum* est d'origine germanique, et vient de deux anciens mots, dont l'un a disparu des langues germaniques, tandis que l'autre subsiste encore dans plusieurs, spécialement en anglais : du mot *fe*, *fee*, salaire, récompense, et du radical *od*, propriété, bien, possession; en sorte que *feodum* désigne une propriété donnée en récompense, à titre de solde, de salaire.

L'origine germanique me paraît beaucoup plus probable que l'origine latine; d'abord, à cause de la structure même du mot; ensuite, parce qu'au moment où il s'introduit dans notre territoire, c'est de Germanie qu'il vient; enfin, parce que dans nos anciens documens latins, ce genre de propriété portait un autre nom, celui de *beneficium*. Le mot *beneficium* remplit nos documens historiques du ve au ixe siècle, et y désigne évidemment le même état de la propriété territoriale qui prit, à la fin du ixe siècle, le nom de *feodum*. Long-temps encore, à partir de cette époque, les deux mots sont synonymes; si bien que, dans la charte même de Charles le Gros, et jusque dans une charte de l'empereur Frédéric Ier, de 1162, *feodum* et *beneficium* sont employés indifféremment.

Pour étudier donc l'histoire des *feoda* du ve au ixe siècle, c'est à celle des *beneficia* qu'il faut regarder. Ce que nous dirons des bénéfices s'appliquera aux fiefs; car les deux mots sont, à des dates diverses, l'expression du même fait.

Dès les premiers temps de notre histoire, aussitôt après l'invasion et l'établissement des Germains sur le sol gaulois, on voit apparaître les bénéfices. Ce genre de propriété territoriale est opposé à un autre qui porte le nom d'*alodium*, aleu. Le mot *alod, alodium*, désignait une terre que le possesseur ne tenait de personne, qui ne lui imposait envers personne aucune obligation.

Il y a lieu de croire que les premiers aleux furent les terres que, sous diverses formes, et sans partage général ou systématique, s'approprièrent les Germains vainqueurs, Francs, Bourguignons ou Visigoths, au moment de leur établissement. Celles-là étaient complètement indépendantes; on les recevait de la conquête, du sort, non d'un supérieur. On les appela *alod*, c'est-à-dire *lot*, *sort*, selon les uns; propriété pleine, indépendante (*al-od*), selon les autres.

Le mot *beneficium*, au contraire, désigna dès l'origine (et il le dit clairement) une terre reçue d'un supérieur, à titre de récompense, de bienfait, et qui obligeait, envers lui, à certaines charges, à certains services. Vous savez que les chefs germains, pour s'attirer ou s'attacher des compagnons, leur faisaient des présens d'armes, de chevaux, les nourrissaient, les entretenaient à leur suite. Les dons de terres, les bénéfices, succédèrent, ou du moins vinrent s'ajouter à ces présens mobiliers. Mais de là devait résulter et résulta bientôt, en effet, dans les relations du chef et de ses compagnons, un changement considérable. Les présens d'armes, de chevaux, les banquets retenaient les compagnons autour du chef et dans une vie commune. Les dons de terres, au contraire, étaient une cause infaillible de séparation. Parmi les hommes à qui leur chef donnait des bénéfices, plusieurs prirent bientôt l'envie d'aller s'y établir, de vivre aussi sur leur terre, d'y devenir à leur tour le centre d'une petite société. Ainsi, par leur seule nature, les nouveaux dons du chef à ses compagnons dispersèrent la bande, et changèrent les principes aussi bien que les formes de la société.

Seconde différence féconde en résultats: La quantité des armes, des chevaux, des présens mobiliers, en un mot, qu'un chef pouvait faire à ses hommes, n'était pas limitée. C'était une affaire de pillage; une nouvelle expédition procurait toujours de quoi donner. Il n'en pouvait être ainsi des présens de terres. C'était beaucoup sans doute que l'empire romain à se partager; cependant la mine n'était pas inépuisable; et quand un chef avait donné les terres du pays où il s'était fixé, il n'avait plus rien à donner pour gagner d'autres compagnons, à moins de recommencer sans cesse la vie errante, de changer sans cesse de résidence et de patrie, habitude qui se perdait de plus en plus. De là un double fait partout visible du ve au ixe siècle. D'une part, l'effort constant des donateurs de bénéfices pour les reprendre, dès que cela leur convient, et s'en faire un moyen d'acquérir d'autres compagnons; d'autre part, l'effort également constant des bénéficiers pour s'assurer la possession pleine et immuable des terres, et s'affranchir même de leurs obligations envers le chef dont ils les tiennent, mais auprès duquel ils ne vivent plus, dont ils ne partagent plus toute la destinée.

De ce double effort résulte, pour les propriétés de ce genre, une instabilité continuelle. Les uns les reprennent, les autres les retiennent par la force, et ils s'accusent tous d'usurpation.

C'était là le fait; mais quel était le droit? quelle était la condition légale des bénéfices et du lien formé entre les donateurs et les donataires?

Voici le système de la plupart des historiens-publicistes, spécialement de Montesquieu, Robertson et Mably: Les bénéfices, pensent-ils, furent: 1° complètement amovibles; le donateur pouvait les reprendre quand il voulait; 2° temporaires, concédés pour un temps déterminé, un an, cinq ans, dix ans; 3° viagers, accordés pour la vie du bénéficier; 4° enfin héréditaires. L'amovibilité arbitraire, la concession temporaire, la possession viagère, et la propriété héréditaire, tels sont, à leur avis, les quatre états par lesquels la propriété bénéficiaire a passé du ve au xe siècle; telle est la progression des faits depuis la conquête jusqu'à l'entier établissement de la féodalité.

Je crois ce système également repoussé par les témoignages historiques et les vraisemblances morales.

Et d'abord l'amovibilité absolue, arbitraire, des bénéfices, se peut-elle supposer? Il y a dans cette seule expression quelque chose qui répugne à la nature même des relations humaines. A moins que ces relations ne soient l'œuvre de la force, comme il arrive entre le maître et l'esclave, le prisonnier de guerre et le vainqueur, il n'est pas vraisemblable, il n'est pas possible que tout l'avantage, tout le droit appartienne à un seul des intéressés. Comment un homme libre, un guerrier, qui se liait volontairement avec un chef, se serait-il soumis à cette condition que le chef pût faire à son égard tout ce qu'il lui plairait, et, par exemple, lui retirer demain, sans motif, par sa seule fantaisie, le domaine qu'il lui avait donné aujourd'hui? Dans les rapports volontaires des créatures libres, quelle que soit l'inégalité, il y a toujours une certaine réciprocité, des conditions mutuelles. *A priori*, l'amovibilité complète et arbitraire n'a pu être, à aucune époque, l'état légal et reconnu des bénéfices.

Les témoignages historiques sont d'accord avec les vraisemblances morales. Voici en quels termes Montesquieu exprime le système, et sur quels textes il le fonde :

On ne peut pas douter que d'abord les fiefs ne fussent amovibles. On voit dans Grégoire de Tours que l'on ôte, à Sunégisile et à Galloman, tout ce qu'ils tenaient du fisc, et qu'on ne leur laisse que ce qu'ils avaient en propriété [1]. Gontran, élevant au trône son neveu Childebert, eut une conférence secrète avec lui, et lui indiqua ceux à qui il devait donner des fiefs et ceux à qui il devait les ôter [2]. Dans une formule de Marculf, le roi donne en échange, non-seulement des bénéfices que son fils tenait, mais encore ceux qu'un autre avait tenus [3]. La loi des Lombards oppose les bénéfices à la propriété [4]. Les historiens, les formules, les codes des différens peuples barbares, tous les monumens qui nous restent sont unanimes. Enfin ceux qui ont écrit le livre des Fiefs [5] nous apprennent que d'abord les seigneurs purent les ôter à volonté, qu'ensuite ils les assurèrent pour un an, et après les donnèrent pour la vie [6].

Sauf la dernière autorité, celle du livre des Fiefs, dont je parlerai tout-à-l'heure, il est évident que tous ces textes prouvent un fait et non

[1] L. IX, c. 38. — [2] L. VII, c. 33. — [3] L. I, f. 30. — [4] L. III, tit. 8, 33. — [5] L. I, tit. 1. — [6] *Esprit des lois*, l. XXX, c. 16.

un droit, la condition réelle et non légale des bénéfices. Sans nul doute, le roi ou tout donateur de bénéfices qui se trouvait plus puissant que le donataire, reprenait ses dons quand il en avait envie ou besoin. Cette instabilité, cette lutte violente était continuelle; mais qu'elle fût l'état légal de ce genre de propriété, que les possesseurs de bénéfices reconnussent aux donateurs le droit de les leur retirer dès qu'il leur plaisait, aucun témoignage ne le prouve. On voit partout, au contraire, les bénéficiers réclamer contre l'iniquité d'une telle spoliation, et soutenir qu'on ne doit leur reprendre les bénéfices que lorsqu'ils ont manqué de leur côté à la foi promise, lorsqu'ils n'ont pas été fidèles au patron duquel ils les tiennent. A condition de la *fidélité* du bénéficier, la possession du bénéfice doit être stable et paisible; c'est là le droit, la règle morale établie dans les esprits. Entre cent textes, j'en choisirai quelques-uns :

Que tout ce qui a été donné à l'église, à des clercs, ou à toute autre personne par la munificence desdits princes, de glorieuse mémoire, leur demeure fermement [1].

---

[1] Baluze, *Recueil des Capitulaires*, t. I, col. 8. Ordonnance de Clotaire I ou II.

Si quelque terre a été enlevée à quelqu'un *sans faute de sa part*, qu'elle lui soit rendue [1].

Charles le Grand ne souffrait pas qu'aucun seigneur, par quelque mouvement de colère, retirât, sans raison, ses bénéfices à son vassal [2].

Nous voulons que nos fidèles tiennent pour certain, que personne désormais, de quelque rang ou condition qu'il soit, ne sera dépouillé de ses charges ou bénéfices par notre volonté arbitraire, ni par l'artifice ou l'injuste avidité de quelque autre, sans un juste jugement dicté par l'équité et la raison [3].

Quant au *livre des Fiefs*, rédigé à une époque très-postérieure, du XIIe au XIIIe siècle, et par les jurisconsultes du temps, il a commis très-probablement la même erreur que Montesquieu : il a converti le fait en droit.

Le premier degré de cette progression systématique que suivit, dit-on, dans son développement, la propriété bénéficiaire, ne soutient donc pas l'examen. Je passe au second. Affecta-t-elle quelque temps la forme légale d'une concession à terme fixe, d'une sorte de bail, de fermage ?

Il y a, si je ne m'abuse, dans la nature même

[1] *Bal.* t. I, col. 14. Traité d'Andelot en 587.

[2] *Vie de Charlemagne*, par Eginhard.

[3] *Capit. de Charles le Chauve* en 844. *Bal.* t. II, col. 5.

d'une telle concession, quelque chose qui répugne à un état social aussi irrégulier, aussi violent que celui des temps dont nous parlons. Les contrats à terme fixe, à conditions précises et de courte durée, sont des combinaisons délicates, difficiles à faire observer, qui ne se pratiquent guère que dans des sociétés assez avancées, bien réglées, et où existe un pouvoir capable d'en procurer l'exécution. Qu'on examine de près la vie civile des peuples barbares ou voisins de la barbarie; qu'on parcoure les Formules de Marculf; presque toutes les conventions qu'on y aperçoit sont ou d'une exécution prompte, immédiate, ou conclues à perpétuité, pour la vie du moins. On rencontre fort peu de conventions pour un temps limité; celles-ci sont plus compliquées, et les garanties leur manqueraient. Elles auraient manqué aux bénéfices temporaires; et le terme de la concession arrivé, le donateur aurait eu grand' peine à rentrer en possession de son domaine.

On rencontre cependant, du VIe au IXe siècle, des bénéfices qui paraissent temporaires. En voici, je crois, l'origine :

Dans la législation romaine, on appelait *precarium* la concession gratuite de l'usufruit d'une propriété pour un temps limité, et en général assez court. Après la chute de l'Empire, les églises affermèrent souvent leurs biens pour un cens déterminé, et par un contrat dit aussi *precarium*, dont le terme était communément d'une année. Plus d'une fois, sans doute, pour s'assurer la protection ou détourner l'hostilité d'un voisin puissant, une église lui concéda gratuitement cette jouissance temporaire de quelque domaine. Plus d'une fois aussi le concessionnaire, se prévalant de sa force, ne paya point le cens convenu, et retint cependant la concession. A coup sûr l'usage ou l'abus de ces *precaria*, ou bénéfices temporaires sur les biens d'église, devint assez fréquent; car, dans le cours du VIIe siècle, on voit les rois et les maires du palais employer, auprès des églises, leur crédit ou plutôt leur autorité pour faire obtenir à leurs clients des usufruits de ce genre : « A la recommandation de l'illustre » Ébroïn, maire du palais, le nommé Jean ob- » tint, du monastère de Saint-Denis, le domaine » dit *Taberniacum*, à titre de précaire [1]. »

Quand Charles Martel s'empara d'une partie des domaines de l'Église pour les distribuer à ses guerriers, l'Église cria au sacrilége, à la spo-

[1] *Recueil des historiens de France*, t. V, p. 701.

liation, et elle y avait bien quelque droit. Pepin, devenu chef des Francs, avait besoin de se réconcilier avec l'Église; elle redemanda ses domaines. Mais comment les lui rendre? Il aurait fallu déposséder des hommes dont Pepin avait besoin, encore plus que de l'Église, et qui se seraient plus efficacement défendus. Pour se tirer d'embarras, Pepin et son frère Carloman rendirent le capitulaire que voici :

Avec le conseil des serviteurs de Dieu et du peuple chrétien, et à cause des guerres qui nous menacent et des attaques des nations qui nous environnent, nous avons décidé que, pour le soutien de nos guerriers et moyennant l'indulgence de Dieu, nous retiendrions quelque temps, à titre de *précaire*, et sauf le paiement d'un cens, une partie des biens des églises; à cette condition qu'il sera payé chaque année, à l'église ou au monastère propriétaire, un *solidus*, c'est-à-dire douze deniers pour chaque métairie, et que, si celui qui jouit dudit bien vient à mourir, l'église rentrera en possession. Si la nécessité nous y contraint, et si nous l'ordonnons, le *précaire* (bail) sera renouvelé, et il en sera rédigé un second. Mais qu'on veille à ce que les églises et les monastères dont les propriétés auront été ainsi prêtées *in precario*, ne souffrent pas de l'indigence : si cela arrive, que l'église et la maison de Dieu soient remises en pleine possession de leurs biens [1].

---

[1] *Capitulaire du roi Carloman*, en 743; *Bal.*, t. 1, col. 149.

C'était là, vous le voyez, entre l'Église et les nouveaux possesseurs de ses domaines, une sorte de transaction placée sous la garantie du roi. Pepin, en effet, et ses premiers successeurs prirent beaucoup de peine pour la faire observer; leurs capitulaires reviennent sans cesse à ordonner qu'on paie le cens dû aux églises, ou qu'on leur rende les domaines, ou qu'on renouvelle le *précaire*. La plupart de ces domaines, comme vous le pensez bien, ne furent jamais rendus, et le cens fut très-inexactement payé. De là cependant des bénéfices à forme temporaire, des terres tenues pour un temps déterminé, en général pour cinq ans. Mais on ne saurait considérer ce fait comme un état légal de la propriété bénéficiaire en général, un des degrés par lesquels elle a passé. C'est bien plutôt un accident, une forme spéciale de certains bénéfices, forme assez insignifiante même, car les conditions qu'elle imposait ne furent presque jamais respectées.

De temporaires, dit-on, les bénéfices devinrent viagers; c'est leur troisième degré. C'est bien plus qu'un degré dans leur histoire; c'est leur véritable état primitif, habituel, le caractère commun de ce genre de concessions. Ainsi le voulait la nature même des relations que les bénéfices étaient destinés à perpétuer. Avant l'invasion, quand les Germains erraient sur les frontières romaines, la relation du chef aux compagnons était purement personnelle. Le compagnon n'engageait, à coup sûr, ni sa famille, ni sa race; il n'engageait que lui-même. Après l'établissement, et quand les Germains eurent passé de la vie errante à l'état de propriétaires, il en fut encore ainsi; le lien du donateur au bénéficier était encore considéré comme personnel et viager; le bénéfice devait l'être également. La plupart des documens de l'époque, en effet, le disent expressément ou le supposent. Je me contenterai de citer quelques textes de diverses dates, du VIe au IXe siècle; ils ne permettent aucun doute :

En 585, « Wandelin, qui avait élevé le jeune roi Childebert, mourut; tous les biens qu'il avait reçus du fisc retournèrent au fisc [1]. »

En 660, sous Théodoric, roi d'Austrasie : « après la mort de Warratun, qui en jouissait, le domaine dit *Latiniacum* revint à notre fisc [2]. »

En 694, sous Childebert III, « le domaine dit *Napsi-*

---

[1] *Grégoire de Tours*, l. VIII, c. 22.

[2] Mabillon, *de Re diplomatica*, liv. VI, p. 471.

niacum, qui avait été cédé à l'illustre Pannichius, revint à notre fisc, après sa mort [1]. »

Que ceux qui tiennent de nous un bénéfice prennent soin de le bien améliorer [2].

Quiconque tient de nous un bénéfice doit prendre bien garde, *autant que cela se peut faire avec l'aide de Dieu*, qu'aucun des esclaves qui en font partie ne meure de faim, et ne doit vendre pour son propre compte les denrées provenues du sol, qu'après avoir pourvu à leur subsistance [3].

En 889, le roi Eudes confère un domaine à Ricabod, son vassal, à titre de bénéfice et d'usufruit, avec cette clause que, si Ricabod a un fils, le bénéfice passera à celui-ci, mais pour sa vie seulement [4].

Ce n'est donc pas là non plus une crise du développement de la propriété bénéficiaire, un degré par lequel elle ait passé; c'était sa condition générale et primitive.

A toutes les époques cependant, au milieu des bénéfices viagers, on trouve des bénéfices héréditaires. Il n'y a pas lieu de s'en étonner, et ce n'est pas à l'avidité seule des possesseurs qu'il faut imputer cette tendance si prompte à l'héré-

[1] Mabillon, p. 476.

[2] *Capit. de Charlemagne en* 813; *Bal.* t. 1, col. 507.

[3] *Ibid.* a. 794; *Bal.* t. 1, col. 264.

[4] Mabillon, *de Re diplom.* l. VI, p. 556.

dité qui se manifeste dans l'histoire des bénéfices. Ainsi le voulait la nature même de la possession territoriale. L'hérédité est son état normal, presque nécessaire, le but vers lequel elle tend dès qu'elle existe. Entre beaucoup de raisons, je n'en indiquerai que deux. Dès qu'un homme possède et exploite une terre, quel que soit le mode de sa possession et de son exploitation, il y emploie des forces qu'il ne tire pas du sol, mais de lui-même; par les travaux qu'il y opère, par les constructions dont il la couvre, il ajoute à la terre une certaine valeur, et, pour parler le langage actuel de l'économie politique, il y dépose un certain capital que, s'il s'en va quelque jour, il ne peut emporter complètement ni commodément, un capital qui s'incorpore plus ou moins avec le sol et ne s'en sépare pas tout entier. De là, et par des instincts de raison et de justice, une certaine tendance naturelle de toute possession territoriale à devenir héréditaire; tendance puissante surtout lorsque la société, encore grossière, ne sait pas apprécier la valeur ajoutée au sol par le possesseur qui s'en retire, et l'indemniser par d'autres moyens.

Au même effet concourt une autre cause. Sauf dans des états de société extraordinaires, l'homme ne saurait se déplacer constamment, et mener, dans l'intérieur du pays qu'il appelle sa patrie, une vie errante ; c'est pour lui un besoin, une disposition morale de se fixer quelque part, de se planter en un certain lieu; au sein de la patrie politique, il lui faut une patrie domestique à laquelle il s'attache et où il établisse sa famille. C'est donc l'effort constant du cultivateur, du possesseur, de devenir propriétaire à perpétuité.

Ainsi, par sa nature même, et indépendamment de toute circonstance extérieure, la propriété bénéficiaire tendait à devenir héréditaire. Cette tendance se manifeste, en effet, dès l'origine des bénéfices, et, à toutes les époques, elle atteignit quelquefois son but. Le traité d'Andelot, conclu, en 587, entre Gontran et Childebert II, porte, en parlant des bénéficiers de la reine Clotilde :

Que les terres qu'il plaira à la reine de conférer à quelqu'un, lui appartiennent à perpétuité et ne lui soient retirées en aucun temps[1].

Les Formules de Marculf contiennent celle-ci, qui prouve que les concessions héréditaires

[1] *Bal.* t. 1, col. 13.

étaient déjà, à la fin du VIIe siècle, une pratique usitée :

Nous avons concédé à l'illustre un tel.... le domaine ainsi dénommé. Nous ordonnons par le présent décret, lequel doit subsister à toujours, qu'il conservera à perpétuité ledit domaine, le possèdera à titre de propriétaire, et en laissera la possession soit à ses descendans, soit à qui il voudra [1].

A partir de Louis le Débonnaire, les concessions de ce genre deviennent fréquentes. Les exemples abondent dans les diplômes de ce prince et de Charles le Chauve. Enfin, ce dernier reconnaît formellement, en 877, l'hérédité des bénéfices ; et, à la fin du IXe siècle, c'est là leur condition commune et dominante, de même que dans les VIe et VIIe siècles, la condition viagère avait été le fait général.

Cependant, même au IXe siècle, et quoique l'hérédité eût prévalu, ce n'était pas encore un droit évident, ni qui fût regardé comme indubitable. Voici un fait qui vous montrera clairement quel était, à cet égard, l'état des esprits :

En 795, Charlemagne avait donné à un nommé Jean, qui avait vaincu les Sarrasins dans le comté de Barcelonne, un domaine dit *Fontes*,

[1] L. 1, f. 14.

situé près de Narbonne : « pour que ledit Jean » et ses descendans en jouissent sans aucun trouble ni redevance, tant qu'ils demeureront fidèles à nous et à nos fils. » En 814, Charlemagne meurt ; en 815, le même Jean se présente à Louis le Débonnaire avec la donation héréditaire qu'il tenait de Charlemagne, et en sollicite la confirmation ; Louis la confirme, et l'étend à de nouvelles terres : « afin que ledit Jean, ses » fils et leur postérité en jouissent en vertu de » notre don. » En 844, l'empereur Louis et le bénéficier Jean sont morts ; Teutfried, fils de Jean, se présente à Charles le Chauve, fils de Louis, avec les deux donations antérieures, lui demande de vouloir bien les confirmer de nouveau, et Charles le lui accorde : « afin que toi et » ta postérité vous possédiez ces biens sans aucune redevance. »

Ainsi, malgré l'hérédité du titre, chaque fois que le bénéficier ou le donateur venait à mourir, le possesseur du bénéfice croyait avoir besoin d'être confirmé dans sa propriété, tant l'idée primitive de la personnalité de cette relation, et des droits qui en découlaient, était profondément gravée dans les esprits [1].

[1] *Essais sur l'histoire de France*, p. 145.

A la fin du xe siècle, quand on entre dans l'époque vraiment féodale, on n'aperçoit plus rien de semblable; l'hérédité des fiefs n'est plus révoquée en doute par personne; elle n'a plus besoin d'aucune confirmation.

Comme je l'ai annoncé, Messieurs, les témoignages historiques sont donc d'accord avec les vraisemblances morales. La propriété bénéficiaire n'a point passé, du ve au xe siècle, par quatre états successifs et réguliers, l'amovibilité arbitraire, la concession temporaire, la concession viagère et l'hérédité. Ces quatre états se rencontrent à toutes les époques. La prédominance primitive des concessions à vie, et la tendance constante à l'hérédité, qui finit par triompher, voilà les seules conclusions générales qu'on puisse déduire des monumens, les véritables caractères de la transition des bénéfices aux fiefs.

En même temps que s'opérait cette transition, et que la propriété bénéficiaire devenait héréditaire et stable, en même temps elle devenait générale, c'est-à-dire que la propriété territoriale prenait presque partout cette forme. Il y avait dans l'origine, vous vous le rappelez, un grand nombre d'aleux, c'est-à-dire de propriétés pleinement indépendantes, qui n'étaient tenues de personne et ne devaient rien à personne. Du ve au xe siècle, la propriété alodiale, sans disparaître complètement, se resserra de plus en plus, et la condition bénéficiaire devint la condition commune de la propriété territoriale. En voici les principales causes :

Il ne faut pas croire que, lorsque les Barbares s'emparèrent du monde romain, ils aient divisé le territoire en lots plus ou moins considérables, et que chacun, en prenant un pour lui, soit allé s'y établir. Rien de semblable n'arriva. Les chefs, les hommes considérables s'approprièrent une grande étendue de terrain, et la plupart de leurs compagnons, de leurs hommes, continuèrent de vivre autour d'eux, dans leur maison, toujours attachés à leur personne. Des hommes libres, des Francs, des Bourguignons, vivant sur les terres d'autrui, c'est là un fait qu'on rencontre à chaque pas dans les monumens des vi^e, viie et viiie siècles.

Mais le goût et le besoin de la propriété territoriale ne tardèrent pas à se répandre. A mesure que s'éloignaient les habitudes de la vie errante, un plus grand nombre d'hommes voulaient devenir propriétaires. L'argent, d'ailleurs, était rare; la terre était, pour ainsi dire, la monnaie la plus commune, la plus disponible;

on l'employa à payer toutes sortes de services. Les possesseurs de vastes domaines les distribuèrent à leurs compagnons à titre de salaire. On lit dans les Capitulaires de Charlemagne :

> Que tout intendant (*villicus*) de l'un de nos domaines, qui possède un bénéfice, envoye dans notre domaine un suppléant chargé de surveiller à sa place les travaux et tous les soins de nos terres [1].
>
> Que ceux d'entre les gardiens de nos chevaux (*poledrarii*), qui sont des hommes libres et possèdent des bénéfices dans le lieu de leur emploi, vivent du produit de leurs bénéfices [2].

Et tout grand propriétaire, les ecclésiastiques comme les laïques, Éginhard comme Charlemagne, payaient ainsi la plupart des hommes libres qu'ils employaient. De là, la rapide division de la propriété foncière et la multitude des petits bénéfices.

Une seconde cause, l'usurpation, en accrut aussi beaucoup le nombre. Les chefs puissans, qui avaient pris possession d'un vaste territoire, avaient peu de moyens de l'occuper réellement,

[1] *Capit. de Charlemagne, de Villis. Bal.* t. 1, col. 333.
[2] *Ibid.* c. 338.

et de le préserver de l'invasion. Il était aisé à des voisins, au premier venu, de s'y établir et de s'en approprier telle ou telle partie. Ainsi arriva-t-il en une multitude de lieux. On lit dans la Vie anonyme de Louis le Débonnaire :

> En 715, Charlemagne renvoyant en Aquitaine son fils Louis, lui demanda comment il se faisait qu'étant roi, il fût d'une tellè parcimonie qu'il n'offrît jamais rien à personne, pas même sa bénédiction, à moins qu'on ne la lui demandât. Louis apprit à son père que les grands ne s'occupant que de leurs propres intérêts et négligeant les intérêts publics, les domaines royaux étaient partout convertis en propriétés privées, d'où il arrivait qu'il n'était, lui, roi que de nom, et manquait presque de tout. Charlemagne, voulant remédier à ce mal, mais craignant que son fils ne perdît quelque chose de l'affection des grands, s'il leur retirait, par sagesse, ce que, par imprévoyance, il leur avait laissé usurper, envoya en Aquitaine ses propres messagers, Willbert, depuis archevêque de Rouen, et le comte Richard, inspecteur des domaines royaux, et leur ordonna de faire rentrer dans les mains du roi les domaines qui jusqu'alors lui avaient appartenu, ce qui fut fait [1].

Et lorsqu'en 846, les évêques donnent à Charles le Chauve des conseils sur la meilleure manière de relever sa dignité et sa puissance :

[1] *Historiens de France*, t. IV, p. 90.

Beaucoup de domaines publics, lui disent-ils, vous ont été enlevés, tantôt par la force, tantôt par la fraude, et parce qu'on vous a fait de faux rapports ou adressé d'injustes demandes; on les a retenus à titre, soit de bénéfices, soit d'aleux. Il nous paraît utile et nécessaire que vous envoyiez, dans tous les comtés de votre royaume, des messagers fermes et fidèles, pris dans l'un et l'autre ordre; ils dresseront avec soin un état des biens qui, du temps de votre père et de votre aïeul, appartenaient au domaine royal, et de ceux qui formaient les bénéfices des vassaux; ils examineront ce que chacun en détient maintenant, et vous en rendront compte selon la vérité. Quand vous trouverez qu'il y a raison, utilité, justice ou sincérité, soit dans les donations, soit dans la prise de possession, les choses resteront dans leur état actuel. Mais quand vous verrez qu'il y a déraison, ou plutôt fraude, alors, avec le conseil de vos fidèles, réformez ce mal de telle sorte que la raison, la prudence ou la justice ne soient point méconnues, et qu'en même temps votre dignité ne soit point avilie ni réduite par la nécessité à ce qui ne lui convient point. Votre maison ne peut être remplie de serviteurs qui s'acquittent de leurs charges, si vous n'avez pas de quoi récompenser leurs mérites et soulager leur indigence [1].

La plupart des terres ainsi usurpées ne rentraient point, à coup sûr, effectivement dans le domaine du premier possesseur, roi ou autre. Il eût été trop difficile de déposséder les usur-

[1] *Baluze*, t. II, col. 31.

pateurs; mais ils s'engageaient à les tenir à titre de bénéfice, et à en acquitter les obligations. Nouvelle cause, et cause très-influente, je crois, de l'extension de la propriété bénéficiaire.

Il y avait aussi une grande quantité de terres désertes, incultes ; des hommes chassés de leur domicile, ou encore errans, ou bien des moines, s'y établirent et les cultivèrent. Quand elles eurent pris de la valeur, souvent un voisin puissant les revendiqua, pour les concéder ensuite, à titre de bénéfices, à ceux qui les occupaient.

Une quatrième cause, enfin, contribua puissamment à faire de la condition bénéficiaire la condition commune de la propriété territoriale: en vertu d'une pratique connue sous le nom de *recommandation*, une foule d'aleux furent convertis en bénéfices. Le propriétaire d'un aleu se présentait devant le voisin, l'homme puissant qu'il voulait choisir pour patron, et, tenant à la main, soit une touffe de gazon, soit une branche d'arbre, il lui cédait son aleu qu'il reprenait aussitôt de lui à titre de bénéfice, pour en jouir selon les règles et les charges, mais aussi avec les droits de cette nouvelle condition.

Cette pratique se rattachait aux anciennes mœurs germaines, aux relations primitives du chef et des compagnons. Alors aussi les hommes libres se recommandaient à un autre homme, c'est-à-dire qu'ils se choisissaient un chef. Mais c'était là une relation purement personnelle et parfaitement libre. Dès qu'il lui plaisait, le compagnon quittait son chef et en prenait un autre. L'engagement contracté entre eux était purement moral et reposait sur leur seule volonté. Immédiatement après l'établissement territorial, la même liberté continua de subsister; on pouvait se recommander, c'est-à-dire choisir pour patron qui on voulait, et puis en changer à son gré. Cependant, à mesure que la société s'affermit un peu, on fit quelques tentatives pour introduire quelque règle dans ce genre d'actions et de relations. La loi des Visigoths porte :

> Si quelqu'un a donné des armes ou toute autre chose à un homme qu'il a reçu dans son patronage, que ces dons demeurent à celui qui les a reçus. Si ce dernier choisit un autre patron, qu'il soit libre de se recommander à qui il voudra; on ne peut l'interdire à un homme libre, car s'appartient à lui-même; mais qu'il rende au patron dont il se sépare, tout ce qu'il en a reçu [1].

Et on lit dans un capitulaire de Pepin, fils de Charlemagne et roi d'Italie :

[1] *Lois des Visigoths*, l. v, tit. 3, l. 1.

Si quelqu'un, occupant la portion de terre qui lui est échue, choisit un autre seigneur, soit le comte, soit tout autre homme, qu'il ait la pleine liberté de s'en aller; mais qu'il ne retienne ou n'emporte aucune des choses qu'il possède, et qu'elles retournent toutes au domaine de son premier seigneur [1].

On alla bientôt plus loin. On était dans la transition de la vie errante à la vie sédentaire; on avait surtout besoin de faire cesser la mobilité, le désordre des situations; en ce sens s'exerçait l'effort des hommes supérieurs, qui voulaient le progrès de la société. Charlemagne entreprit d'une part de déterminer dans quels cas le recommandé pourrait quitter son patron; d'autre part, d'imposer à tout homme libre la nécessité de se recommander à un patron, c'est-à-dire de se placer sous l'autorité et la responsabilité d'un supérieur. Je lis dans ses Capitulaires :

Que tout homme qui a reçu de son seigneur la valeur d'un *solidus*, ne le quitte point; à moins que son seigneur n'ait voulu le tuer, ou le frapper d'un bâton, ou déshonorer sa femme ou sa fille, ou lui ravir son héritage [2].

Si un homme libre quitte son seigneur contre le gré de celui-ci, et passe d'un royaume dans un autre, que le roi

---

[1] *Capit. de Charlemagne*, en 813; *Bal.* t. 1, col. 510.

[2] *Capit. de Pepin*, roi d'Italie, en 795; *Bal.* t. 1, col. 597.

ne le reçoive point dans son patronage et ne permette pas à ses hommes de le recevoir [1].

Que personne n'achète un cheval, une bête de somme, un bœuf ou toute autre chose, sans connaître celui qui le vend, ou de quel pays il est, où il habite, et quel est son seigneur [2].

En 858, les évêques écrivent à Louis le Germanique : « Nous autres évêques consacrés au Seigneur, nous ne sommes point, comme les laïques, obligés de nous recommander à quelque patron [3]. »

Charlemagne n'obtint pas tout ce qu'il voulait; long-temps encore une extrême mobilité régna dans ce genre de rapports. Cependant son génie ne s'abusait point sur les vrais besoins du temps; il avait travaillé dans le sens du cours naturel des choses. La nécessité et la fixité de la recommandation des personnes et des terres prévalurent de plus en plus. Beaucoup de propriétaires d'aleux étaient faibles, hors d'état de se défendre eux-mêmes; ils avaient besoin d'un protecteur; d'autres se lassaient de leur isolement: libres et maîtres, il est vrai, dans leurs domaines, ils n'avaient hors de là point de lien, point d'influence, ne tenaient point de place

[1] *Capit. de Charlemagne*, en 806; *Bal.* t. I, col. 443.

[2] *Capit.* de l'an 806, t. I, col 450.

[3] *Ibid.* t. II, col. 118.

dans cette hiérarchie des bénéficiers qui devenait la société générale. Ils voulurent y entrer, et participer au mouvement de l'époque. Ainsi fut amenée la métamorphose de la plupart des aleux en bénéfices; métamorphose moins complète dans le midi de la France, où le régime féodal ne s'empara pas de toutes choses, et où beaucoup d'aleux continuèrent de subsister, mais qui n'en fut pas moins très-générale, et fit de la condition bénéficiaire la condition commune de la propriété territoriale.

Tel était, Messieurs, à la fin du xe siècle, l'état où elle se trouvait, après avoir traversé les vicissitudes que j'ai essayé de retracer. Et non-seulement à cette époque la plupart des terres étaient devenues des fiefs, mais le caractère féodal pénétrait de plus en plus dans toutes les sortes de propriétés. On donnait dès lors en fief presque toutes choses : la *gruerie* ou juridiction des forêts; le droit d'y *chasser*; une part dans le *péage* ou dans le *rouage* d'un lieu ; le *conduit* ou *escorte* des marchands venant aux foires ; la *justice* dans le palais du prince ou haut seigneur; les *places du change* dans celles de ses villes où il faisait battre monnaie ; les *maisons et loges* des foires; les maisons où étaient les *étuves publi-*

ques; les *fours banaux* des villes; enfin, jusqu'aux *essaims d'abeilles* qui pouvaient être trouvés dans les forêts [1]. Tout l'ordre civil, en un mot, devenait féodal. Nous assisterons, dans l'ordre politique, à la même révolution.

[1] *Usage général des fiefs*, par Brussel, t. 1, p. 42.

TROISIÈME LEÇON.

De la fusion de la souveraineté et de la propriété, second caractère du régime féodal. — Vrai sens de ce fait. — Son origine. — Il ne vient ni de la société romaine, ni de la bande germaine. — Est-il le résultat de la conquête seule? — Du système des publicistes féodaux à cet égard. — Des deux formes de la société en Germanie, la tribu et la bande. — Organisation sociale de la tribu. — La souveraineté domestique y est distincte de la souveraineté politique. — Double origine de la souveraineté domestique chez les anciens Germains. — Elle était née de la famille et de la conquête. — Ce qui arriva de l'organisation de la tribu germaine, et spécialement de la souveraineté domestique, après l'établissement des Germains dans la Gaule. — Ce qu'elle tenait de l'esprit de famille s'affaiblit. — Ce qu'elle tenait de la conquête devint dominant. — Résumé et véritable caractère de la souveraineté féodale.

MESSIEURS,

Nous avons étudié dans son développement progressif, du ve au xe siècle, le premier des grands faits qui constituent et caractérisent le régime féodal, je veux dire la nature spéciale de la propriété foncière. J'aborde aujourd'hui le second de ces faits, la fusion de la souveraineté et de la propriété.

Il faut, avant tout, se bien entendre sur le sens de ces mots et sur les limites du fait même. Il s'agit uniquement ici de la souveraineté du possesseur de fief dans ses domaines, et sur leurs habitans. Hors du fief, et dans ses rapports avec les autres possesseurs de fiefs, supérieurs ou inférieurs, et quelle que fût entre eux l'inégalité, le seigneur n'était pas souverain. Personne, dans cette association-là, ne possédait la souveraineté. Là régnaient d'autres principes, d'autres formes, que nous étudierons en traitant du troisième caractère du régime féodal, c'est-à-dire de l'organisation hiérarchique de la société générale que les possesseurs de fiefs formaient entre eux.

Quand je parle de la fusion de la souveraineté et de la propriété, je parle donc uniquement, je le répète, de la souveraineté du possesseur de fief dans l'intérieur de ses domaines, et sur leurs habitans non possesseurs de fiefs eux-mêmes.

Le fait ainsi limité, sa certitude est incontestable. Au XIe siècle, la féodalité une fois bien établie, le possesseur de fief, grand ou petit, avait dans ses domaines tous les droits de la souveraineté. Aucun pouvoir extérieur, éloigné, n'y venait donner des lois, établir des impôts, rendre la justice ; le propriétaire possédait seul tous ces pouvoirs.

Tel était du moins, en principe et dans la pensée commune, le droit féodal. Ce droit fut souvent méconnu, ensuite contesté, enfin envahi par les seigneurs supérieurs et puissans, entre autres par les rois. Il n'en subsistait pas moins, n'en était pas moins réclamé comme primitif et fondamental. Quand les publicistes amis de la féodalité se plaignent que la souveraineté des simples seigneurs ait été usurpée par les grands barons, et celle des grands barons par les rois, ils ont raison; il en est arrivé ainsi. A l'origine, dans le droit, dans l'esprit du système, tout seigneur exerçait dans ses domaines les pouvoirs législatif, judiciaire, militaire; il faisait la guerre, battait monnaie, etc.; en un mot, il était souverain.

Rien de semblable n'existait avant le plein développement du régime féodal, immédiatement après l'invasion, dans les VIe et VIIe siècles. On aperçoit bien alors le germe, les premiers rudimens de la souveraineté féodale; mais à côté, et même au-dessus, subsistent encore la royauté impériale, la royauté militaire, l'administration romaine, les assemblées et la juridiction des hommes libres. Des pouvoirs, des systèmes divers coexistent et se combattent. La souveraineté n'est point concentrée dans l'intérieur de chaque fief, et aux mains de son possesseur . . . .

Comment, du ve au xe siècle, ce fait s'est-il accompli ? Comment toutes les autres souverainetés se sont-elles abolies, effacées du moins, pour ne laisser subsister dans l'intérieur du domaine, et sur ses habitans, que celle du seigneur ?

A coup sûr, ce n'est pas dans la société romaine que ce fait a pu prendre son origine, car elle ne contenait rien de semblable. Bien loin que la souveraineté y fût inhérente à la propriété, et disséminée, comme celle-ci, sur toute la face du territoire, elle n'était pas même politiquement divisée ; elle résidait tout entière au centre et dans les mains de l'empereur. L'empereur seul faisait des lois, mettait des impôts, possédait la juridiction, disposait de la guerre et de la paix, gouvernait enfin, soit par lui-même, soit par ses délégués. Les restes du régime municipal, encore visibles dans les cités, consistaient dans quelques attributions administratives et une certaine mesure d'indépendance, qui n'allait pas même jusqu'aux limites de la souveraineté. Un maître, des agens et des sujets, c'est là toute l'organisation sociale de l'empire romain, en faisant toujours l'exception des esclaves qui demeuraient placés sous la juridiction domestique.

Évidemment ce n'est pas du sein de la société romaine que la souveraineté féodale a pu naître.

Elle n'est pas sortie non plus de ces bandes germaines qui envahirent l'empire romain. Là ne pouvait se rencontrer rien de semblable à la fusion de la souveraineté et de la propriété; car la propriété, j'entends la propriété foncière, est incompatible avec la vie errante. Et quant aux personnes, le chef d'une telle bande ne possédait sur ses compagnons aucune souveraineté; il n'avait nul droit de leur donner des lois, de les taxer, de leur rendre seul la justice. Là régnaient la délibération commune, l'indépendance personnelle, et une grande égalité de droits, quoique le principe d'une société aristocratique y fût déposé et dût se développer plus tard.

La fusion de la souveraineté et de la propriété serait-elle née uniquement de la conquête? Les vainqueurs se seraient-ils partagé le territoire et ses habitans pour aller régner en souverains, chacun dans sa part, au nom du seul droit du plus fort?

Ainsi l'ont cru et soutenu beaucoup de publicistes. A vrai dire, c'est l'idée qui réside au fond du système de tous les défenseurs du régime féodal, de M. de Boulainvilliers, par exemple. Ils ne l'expriment pas formellement ; ils ne disent pas tout haut que la force a seule fondé la souveraineté des possesseurs de fiefs. C'est pourtant là leur principe, le seul principe possible de leur théorie. Le sol a été conquis, et avec le sol ses habitans; de là la fusion de la souveraineté et de la propriété. L'une et l'autre ont passé, et légitimement passé aux plus braves. Si M. de Boulainvilliers ne supposait pas cet axiôme, toute sa doctrine s'écroulerait.

En fait comme en droit, M. de Boulainvilliers et les publicistes de cette école se trompent. La fusion de la souveraineté et de la propriété, ce grand caractère du régime féodal, n'a pas été un fait si simple, si purement matériel, si brutal, pour ainsi dire ; un fait ainsi étranger, soit à l'organisation des deux sociétés que l'invasion mit en contact, la société romaine et la société germaine, soit aux principes généraux de l'organisation sociale.

Recherchons-en la véritable origine; vous

verrez, je crois, qu'elle est plus complexe et plus lointaine que le simple droit de conquête.

Quand j'ai, l'an dernier, dit quelques mots de l'ancienne Germanie, j'ai distingué les deux sociétés, ou plutôt les deux modes d'organisation sociale, différens et dans leurs principes et dans leurs résultats, qui s'y laissent apercevoir ; d'une part la tribu ou peuplade, de l'autre la bande.

La tribu était une société sédentaire, formée de propriétaires voisins, vivant du produit de leurs terres et de leurs troupeaux.

La bande était une société errante, formée de guerriers réunis autour d'un chef, soit pour quelque expédition particulière, soit pour aller chercher fortune au loin, et vivant de pillage.

Que ces deux sociétés coexistassent chez les Germains, et y fussent essentiellement distinctes, César, Tacite, Ammien Marcellin, tous les monumens, toutes les traditions de l'ancienne Germanie, en font foi. La plupart des peuples que nomme Tacite, dont les noms remplissent son *Traité sur les mœurs des Germains*, sont des tribus ou des confédérations de tribus. La plupart des invasions qui finirent par détruire l'empire romain, surtout les premières, eurent lieu par des bandes errantes sorties du sein des tribus germaines, pour aller chercher du butin et des aventures.

L'ascendant du chef sur ses compagnons formait la bande et la retenait autour de lui. C'était là son origine. Elle se gouvernait par la délibération commune; l'indépendance personnelle et l'égalité guerrière y jouaient un grand rôle.

L'organisation de la tribu était moins mobile et moins simple.

Son élément primitif, son unité politique, pour parler la langue des publicistes, n'était pas l'individu, le guerrier, mais la famille, le chef de famille. La tribu, ou la portion de la tribu qui habitait le même territoire, se composait des familles, des chefs de famille propriétaires établis les uns près des autres. Le chef de famille propriétaire en était le vrai citoyen, le *civis optimo jure* des Romains.

Les habitations des familles de la tribu germaine n'étaient pas contiguës, comme elles le sont dans nos villes et nos villages, et éloignées des terres à cultiver. Chaque chef de famille était établi au milieu de ses terres; sa famille et tous ceux qui les cultivaient avec lui, libres ou non libres, parens, colons, esclaves, y étaient établis comme lui, dispersés çà et là, ainsi que leurs demeures, sur la surface du domaine. Les domaines des différens chefs de famille se touchaient, mais non leurs habitations.

C'est encore ainsi que sont construits, dans l'Amérique du Nord, les villages des tribus indiennes; en Europe, la plupart des villages de la Corse, et bien plus près de nous, à notre porte, un grand nombre de villages de Normandie. Là aussi les habitations ne sont pas contiguës; chaque fermier, chaque petit propriétaire habite au milieu de ses champs, dans un enclos qu'on appelle *masure, mansura*, demeure, le *mansus* de nos anciens documens.

Je relève avec soin ces circonstances, parce qu'elles dérivent de l'organisation sociale de la tribu, et aident à la bien comprendre.

L'assemblée générale de la tribu se formait de tous les chefs de famille propriétaires. Ils se réunissaient, sous la direction des plus âgés (*grau, grav*, le comte, devenu plus tard *senior*, le seigneur), pour traiter ensemble des affaires communes, rendre la justice dans les occasions importantes, s'occuper des cérémonies religieuses où la tribu tout entière était intéressée, etc. La souveraineté politique appartenait à cette assemblée.

Je dis la souveraineté politique, et par là

j'entends uniquement le gouvernement des affaires générales de la tribu. Là se bornait en effet la juridiction de l'assemblée; elle ne pénétrait point dans les domaines du chef de famille; ici, nulle autorité n'avait rien à voir; à titre de propriétaire et de chef de famille, lui seul y était souverain.

Dans les domaines du chef de famille propriétaire, et sous son autorité, vivaient: 1° sa famille proprement dite, ses enfans et leurs familles, groupés en général autour de lui; 2° les colons qui exploitaient ses terres; les uns libres, les autres jouissant seulement d'une demi-liberté. Ils tenaient du chef de famille certaines portions de son domaine, et les faisaient valoir, moyennant une redevance. Ils n'acquéraient par là sur ces terres aucun droit de propriété. Cependant ils s'y établissaient eux et leurs enfans; ils les possédaient et les exploitaient héréditairement. Entre eux et le chef de famille propriétaire se formaient ces liens qui ne reposent sur aucun titre, ne confèrent aucun droit légal, et sont néanmoins des liens véritables, un élément moral de la société; 3° après les colons venaient les esclaves proprement dits, employés soit dans la maison, soit à cultiver auprès du chef de famille les terres qu'il n'avait cédées à personne, et qui entouraient d'ordinaire son habitation.

Telle était la portée de la famille, et, pour ainsi dire, le contenu du domaine. Toute cette population intérieure, de conditions d'ailleurs fort diverses, était placée sous la juridiction du chef de famille propriétaire; aucun pouvoir public n'y intervenait. *Chacun est maître chez soi;* telle était déjà la maxime de l'ancienne société germanique. Propriétaire et magistrat, le chef de famille était même prêtre, à ce qu'il paraît, pour cette portion du culte domestique qui pouvait subsister à cette époque.

Quelle était, en Germanie, l'origine de cette organisation de la tribu? Faut-il y voir un premier degré, et, en quelque sorte, une répétition anticipée de ce qui arriva au VIe siècle, après l'établissement des Germains sur le territoire de l'Empire, c'est-à-dire le résultat d'une conquête? Ces chefs de famille propriétaires sont-ils des vainqueurs venus de loin, et qui se sont emparés du sol et des habitans? Ces colons qui exploitent le sol moyennant une redevance, et sous l'autorité du propriétaire, sont-ils des vaincus, dépossédés en tout ou en partie, et réduits à une condition inférieure?

Ou bien est-ce là un exemple de ce mode

d'organisation sociale qu'on a appelé le régime patriarcal, qui naît, chez les peuples pasteurs et agriculteurs, de l'extension progressive de la famille naturelle et de la vie agricole; dont les annales de l'Orient, spécialement celles des Arabes et des Hébreux, offrent le modèle; que rappellent à chaque pas les récits de la Bible, et qui apparaît encore, du moins sous ses traits les plus essentiels, au sein de la république romaine, dans la situation du *paterfamilias*, à la fois propriétaire, magistrat et prêtre au milieu de ses terres, de ses enfans et de ses esclaves?

Cette dernière explication, Messieurs, est celle qu'ont adoptée et soutiennent la plupart des écrivains allemands. Admirateurs passionnés des anciennes institutions, des anciennes mœurs de leur patrie, ils trouvent, dans cette organisation de la tribu, non sans doute un modèle complet et régulier, mais tous les bons principes du régime social. Dans la famille, la magistrature domestique; hors de la famille, la liberté politique; les chefs de famille gouvernant, par l'ascendant de la propriété et de la position, les classes inférieures, et réglant ensuite en commun le affaires de la tribu; n'est-ce pas là, disent-ils, la meilleure alliance du pouvoir et de la liberté? Quel système respecte mieux les élémens naturels, les conditions nécessaires de l'ordre social? Peut-on y voir l'œuvre de la conquête et de la force? N'y doit-on pas reconnaître, au contraire, le développement simple et spontané des relations humaines?

Je ne saurais, pour plusieurs raisons, adopter complètement ce système.

Et d'abord, les Allemands me paraissent porter, dans leurs recherches et leurs idées à ce sujet, une disposition d'esprit que j'ai besoin de caractériser avec quelque précision, parce qu'elle exerce sur eux, si je ne me trompe, une grande influence.

Dès que, par quelque grand côté, sous quelque rapport essentiel, un état social leur apparaît comme bon et beau, ils lui portent une admiration, une sympathie exclusive. Ils sont enclins, en général, à admirer, à se prendre de passion; les imperfections, les lacunes, le mauvais côté des choses les frappent assez peu. Singulier contraste! Dans la sphère purement intellectuelle, dans la recherche et la combinaison des idées, nul peuple n'a plus d'étendue d'esprit, plus d'impartialité philosophique; et, lorsqu'il s'agit de faits qui s'adressent à l'imagination, qui suscitent des émotions morales, ils tombent aisément dans les préventions et les vues étroites; leur imagination manque alors de fidélité, de vérité; ils sont dépourvus d'impartialité poétique; ils ne voient pas, en un mot, les choses sous toutes leurs faces et telles qu'elles sont réellement.

Cette disposition les a souvent dominés dans l'étude de la vieille Germanie, de ses origines, de ses mœurs nationales; ce qu'ils y ont trouvé de grand, de moral, de vraiment libéral, les a frappés, saisis d'enthousiasme; et là s'est arrêtée leur vue, là s'est enfermée leur imagination. C'est avec ces seuls élémens qu'ils ont reconstruit leur primitive société.

Voici une seconde cause d'erreur. La plupart des documens nationaux dont se servent les Allemands pour étudier les anciennes institutions germaniques, sont d'une époque très-postérieure à celle dont ils s'occupent, très-postérieure aux IIe, IIIe, IVe et Ve siècles. Avant la conversion de la Germanie au christianisme, c'est-à-dire avant le VIIIe siècle, il n'existe, à proprement parler, point de documens nationaux; car alors les langues germaniques ne s'écrivaient pas. Il ne reste de ces temps que des traditions vagues, incomplètes, conservées par des écrivains d'une époque bien moins reculée. Jusque là nous ne connaissons les Germains que par les écrivains latins ou par des chroniqueurs occidentaux. Il y a donc beaucoup d'anachronismes dans le tableau que tracent les Allemands de l'ancien état social de leur patrie. Ils rapportent aux IIIe et IVe siècles, des faits empruntés à des monumens des IXe, Xe et XIe siècles. Je ne dis pas qu'il n'y ait dans ces monumens quelque révélation, quelque écho de l'ancienne société germanique; mais ces inductions, qu'il faut reporter à trois, quatre, cinq et six siècles en arrière, sont extrêmement délicates et difficiles. On court grand risque de s'y tromper; et quand on entreprend ce travail avec un tour d'imagination exclusif et passionné, la chance d'erreur devient infiniment grande.

Enfin, une foule de textes positifs, César, Tacite, Ammien Marcellin attestent qu'avant la grande invasion, entre le Rhin, l'Elbe et le Danube, des peuples, de race diverse et de même race, se sont souvent expulsés, exterminés, asservis, et que l'organisation de l'ancienne tribu germaine, spécialement la situation des colons agriculteurs, a été plus d'une fois le résultat de la conquête. J'ai déjà eu occasion, l'an dernier, d'indiquer quelques-uns de ces textes : [1] je rappelle ici les plus formels.

Les Germains, dit Tacite, ont une certaine espèce d'esclaves dont ils ne se servent pas comme nous, en leur assignant certains emplois dans l'intérieur de la maison : chacun a sa maison, ses pénates...... Le maître exige de l'esclave, *comme d'un colon*, une certaine quantité de blé, de bétail ou de vêtemens..... Frapper un esclave, le charger de fers, est chez eux une chose rare; ils les tuent quelquefois, non par une suite de leur sévérité ou de la discipline, mais par violence et de premier mouvement, comme ils tueraient *un ennemi*.

Près des Tenctères se trouvaient autrefois les Bructères. On dit maintenant que les Chamaves et les Angrivariens ont passé dans ce pays, après avoir, de concert avec les nations voisines, chassé ou détruit entièrement les Bructères.

Les Marcomans sont les premiers en gloire et en puissance; leur pays même est le prix de leur bravoure; ils en ont chassé autrefois les Boïens [2].

Parcourez le *Traité sur les mœurs des Germains*, vous rencontrerez à chaque pas des phrases, des mots qui indiquent le même fait.

Dans l'état social de l'ancienne Germanie et

[1] Leçon VIIIe, t. 1, p. 264.

[2] *De Morib. Germ.*, c. 25, 33, 42.

spécialement dans celui de la tribu sédentaire et agricole, je crois donc la part de la conquête, de la force, beaucoup plus grande que ne le supposent en général les historiens allemands. Je crois la souveraineté domestique du chef de famille propriétaire beaucoup plus tyrannique, la condition des colons beaucoup plus mauvaise qu'ils ne l'imaginent. Ainsi l'indiquent, à mon avis, non-seulement les vraisemblances morales, non-seulement les écrivains latins dont je viens de parler, mais jusqu'à ces documens nationaux que les Allemands invoquent à l'appui de leurs idées, entre autres tous les débris de l'ancienne poésie germanique. Je regrette de n'avoir pas le temps de m'y arrêter. Il serait aisé, je crois, d'y reconnaître combien leurs tableaux de leur ancien état social sont loin de la vérité.

Cependant, et après avoir apporté, au système favori des Allemands en cette matière, toutes ces restrictions, je pense avec eux que l'organisation de la tribu germaine, et les rapports des diverses classes d'habitans, ne sauraient être attribués uniquement à la conquête, à la force. La souveraineté du chef de famille propriétaire, dans ses domaines, n'était pas exclusivement celle du vainqueur sur les vaincus, du maître sur les esclaves ou demi-esclaves ; il y avait là, en effet, quelque chose du régime patriarcal ; la famille, ses relations, ses habitudes, ses sentimens, étaient, en partie du moins, la source de cet état de société.

Et d'abord, le fait seul que c'est là en Allemagne une opinion générale, une croyance publique, accréditée dans toutes les classes, est déjà une forte présomption qu'il en a réellement été ainsi. Un peuple ne se trompe pas à ce point sur ses origines et sur le sentiment qu'elles lui inspirent. Cette antipathie que nous rencontrons ailleurs, pour l'ancien état social du pays, n'existe point en Allemagne. Les premiers rapports des classes supérieures et des classes inférieures, des propriétaires et des cultivateurs, n'ont point laissé là ces pesantes traditions, ces souvenirs douloureux qui remplissent notre histoire. La population allemande ne s'est pas constamment débattue pour échapper à ses origines, pour abolir ses vieilles institutions. Il y a là évidemment autre chose que de la conquête et de la tyrannie.

L'opinion commune a raison ; elle est conforme aux faits. L'invasion générale du pays par des étrangers, la lutte des races, la lutte des langues, l'hostilité profonde des situations sociales, rien ou presque rien de tout cela n'a eu lieu en Allemagne, au moins dans une grande partie de l'Allemagne. Le régime féodal s'y est établi, y a joué un grand rôle, pèse encore beaucoup sur les peuples, moins cependant qu'ailleurs. Là, il y a eu de tout temps beaucoup de paysans libres et propriétaires, beaucoup de terres indépendantes et nullement engagées dans les liens de la féodalité.

On ne saurait donc se refuser à reconnaître, dans l'organisation de l'ancienne tribu germanique, et particulièrement dans la souveraineté domestique du chef de famille propriétaire, une autre origine que la conquête, un autre caractère, un caractère plus moral et plus libre que celui de la force. Cette origine, c'est le régime patriarcal, ou un régime analogue; ce caractère, c'est celui de la vie de famille. Très-probablement la tribu germaine avait été originairement le développement, l'extension d'une même famille. Très-probablement une grande partie des habitans du domaine, beaucoup de ces colons héréditaires, à charge de redevance, étaient des parens du chef de famille propriétaire. Il y avait là très-probablement quelque chose de cette organisation sociale qui a longtemps subsisté dans les *clans* de la haute Ecosse et les *septs* de l'Irlande; organisation que les romans de sir Walter Scott ont rendue familière à tous les esprits; qui, au premier aspect, et à en juger par les apparences extérieures, ressemble au régime féodal, mais en est cependant radicalement différente, car elle est évidemment issue de la famille; elle en perpétue les liens à travers les siècles, et maintient des sentimens affectueux en dépit de la profonde inégalité des conditions sociales, des droits reconnus, respectés, là où manquent complètement les garanties politiques, de la moralité et de la liberté enfin dans un régime où, sans cette origine et son influence, il n'y aurait qu'oppression et avilissement.

Telle était sans doute aussi l'influence qui, dans la tribu germanique, avait introduit quelque chose des relations et des mœurs du clan.

De ces détails découlent, si je ne m'abuse, deux grands faits :

1° La souveraineté appartenait, dans la tribu germanique, pour toutes les affaires générales de la tribu, à l'assemblée des chefs de famille propriétaires; pour tout ce qui se passait dans l'intérieur de chaque domaine, au chef de famille lui-même; c'est-à-dire qu'il y avait une souveraineté politique collective, une souveraineté domestique individuelle et inhérente à la propriété.

2° La souveraineté domestique des propriétaires avait une double origine, un double caractère : d'une part, les liens et les habitudes de famille; le chef propriétaire était un chef de clan, entouré de ses parens, quels que fussent l'éloignement de la parenté et la diversité de la condition : d'autre part, la conquête et la force; là aussi il y avait eu des portions de territoire occupées à main armée, des vaincus dépossédés et réduits, ou bien près, en servitude.

Ainsi, Messieurs, dans cette organisation de l'ancienne tribu germanique, vous voyez apparaître les trois grands systèmes sociaux, les trois grandes origines de la souveraineté : 1° l'association entre hommes égaux et libres, où se développe la souveraineté politique; 2° l'association primitive, naturelle, celle de la famille, où règne la souveraineté unique et patriarcale; 3° l'association forcée, résultat de la conquête, et livrée à la souveraineté despotique.

Sur l'étroit et obscur théâtre de la tribu des Chérusques ou des Hermundures, ou de telle autre, existaient donc déjà, au IIIe siècle, tous les principes essentiels, toutes les grandes formes de la société humaine.

Transportons-nous maintenant au VIe siècle, après l'invasion, entre le Rhin, l'Océan, les Pyrénées et les Alpes, et voyons ce qui dut arriver.

Et d'abord, ce ne fut point la tribu, mais la bande germaine qui passa sur le territoire gallo-romain, s'en empara et s'y établit. Des deux sociétés originaires de la Germanie, celle qui était, non pas sédentaire, mais errante, celle qui avait pour base l'individu, non la famille, et était vouée, non à la vie agricole, mais à la guerre, celle-là est devenue un des élémens primitifs de notre civilisation.

En Allemagne, c'est la tribu agricole, chez nous, c'est la bande guerrière qu'on aperçoit au berceau de la société.

Une fois établie, il est vrai, une fois poussée à quitter la vie errante pour la vie sédentaire, et le pillage pour la propriété, la bande germanique dut vouloir reproduire les institutions, les habitudes de sa première patrie; l'organisation de la tribu dut être la source, le modèle du régime qu'elle essaya d'adopter.

Ce fut, en effet, ce qui arriva. On voit la bande germaine, à mesure qu'elle se fixe sur notre territoire, essayer d'y transplanter le système social que je viens de décrire, spécialement cette double souveraineté, politique, pour les affaires générales, et appartenant à l'assemblée des chefs de famille; domestique, dans l'intérieur des domaines de chaque chef de famille propriétaire, et exercée par lui seul.

Mais que de changemens devait entraîner dans la société nouvelle le changement des situations et des circonstances extérieures!

Voyons d'abord ce que devint la souveraineté politique.

En Germanie, la tribu était établie en général sur un territoire peu étendu. Les tribus se contenaient, se resserraient réciproquement, ne fût-ce qu'en s'entourant, comme le dit César, de vastes déserts, pour plus de sécurité. Les chefs de famille habitaient assez près les uns des autres, et pouvaient aisément se réunir pour traiter de leurs affaires communes. La souveraineté de l'assemblée générale était naturelle et possible.

Après l'invasion dans l'Empire, un territoire immense fut ouvert aux courses et à l'avidité des conquérans. Ils s'y répandirent de tous côtés. Les principaux d'entre eux occupèrent de vastes domaines. Ils se trouvèrent trop éloignés les uns des autres pour se réunir souvent et délibérer en commun. La souveraineté politique de l'assemblée générale, devenue impraticable, dut périr, et périt en effet pour faire place à un autre système, à cette organisation hiérarchique des propriétaires, dont je parlerai en traitant de l'association féodale et de ses institutions.

La souveraineté domestique, celle du chef de famille propriétaire sur les habitans de ses domaines, n'eut pas de moindres altérations à subir.

Ce n'était pas avec ses parens, avec son clan seul que le chef germain avait fait ses conquêtes et se trouvait établi dans ses nouveaux domaines. La bande qui l'avait suivi était composée de guerriers venus des diverses familles de la tribu, souvent même de tribus différentes. Tacite le dit expressément : « Si la tribu où ils sont » nés s'engourdit dans l'oisiveté d'une longue » paix, les principaux d'entre les jeunes hom- » mes vont chercher les nations qui font quel- » que guerre ; car le repos est importun à ce » peuple ; les guerriers ne s'illustrent qu'au mi- » lieu des périls, et c'est seulement par la » guerre, par les entreprises qu'on peut con- » server une nombreuse troupe de compa- » gnons [1]. »

[1] *De Mor. Germ.*, c. 14.

Les liens du chef avec ses compagnons étaient donc souvent des liens de guerre, non de famille. De là, un grand changement dans le caractère de leurs relations au sein du nouvel établissement. Ce n'était plus cette communauté d'habitudes, de traditions, de sentimens, qui pouvait exister, en Germanie, entre les chefs propriétaires et les colons de leurs domaines; à sa place était la camaraderie des guerriers, principe d'association bien moins fort, bien moins moral.

Le chef propriétaire se trouva de plus, en Gaule, entouré d'une population étrangère, ennemie, de race, de langue, de mœurs différentes, et dont il fallait constamment se garder. Des Gaulois romains étaient maintenant les habitans, les cultivateurs de ses domaines; tandis qu'en Germanie, la plupart, libres ou non libres même, étaient Germains comme lui. Nouvelle et puissante cause d'affaiblissement pour ce caractère patriarcal qu'avait en Germanie la souveraineté domestique.

Dans son nouvel établissement, le chef germain ne resta pas même long-temps environné de ceux de ses compatriotes qui avaient fait partie, sinon de sa famille, du moins de sa bande. J'ai déjà eu plusieurs fois occasion de le dire : cette bande ne se dispersa pas sur-le-champ en individus pressés de se séparer et d'aller habiter chacun son propre domaine. Les principaux chefs occupèrent de vastes territoires, et beaucoup de leurs compagnons continuèrent de vivre auprès d'eux, dans leur maison. Aussi rencontre-t-on dans les documens des VIe, VIIe, VIIIe siècles, et même plus tard, un grand nombre d'hommes libres, Germains d'origine, et désignés sous les noms de *arimanni*, *erimanni*, *herimanni*, *hermanni* chez les Lombards[1], et de *rachimbur-*

[1] Les *arimanni* reviennent sans cesse dans les lois lombardes et dans les monumens italiens du VIIe au XIIe siècle. Leur nom est écrit *erimanni*, *eremanni*, *haremanni*, *harimanni*, *herimanni*, *hermanni*, variations provenues surtout de la difficulté d'écrire les sons teutoniques; et tout porte à croire que les *germani*, nommés dans une foule d'actes, dont plusieurs remontent au IXe siècle, ne sont autres que les *arimanni* ou *hermanni*; en sorte que le nom national de *Germains* n'aurait d'autre origine que celui de *herimanni*, hommes libres. On varie sur l'étymologie de ce dernier mot : selon les uns, il vient de *heer* (armée, guerre), et les *heer-manni* sont les guerriers; selon d'autres, il dérive de *ehre* (honneur), et désigne les hommes libres par excellence, les citoyens investis de tous les droits de la liberté politique, les *cives optimo jure* du droit romain. Cette dernière explication est adoptée par Mœser (*Osnabrückische Geschichte*, dans la préface et *passim*) et par M. de Savigny (*Histoire du droit romain*, etc. tom. I, p. 160, 175).

gi, *rathimburgi*, *regimburgi*[1] chez les Francs. Plusieurs écrivains allemands, M. de Savigny entre autres, ont prétendu reconnaître sous ces noms une condition, une classe particulière, les anciens hommes libres et propriétaires indépendans, les vrais citoyens de la tribu germaine avant l'invasion; et ils en ont conclu la continuation prolongée de l'ancienne organisation sociale des Germains au sein de leur nouvelle patrie. Je crois qu'ils se trompent. J'ai examiné avec soin cette question dans mes *Essais sur l'Histoire de France.*

1 Les *rachimburgi*, souvent mentionnés dans la loi Salique, le sont également dans plusieurs formules du temps, et jusque dans des actes du xe siècle; les variations d'orthographe sont encore plus nombreuses que pour les *arimanni*; on trouve *rachimburgi*, *rathimburgi*, *racimburgi*, *racineburgi*, *recyneburgi*, *racimburdi*, *regimburgi*, *raimburgi*. La plupart des érudits font dériver ce mot de *racha* (affaire, procès), ou de *recht* (droit, justice), ce qui présenterait exclusivement les *rachimburgi* sous le caractère de juges. M. de Savigny pense, avec le célèbre historien Muller, qu'il vient de l'ancien mot teutonique *rek* (grand, puissant), qui fait la terminaison de tant de noms propres germains, et se retrouve dans *reich* (riche), en sorte que les *rachimburgi*, appelés aussi *boni homines*, seraient simplement des hommes puissans, des notables, les *ricos hombres* des Espagnols (*Histoire du droit romain*, etc., t. I, p. 184).

Permettez-moi de reprendre ici mes paroles; je n'ai aucune raison de les changer :

Les noms d'*arimanni* et de *rachimburgi* s'appliquent évidemment à des hommes libres; ils désignent même, tout porte à le croire, les hommes libres en général, les citoyens actifs. Les *arimanni* lombards siégent dans les plaids ou assemblées publiques, en qualité de juges, marchent à la guerre sous les ordres du comte, paraissent comme témoins dans les actes civils; les *rachimburgi* francs exercent les mêmes droits.

Il est également certain que ces mots ne désignent point des magistrats, des hommes investis de fonctions spéciales, judiciaires ou autres, et distincts, à ce titre, du reste des citoyens. Dans une foule de documens, les *arimanni* sont mentionnés comme témoins, comme simples guerriers; le même nom est donné aux bourgeois libres des villes; les *rachimburgi* francs paraissent de même en des occasions où il ne s'agit d'aucune fonction publique à remplir; le mot *rachimburgi* est souvent traduit par celui de *boni homines*. Tout démontre que ces noms s'appliquent aux hommes libres, aux citoyens en général, et non à quelque magistrature spéciale, à quelque pouvoir public.

Mais ces hommes libres, ces ahrimans, ces rachimbourgs, étaient-ils distincts des leudes ou bénéficiers comme des esclaves? formaient-ils une classe de citoyens indépendans, liés seulement entre eux et à l'État, dont, en un mot, la condition sociale fût autre que celle des hommes qui, sous les noms de *recommandés, leudes, fidèles, antrustions* ou *vassaux*, étaient entrés dans une association particulière, et vivaient dans la dépendance comme sous la protection d'un supérieur?

Les monumens et les faits allégués par les défenseurs mêmes de cette opinion, prouvent qu'elle est mal fondée, et que les leudes, les vassaux d'un seigneur, étaient appelés ahrimans ou rachimbourgs, aussi bien que s'il se fût agi de citoyens véritables, d'hommes étrangers à toute dépendance individuelle.

Un homme vient se placer sous la foi du roi, se déclarer son fidèle, son vassal; il vient, dit la formule, *cum arimannia sua*, c'est-à-dire suivi de ses guerriers. Voilà donc des ahrimans qui sont déjà les leudes, les vassaux d'un homme, et vont devenir les arrière-vassaux du roi. Ils n'en demeureront pas moins des ahrimans, c'est-à-dire des hommes libres, car c'est là tout ce que veut dire ce mot; il désigne la liberté en général, et non une condition sociale distincte de celle des leudes, des vassaux.

Dans un diplôme du xe siècle, l'empereur Othon Ier donne à un couvent une forteresse « avec les hommes » libres, vulgairement dits ahrimans. » Au XIe siècle, l'empereur Henri IV fait à un autre monastère une donation semblable, et les ahrimans qui habitent le domaine y sont également compris. Les concessions de ce genre étaient depuis long-temps usitées; plusieurs documens le prouvent, et un concile du xe siècle avait défendu aux comtes « de » donner en bénéfice, à leurs hommes, les ahrimans de leur » comté. » Les comtes n'avaient en effet, originairement du moins, et à ce titre seul, aucun droit de disposer des terres de leur comté ni des hommes libres qui l'habitaient; c'était à ceux-ci de choisir eux-mêmes le supérieur auxquels ils voulaient s'attacher.

La qualité d'ahriman n'excluait donc pas celle de leude, de vassal; les ahrimans étaient les leudes de l'homme sur les terres duquel ils habitaient, et quand ces terres étaient données en bénéfices, ils devenaient les leudes du bénéficier.

Je ne trouve, quant aux rachimbourgs, aucun texte où il soit clair que cette dénomination s'appliquait à des leudes aussi bien qu'à des hommes absolument libres; employée plusieurs fois dans la loi salique, elle est plus rare que celle d'ahriman dans les monumens des siècles postérieurs; mais tout autorise à porter, sur le sens de ce terme, le même jugement que sur celui des termes analogues. Les uns et les autres désignaient des hommes libres et en possession des droits attachés à la liberté, mais non une classe particulière de citoyens placés dans une condition distincte, d'une part de celle des esclaves, d'autre part de celle des leudes et des vassaux [1].

Non-seulement les ahrimans, les rachimbourgs ne formaient pas une classe distincte, d'une part de celle des colons ou esclaves, de l'autre de celle des leudes ou vassaux; mais ils ne pouvaient manquer de se ranger bientôt dans l'une ou l'autre de ces deux conditions. Comment dans la maison, à côté d'un chef devenu grand propriétaire, en possession de mille moyens d'influence, et dont la supériorité grandissait chaque jour, auraient-ils conservé longtemps cette égalité, cette indépendance dont

[1] *Essais sur l'histoire de France*, p. 237-241.

jouissaient jadis les compagnons de la même bande ? Évidemment cela ne pouvait être. Ces hommes libres qui, après l'invasion, vécurent encore quelque temps autour de leur chef, ne tardèrent pas à se partager en deux classes; les uns reçurent des bénéfices, et, devenus propriétaires à leur tour, entrèrent dans cette association féodale dont nous nous occuperons plus tard; les autres, toujours fixés dans l'intérieur des domaines de leur ancien chef, tombèrent soit dans une condition tout-à-fait servile, soit dans celle de colons cultivant une partie de la terre, à charge de certains services ou redevances.

Vous voyez, Messieurs, ce qui dut arriver de cette souveraineté domestique de l'ancienne tribu germanique que je décrivais tout-à-l'heure. Dans le nouvel établissement territorial, elle subit une altération profonde; elle perdit son caractère de famille; elle ne put continuer de se rattacher à ces sentimens communs, à ces traditions, à ces liens de parenté qui unissaient, dans l'ancienne Germanie, le chef de famille propriétaire à la plupart des habitans de ses domaines. Cet élément de l'organisation de la tribu germanique disparut, ou à peu près, lorsqu'elle fut transplantée en Gaule. L'élément qui devint dominant fut celui de la conquête, de la force; et sa prédominance fut le résultat nécessaire de la situation dans laquelle les chefs de famille propriétaires se trouvèrent en Gaule, situation radicalement différente de celle qu'ils avaient en Germanie.

Ainsi cette fusion de la souveraineté avec la propriété, que nous avons remarquée comme un des grands caractères du régime féodal, n'y était pas, à proprement parler, nouvelle; elle ne fut pas le résultat uniquement de la conquête; un fait analogue existait en Germanie, dans le sein de la tribu germaine; là aussi le chef de famille propriétaire était souverain dans l'intérieur de ses domaines; là aussi avait eu lieu la fusion de la souveraineté et de la propriété. Mais en Germanie cette fusion s'était accomplie sous l'influence de deux principes : d'une part, sous l'influence de l'esprit de famille, de l'organisation de clan; d'autre part, sous l'influence de la conquête, de la force. Ces deux principes avaient, dans la souveraineté domestique du chef de famille propriétaire en Germanie, des parts inégales et qu'il serait difficile de mesurer; mais ils y agissaient certainement l'un et l'autre. En Gaule, la part du régime patriarcal, de l'organisation de clan, s'atténua; beaucoup celle de la conquête, de la force, prit au contraire un grand développement, et devint le principe sinon unique, du moins très-dominant de cette fusion de la souveraineté et de la propriété, qui est, je le répète, un des grands caractères du régime féodal.

Il n'y a donc rien, ou du moins pas grand' chose à conclure de ce fait en Germanie à ce fait sur notre territoire. Je ne dis pas qu'il ne soit rien resté chez nous des anciennes habitudes germaines. Je ne dis pas que l'esprit de famille, l'idée que tous les habitans d'un même domaine, d'un même territoire, sont engagés dans quelques relations morales, et comme dans une sorte de parenté, n'aient eu quelque influence dans le régime féodal français. Je dis seulement que cette influence a été très-bornée, très-inférieure à celle de la conquête.

Telle fut, si je ne me trompe, la transformation de ce fait du IVe au Xe siècle. Voilà comment, venu de Germanie, il est cependant devenu tout autre sur notre territoire. Dans notre prochaine réunion, nous nous occuperons du troisième caractère du régime féodal, c'est-à-dire des rapports des possesseurs de fiefs entre eux, et de l'organisation hiérarchique de leur propre société.

QUATRIÈME LEÇON.

De l'association générale des possesseurs de fiefs entre eux ; troisième caractère du régime féodal. — Par la nature même de ses élémens, cette association a dû être faible et irrégulière. — Elle l'a toujours été en effet. — Fausseté du tableau que tracent, de la hiérarchie féodale, les apologistes de ce régime. — Son incohérence et sa faiblesse étaient surtout extrêmes à la fin du xe siècle. — De la formation de cette hiérarchie du ve au xe siècle. — Trois systèmes d'institutions sont en présence après l'invasion Germaine : les institutions libres, les institutions monarchiques, les institutions aristocratiques. — Histoire comparée de ces trois systèmes. — Décadence des deux premiers. — Triomphe du troisième, qui demeure cependant incomplet et désordonné.

MESSIEURS,

Les deux premiers caractères du régime féodal, la nature spéciale de la propriété foncière et la fusion de la souveraineté et de la propriété dans chaque fief, nous sont bien connus. Nous savons comment ils se sont formés; nous les avons vus naître et grandir, du ve au xe siècle. Sortons aujourd'hui de l'intérieur du fief; assistons aux rapports des possesseurs de fiefs entre eux, au développement progressif de l'organisation qui les unissait, ou plutôt qui était censée les unir en une seule et même société. C'est là, vous le savez, le troisième des grands faits qui constituent le régime féodal.

J'ai dit de l'organisation qui était censée les unir; l'union en effet des possesseurs de fiefs entre eux, leur organisation en une société générale, était bien plutôt un principe qu'un fait, et bien plus nominale que réelle. La nature seule des élémens d'une telle association le donne à présumer. Quel est le lien, le ciment d'une grande société? c'est le besoin qu'ont les unes des autres les associations partielles, locales, qui la composent; la nécessité où elles sont de recourir les unes aux autres pour l'exercice de leurs droits, pour l'accomplissement des diverses fonctions publiques, pour la législation, l'administration de la justice, des finances, de la guerre, etc. Si chaque famille, chaque ville, chaque circonscription territoriale trouvait en elle-même, dans son propre sein, tout ce dont elle a besoin sous le rapport politique, si elle formait un petit État complet qui n'eût rien à recevoir d'ailleurs, rien à donner ailleurs, elle ne tiendrait pas aux autres familles, aux autres villes, aux autres circonscriptions locales; il n'y aurait point entre elles société. La dispersion de la souveraineté et du gouvernement dans les diverses parties, entre les différens membres de l'État, c'est là ce qui constitue l'État; c'est là le lien extérieur de la société générale, ce qui en rapproche et retient ensemble les élémens.

Or, la fusion de la souveraineté avec la propriété, et sa concentration dans l'intérieur du domaine, aux mains de son possesseur, avaient précisément pour effet d'isoler le propriétaire de fief des autres propriétaires semblables; chaque fief formait, pour ainsi dire, un petit État complet, dont les habitans n'avaient rien ou presque rien à chercher au-delà, qui se suffisait à lui-même en matière de législation, d'administration de la justice, de taxes, de guerre, etc. Dans une société formée de tels élémens, il était inévitable que le lien général fût faible, rarement senti, facile à rompre. Les possesseurs de fiefs avaient, il est vrai, des affaires communes, des droits et des devoirs réciproques. C'est d'ailleurs le penchant naturel à l'homme d'étendre sans cesse ses relations, d'agrandir, d'animer de plus en plus son existence sociale, d'aller en quelque sorte cherchant toujours de nouveaux concitoyens et de nouveaux liens avec eux. Enfin, à l'époque dont nous nous occupons, l'Église chrétienne, société toujours une et fortement constituée, travaillait sans cesse à faire passer, dans la société civile, quelque chose de son unité, de son ensemble; et ce travail n'était pas sans fruit. Mais il n'en est pas moins évident que par la nature de ses élémens, et spécialement par la fusion de la souveraineté et de la propriété, par la *localisation* presque complète du pouvoir, s'il est permis de parler ainsi, l'association générale des possesseurs de fiefs devait être très-peu compacte, très-peu active; qu'il devait y régner fort peu d'ensemble et d'unité.

Ainsi arriva-t-il en effet; et l'histoire confirme pleinement les inductions tirées de la nature même de cet état social. Ses apologistes se sont appliqués à faire ressortir les droits et les devoirs réciproques des possesseurs de fiefs; ils ont vanté l'habile gradation des liens qui les unissaient entre eux depuis le plus faible jusqu'au plus puissant; de telle sorte qu'aucun ne fût isolé, et que pourtant chacun demeurât libre et maître chez soi. A les entendre, jamais l'indépendance des individus ne fut plus heureusement conciliée avec l'harmonie de l'ensemble. Idéal chimérique, Messieurs, pure hypothèse logique. Sans doute, en principe, les possesseurs de fiefs étaient liés les uns aux autres, et leur association hiérarchique semble savamment organisée. En fait, jamais cette organisation ne fut réelle ni efficace ; jamais la féodalité ne put tirer de son sein un principe d'ordre et d'unité suffisant pour en faire une société générale et tant soit peu régulière. Ses élémens, c'est-à-dire les possesseurs de fiefs, furent toujours entre eux dans un état d'incohérence et de guerre, obligés de recourir sans cesse à la force, parce qu'aucun pouvoir supérieur, vraiment public, n'était là pour maintenir entre eux la justice et la paix, c'est-à-dire la société. Et pour enfanter un pouvoir pareil, pour fondre en une seule et vraie société tous ces élémens épars ou même ennemis, il fallut recourir à d'autres principes, à d'autres institutions, à des institutions, à des principes étrangers, hostiles même au système féodal. Vous le savez déjà ; c'est par la royauté d'une part, de l'autre par l'idée de la nation en général et de ses droits que l'unité politique a prévalu parmi nous, que l'*État* a été constitué. Et c'est toujours aux dépends des possesseurs de fiefs, par l'affaiblissement et l'abolition progressive du régime féodal, que nous avons marché vers ce but.

Il ne faut donc pas prétendre à trouver clairement et complètement réalisée, dans les faits, cette organisation systématique et générale des possesseurs de fiefs entre eux, que j'ai indiquée comme le troisième grand caractère du régime féodal. Ce caractère lui appartient en effet, et le distingue de tout autre état social; mais il n'a jamais reçu son plein développement, son application efficace et régulière; jamais la hiérarchie féodale n'a été réellement constituée, n'a vécu selon les règles et dans les formes que lui assignent les publicistes. La nature spéciale de la propriété foncière, la fusion de la souveraineté et de la propriété, sont des faits simples, évidens, et que l'histoire montre tels que les conçoit la théorie. Mais la société féodale, dans son ensemble, est un édifice imaginaire, construit, après coup, dans la pensée des savans, et dont les matériaux seuls ont existé sur notre territoire, toujours incohérens et mutilés.

Si tel a été son état dans tout le cours de l'époque féodale, à plus forte raison devait-il en être ainsi au commencement de cette époque, vers la fin du xe siècle. La féodalité sortait à peine alors du chaos de la barbarie; elle en sortait comme une espèce de *pis-aller*, comme le régime le plus voisin de celui qui finissait, comme la seule forme que pût prendre à cette époque la société renaissante. L'incohérence, le défaut d'ensemble, y devaient donc être bien plus grands encore qu'ils ne le furent plus tard. L'association féodale devait être encore bien plus éloignée de cet état d'unité, de régularité, auquel elle n'atteignit jamais. La fin du xe et le commencement du xie siècle sont, en effet, dans l'époque féodale, la période où la féodalité apparaît le plus désordonnée, le plus dépourvue d'organisation générale. On voit alors les possesseurs de fiefs se former en une infinité de petits groupes, dont tel comte, tel duc, tel simple seigneur, deviennent les chefs, selon les hasards du territoire ou des événemens, et qui demeurent à peu près étrangers les uns aux autres. Quelquefois ces associations locales paraissent conserver entre elles des relations, tenir à un centre commun; mais on s'aperçoit bientôt que cette apparence est un mensonge. On voit, par exemple, le nom du roi de France inscrit encore par tel ou tel seigneur d'Aquitaine en tête de ses actes; mais c'est le nom d'un roi déjà mort; on rend encore hommage à la royauté, mais on ignore quel en est le dépositaire actuel. A aucune époque, le morcellement du territoire entre les possesseurs de fiefs n'a été si grand, et leur indépendance si complète. A aucune époque, le lien hiérarchique qui devait les unir n'a eu si peu de réalité.

En étudiant donc, du ve au xe siècle, la formation progressive de ce troisième caractère du régime féodal, nous n'arriverons pas à des résultats aussi prompts, aussi positifs, que dans l'étude des deux premiers. Nous ne verrons point l'organisation féodale apparaître et se développer clairement sous nos yeux, comme il nous est arrivé pour la nature spéciale de la propriété foncière et la fusion de la souveraineté et de la propriété. Nous ne ferons qu'entrevoir les germes, assister au travail de la formation de ce système qui ne s'est jamais formé. Nous rencontrerons çà et là sur notre sol les matériaux de cet édifice qui n'a jamais été véritablement élevé. Ou, pour mieux dire, nous verrons tomber tout autre édifice social, disparaître tout autre système. Du ve au xe siècle, nul principe d'unité sociale et politique n'a pu conserver ou acquérir l'empire; tous ceux qui avaient régné auparavant ont été vaincus, abolis; et c'est au-dessus de leurs ruines que paraissent les essais grossiers et incomplets de l'organisation féodale. C'est donc moins la formation progressive de l'association générale des possesseurs de fiefs, que la destruction progressive de tout autre grand régime social que je vais tenter de retracer.

Immédiatement après l'invasion et l'établissement territorial des Germains dans la Gaule, trois principes d'organisation sociale, trois systèmes d'institutions co-existent et sont en présence : 1° le système des institutions libres ; 2° le système des institutions aristocratiques ; 3° le système des institutions monarchiques.

Le système des institutions libres a son origine : 1° en Germanie, dans l'assemblée générale des chefs de famille propriétaires de la tribu, et dans la délibération commune et l'indépendance personnelle des guerriers qui formaient la bande ; 2° en Gaule, dans les restes du régime municipal, au sein des cités.

Le système des institutions aristocratiques a son origine : 1° en Germanie, dans la souveraineté domestique des chefs de famille propriétaires, et dans le patronage du chef de bande sur ses compagnons ; 2° en Gaule, dans la répartition très-inégale de la propriété foncière, concentrée aux mains d'un petit nombre de grands propriétaires, et dans leur domination sur la masse de la population, colons ou esclaves, qui cultive leurs domaines, ou les sert dans leur maison.

Le système des institutions monarchiques a son origine : 1° en Germanie, dans la royauté militaire, c'est-à-dire le commandement du chef de bande, et dans le caractère religieux inhérent à certaines familles; 2° en Gaule, dans les traditions de l'Empire romain et les doctrines de l'Église chrétienne.

Voilà les trois grands systèmes d'institutions, les trois principes essentiellement différens, que la chute de l'Empire et l'invasion Germaine mirent en présence, et qui devaient concourir à la formation de la société nouvelle.

Quelles ont été, du ve au xe siècle, les destinées de ces trois systèmes, chacun en soi, et dans leur amalgame ?

Parlons d'abord du système des institutions libres.

Il se perpétue et se manifeste, du ve au xe siècle, 1° dans les assemblées locales, où les vainqueurs établis sur les divers points du territoire se réunissent et traitent ensemble de leurs affaires; 2° dans les assemblées générales de la nation ; 3° dans les restes du régime municipal, au sein des cités.

Que les assemblées locales des anciens Germains, appelées *mâls* [1] dans leur langue et *placita* en latin, aient continué après l'invasion, on n'en saurait douter : les textes de leurs lois en font foi à chaque pas. En voici quelques-uns :

Si quelqu'un assigné au *mâl* ne s'y rend pas, qu'il soit condamné à payer 15 *solidi*, à moins qu'il n'ait été retenu par quelque empêchement légitime [2].

Si quelqu'un a besoin de témoins pour qu'ils rendent témoignage au *mâl*, celui qui en a besoin doit les assigner [3].

Que l'assemblée (*conventus*) se fasse selon l'ancienne coutume, dans chaque centène, devant le comte ou son envoyé, et devant le centenier [4].

Que le plaid (*placitum*) ait lieu de samedi en samedi, ou tel jour qu'il plaira au comte ou au centenier, de sept en sept nuits, lorsqu'il y aura peu de tranquillité dans la province : quand la tranquillité sera plus grande, que l'as-

---

[1] De l'ancien mot allemand *mahl*, qui signifie *réunion*, *assemblée*, et se retrouve encore dans plusieurs mots, comme *mahlzeit*, repas, temps de la réunion ; *mahlstatt*, lieu où se réunit le tribunal, etc.

[2] *Loi sal.*, t. 1, c. 1, 16.

[3] *Loi des Rip.*, t. L, c. 1 ; t. LXVI, c. 1, etc.

[4] *Loi des Allem.*, t. XXXVI, c. 1.

semblée ait lieu de quatorze en quatorze nuits, dans chaque centène, comme il est ordonné ci-dessus [1].

Que les plaids se tiennent à toutes les calendes, ou tous les quinze jours, s'il est nécessaire, pour examiner les causes, afin que la paix règne dans la province [2].

Ces assemblées étaient composées de tous les hommes libres établis dans la circonscription territoriale ; tous avaient non-seulement le droit, mais l'obligation de s'y rendre :

Si quelque homme libre néglige de venir au plaid, et ne se présente pas au comte ou à son délégué, ou au centenier, qu'il soit condamné à payer 15 *solidi*. Que personne, soit vassal du duc ou du comte, soit tout autre, ne néglige de venir au plaid, afin que les pauvres y fassent valoir leurs causes [3].

Que tous les hommes libres se réunissent aux jours fixés, là où l'aura ordonné le juge, et que personne n'ose dédaigner de venir au plaid. Que ceux qui demeurent dans le comté, soit vassaux du roi ou du duc, soit tous autres, viennent au plaid ; et que celui qui négligera de venir, soit condamné à payer 15 *solidi* [4].

Il est difficile d'énumérer les attributions, les occupations de ces assemblées ; car on y trai-

---

[1] *Loi des Allem.*, t. XXXVI, c. 2.

[2] *Loi des Boiares*, t. XV, c. 1.

[3] *Loi des Allem.*, t. XXXVI, c. 4.

[4] *Loi des Boiares*, t. XV, c. 1.

tait de toutes choses, de tous les intérêts communs des hommes qui s'y rassemblaient; mais leur principale affaire était de rendre la justice; toutes les causes, toutes les contestations se portaient là, pour y être soumises à la décision des hommes libres et notables, des *rachimbourgs* chargés de déclarer quelle était la loi :

Si quelques rachimbourgs siégeant dans quelque *mâl*, n'ont pas voulu dire la loi, lorsqu'une cause aura été débattue entre deux personnes, celui qui poursuit la cause doit leur dire jusqu'à trois fois : « Dites-nous la loi salique. » S'ils n'ont pas voulu la dire, celui qui poursuit la cause doit leur dire de nouveau : « Je vous requiers pour que vous disiez la loi entre mon adversaire et moi. » Le jour étant indiqué, sept de ces rachimbourgs paieront chacun neuf sols. S'ils n'ont pas voulu ensuite ni dire la loi... ni donner assurance du paiement, que pour lors il leur indique une seconde fois le jour, et qu'ensuite chacun d'eux soit condamné à payer quinze sols [1].

Si quelqu'un poursuit sa cause, et que les rachimbourgs n'aient pas voulu dire la loi ripuaire entre ceux qui plaident, que pour lors celui contre lequel ils auront prononcé une sentence contraire, dise : « Je vous somme de me dire la loi. » Que s'ils ne l'ont pas voulu dire, et qu'ils en aient ensuite été convaincus, chacun d'eux sera condamné à payer quinze sols d'amende [2].

---

[1] *Loi Sal.*, t. LX.

[2] *Loi des Rip.*, t. LV.

Si quelqu'un a gagné sa cause dans le mâl et par la loi.... les rachimbourgs doivent lui apprendre combien la cause vaut selon la loi.... Le poursuivant doit agir selon la loi, inviter le gravion d'aller à la maison de l'autre, pour qu'il enlève, sur ses biens, ce qu'il doit légitimement pour cette cause [1].

Non-seulement on rendait la justice dans les *mâls*, non-seulement on y délibérait sur les affaires communes; mais la plupart des affaires civiles, la plupart des contrats se consommaient là, et acquéraient par là seulement la publicité, l'authenticité que les notaires et les officiers publics sont aujourd'hui chargés de leur donner:

Si quelqu'un a vendu quelque chose à un autre, et que l'acheteur veuille avoir un acte de vente, il doit le demander en plein *mâl*, remettre immédiatement le prix, recevoir la chose: et alors que l'acte soit écrit. Si la chose est de peu de valeur, que l'acte soit attesté par sept témoins; si elle en a beaucoup, par douze [2].

Tel était l'état des assemblées locales dans les premiers temps qui suivirent l'invasion; elles ne

---

[1] *Loi Sal.*, tit. 59.

[2] *Loi des Rip.*, t. LIX, c. I.

furent pas long-temps aussi réelles que les textes de lois semblent l'indiquer. Vous pouvez remarquer que, d'après ces textes mêmes, c'est surtout parmi les Germains encore établis sur les frontières, ou même dans l'intérieur de la Germanie, que les *mâls* nationaux paraissent actifs et fréquens. Les lois des Allemands, des Boiares, des Francs ripuaires, en parlent plus souvent et d'un ton plus impératif que celles des Francs saliens, plus enfoncés dans l'intérieur de la Gaule et au milieu de la population romaine. Là, en effet, les mâls locaux tombèrent bientôt en désuétude; dans une telle désuétude que, vers la fin de la race mérovingienne, les chefs locaux, comtes, vicomtes ou autres, les convoquaient surtout pour avoir le droit de mettre à l'amende les hommes libres qui ne s'y rendaient pas. Un capitulaire de Louis le Débonnaire a pour titre :

Des vicaires et des centeniers qui, bien plus par cupidité que pour rendre la justice, tiennent très-souvent des plaids et tourmentent ainsi trop le peuple [1].

Et Charlemagne, pour remédier à ces abus,

---

[1] *Bal.* t. 1, col. 671.

avait déjà réduit à trois par an le nombre de ces plaids locaux, que les premières lois barbares convoquaient tous les mois, tous les quinze jours, toutes les semaines même :

> Quant aux plaids que doivent suivre les hommes libres, il faut observer le décret de notre père, savoir, que trois plaids généraux seulement doivent être tenus dans l'année, et que personne ne soit forcé de les suivre, si ce n'est l'accusé ou l'accusateur, ou celui qui est appelé pour rendre témoignage. Quant aux autres plaids tenus par les centeniers, que nul n'y soit convoqué, sinon celui qui plaide, celui qui juge et celui qui témoigne [1].

Quels étaient ces juges tenus de se rendre aux assemblées locales, quand la plupart des hommes libres en étaient dispensés? Les *scabini*, ou échevins, véritables magistrats chargés par le prince de rendre la justice, au défaut des citoyens qui n'en voulaient plus prendre la peine. C'est là le vrai sens de ce mot *scabini* (en allemand *schœffen*, juges), que beaucoup d'écrivains ont confondus avec les *rachimburgi* de la loi salique; et cette innovation de Charlemagne suffit pour prouver dans quelle décadence étaient tombés, à cette époque, les

[1] *Cap. de Louis le Débonn.*, en 819; *Bal.*, t. 1, col. 616.

anciens *mâls* locaux, c'est-à-dire le système des institutions libres, appliqué à la vie civile :

Que personne ne soit convoqué au plaid, si ce n'est celui qui poursuit sa cause, et celui contre qui il la poursuit; sauf sept *scabins* qui doivent assister à tous les plaids [1].

A plus forte raison, la même décadence avait dû frapper ce système dans la sphère politique, dans les assemblées générales de la nation. Entre des hommes fort éloignés les uns des autres, et qui n'avaient plus chaque jour les mêmes intérêts, la même destinée, ces grandes réunions devenaient difficiles et artificielles. Aussi les *Champs-de-Mars*, les *Placita generalia*, sont-ils, sous les Mérovingiens, de plus en plus rares et vains. Dans les premiers temps, on les rencontre encore assez fréquemment, car les guerriers font souvent en commun de nouvelles expéditions; la bande se réunit encore pour aller tenter de nouvelles aventures. Peu à peu, quand la vie sédentaire prévaut, les assemblées générales disparaissent, et celles qui en portent le nom sont d'une tout autre nature; elles n'ont plus que l'un ou l'au-

[1] *Capit. de Charlemagne*, en 803; *Bal.* t. 1, col. 394, 465.

tre de ces deux caractères. Tantôt ce sont des réunions solennelles, où l'on vient, en vertu d'un ancien usage, apporter au chef, au roi, des présens qui font une partie de sa richesse; tantôt les rois, après avoir lutté contre leurs leudes, leurs bénéficiers, ceux-là pour reprendre, ceux-ci pour garder les bénéfices, entrent avec eux en négociation, en transaction; ce qui amène des réunions dont le nom rappelle les anciennes assemblées nationales, mais qui ne sont au fait que des conférences, des congrès, où de grands propriétaires, de petits souverains traitent de leurs intérêts, et règlent leurs débats. Telles furent, en 587, l'assemblée qui conclut le traité d'Andelot; en 615, sous Clotaire II, celle de Paris, d'où sortit l'ordonnance qui porte son nom; et plusieurs autres réunions nullement nationales, nullement pareilles à l'assemblée de la tribu ou de la bande germaine, mais qu'on appelait encore *Placita generalia*.

Avec les premiers Carlovingiens, les assemblées générales reprennent leur caractère primitif, le caractère militaire. L'établissement de la seconde race fut, jusqu'à un certain point, vous le savez, une seconde invasion de la Gaule occidentale par les bandes germaines. Aussi voit-on ces bandes se réunir périodiquement pour pousser plus loin leurs expéditions, et garantir leurs conquêtes par des conquêtes nouvelles. C'est là ce qui domine dans les Champs-de-Mars, devenus les Champs-de-Mai, de Pepin le Bref. On compte, sous son règne, plus de dix grandes réunions de ce genre. Sous Charlemagne, elles sont encore plus fréquentes, et leur caractère s'agrandit. Ce ne sont plus de simples réunions militaires, de grandes revues nationales; Charlemagne en a fait un moyen de gouvernement. La plupart d'entre vous se rappellent, je pense, ce que j'ai dit l'an dernier à ce sujet, et les fragmens que j'ai cités du petit traité d'Hincmar : *De ordine palatii*, où il rend compte, avec détail, de ces assemblées, de leur composition et de leurs travaux. Charlemagne convoquait presque tous ses agens, et pour parler le langage de notre temps, les fonctionnaires de son empire, ducs, comtes, vicomtes, vicaires, centeniers, *scabins*, etc. Il voulait s'instruire par eux de ce qui se passait partout, leur communiquer sa pensée, les entraîner dans les voies de sa volonté, et porter ainsi quelque ensemble, quelque ordre dans ce corps immense et sans cesse troublé, dont il avait la prétention d'être l'âme. Ce ne sont pas là, à coup sûr, les anciennes assemblées des guerriers germains, ces assemblées où dominait l'indépendance personnelle, et où Clovis était contraint de laisser chacun prendre sa part du butin.

Sous Louis le Débonnaire, les *Placita generalia* sont encore fréquens, mais le désordre et la guerre y pénètrent et s'en font des instrumens. Sous Charles le Chauve, ils reprennent le caractère dont je vous parlais tout-à-l'heure : ce ne sont plus que des conférences, des congrès où le roi se débat, tant bien que mal, contre des vassaux qui s'isolent de plus en plus, et qu'il ne peut retenir ni réprimer. Après Charles le Chauve, et vers la fin de la race carlovingienne, ces congrès même ont cessé; la souveraineté est décidément devenue locale; la royauté n'a plus même la simple prétention de figurer comme centre de l'État. Aux anciennes assemblées nationales vont succéder les cours féodales, la réunion des vassaux autour du suzerain.

Quant aux débris du régime municipal romain, troisième élément du système des institutions libres à cette époque, je ne reviendrai point sur ce que j'en ai déjà dit l'an dernier; je n'anticiperai point sur ce que j'aurai à en dire quand nous nous occuperons de la renaissance des communes. Je me borne à vous rappeler que la Curie, ses droits et ses institutions n'ont jamais disparu de notre territoire, surtout dans le midi de la Gaule, et qu'on peut également attester, du ve au xe siècle, leur décadence et leur perpétuité.

Telle fut, dans ce long intervalle, Messieurs, la destinée du système des institutions libres. Vous voyez que tous ses principes allèrent s'énervant de plus en plus, que tous ses moyens d'action furent brisés. Les institutions monarchiques eurent-elles plus de bonheur?

Je vous ai dit que chez les Germains la royauté avait une double origine, qu'elle était militaire et religieuse. Comme militaire, la royauté était élective; un chef fameux annonçait une expédition; il n'avait, pour attirer des compagnons, aucun droit, aucun moyen coercitif; venait qui voulait; des guerriers se ralliaient autour d'un chef de leur choix; il était leur roi tant qu'il leur plaisait de le suivre; c'est bien là l'élection, sinon selon des formes politiques, du moins dans son principe et sa liberté.

En tant que religieuse, la royauté germanique était héréditaire; car le caractère religieux était la propriété, pour ainsi dire, de certaines familles issues des héros, des demi-dieux nationaux, d'Odin, de Tuiskon, etc., et ce caractère ne pouvait ni se perdre ni se communiquer. Il n'est presque point de nation germanique où ne se rencontrent ces familles royales; les princes goths et anglo-saxons descendent d'Odin; chez les Francs, les Meerwinges, en vertu d'une origine analogue, portent seuls les cheveux longs.

En passant sur le sol romain, la royauté germanique y trouva d'autres principes, d'autres élémens qui devaient modifier profondément son caractère; là dominait la royauté impériale, institution essentiellement symbolique et symbole purement politique. L'empereur avait succédé au peuple romain; il se donnait comme le représentant du peuple romain, de ses droits, de sa majesté; à ce titre, il se disait souverain. La royauté impériale était la personnification de la république; et de même que Louis XIV disait : *L'État, c'est moi;* le successeur d'Auguste pouvait dire : *Le peuple romain, c'est moi.*

A côté de la royauté impériale naissait la royauté chrétienne, institution symbolique aussi, mais symbole d'une autre nature, symbole purement religieux. Le roi, selon les idées chrétiennes, était le délégué et le représentant de la Divinité.

Je parlais tout-à-l'heure de l'origine religieuse de la royauté barbare; elle n'avait cependant rien de symbolique; les familles qui passaient pour descendre des demi-dieux nationaux, étaient ainsi revêtues d'un caractère positif et personnel. Dans la royauté chrétienne, au contraire, rien de personnel, de positif; elle est un type, une image de l'Etre invisible et seul souverain.

Ainsi, sous un double point de vue, la royauté romaine différait essentiellement de la royauté barbare : politique ou religieuse, celle-ci était une prérogative personnelle; politique ou religieuse, celle-là était un pur symbole, une fiction sociale.

Telles sont, pour ainsi dire, les quatre origines de la royauté moderne, les quatre principes qui, après l'invasion, travaillèrent à se combiner pour l'enfanter. On voit ce travail commencer sous les Mérovingiens. Les rois francs sont et veulent rester chefs de guerriers; en même temps ils se prévalent de leur descendance religieuse barbare; ils adoptent les maximes romaines et essaient de se donner pour les représentans de l'État; ils se disent enfin et se font dire par le clergé, les images et les représentans de Dieu sur la terre.

Pour des esprits aussi grossiers et aussi simples que ceux des barbares du VIe siècle, c'étaient là des notions et des combinaisons trop compliquées : aussi ne réussirent-elles point; et la royauté mérovingienne, précisément, si je ne m'abuse, par l'incertitude de son caractère et de sa base, tomba bientôt dans une complète décadence. Quand elle commença à reparaître avec vigueur dans la personne des Carlovingiens, elle avait subi une grande métamorphose. Les premiers Carlovingiens étaient de purs chefs militaires. Ils n'avaient point, aux yeux de leurs compatriotes germains, ce caractère religieux national dont la famille des rois chevelus avait été revêtue. Pepin de Herstall ni Charles Martel ne se donnaient en aucune façon pour des descendans d'Odin, ou d'autres demi-dieux germaniques; ils étaient simplement de grands propriétaires et des chefs de guerriers. La royauté germanique reparut donc alors avec le caractère militaire seul. Personne n'ignore comment Pepin s'empressa d'y ajouter le caractère religieux chrétien; étranger à toutes les traditions, à toutes les croyances religieuses de l'ancienne Germanie, il voulut s'appuyer sur les croyances nouvelles, déjà bien plus puissantes. Charlemagne alla plus loin; il entreprit de redonner à la royauté franque le caractère de la royauté impériale, d'en refaire un symbole politique, de reprendre lui-même ce rang de représentant de l'État qu'occupaient les empereurs romains; et il y travailla par le moyen le plus efficace, non par la seule pompe des cérémonies et du langage, mais en ressuscitant réellement le pouvoir impérial, l'administration romaine, et cette *omniprésence*, pour ainsi dire, de la royauté sur tous les points du territoire, qui, au milieu de la décadence universelle, avait fait toute la force de ce grand despotisme.

C'est là le véritable caractère du gouvernement de Charlemagne; je ne répéterai point ici ce que j'en ai dit l'an dernier; mais quelques extraits de ses Capitulaires vous montreront avec quel soin il s'occupait de toutes choses, voulait tout savoir, être partout, soit par lui-même, soit par ses délégués, se présenter enfin à l'esprit des peuples comme le moteur universel et la source du gouvernement tout entier.

Que les comtes et leurs vicaires connaissent bien la loi, afin qu'aucun juge ne puisse juger injustement en leur présence, ni changer induement la loi [1].

---

[1] *Capit. de Charlemagne*, en 803; *Bal.*, t. 1, col. 396.

Nous voulons et ordonnons que nos comtes ne remettent point la tenue de leurs plaids, et ne les abrégent pas induement, pour s'adonner à la chasse ou à d'autres plaisirs [1].

Qu'aucun comte ne tienne ses plaids s'il n'est à jeûn et de sens rassis [2].

Qne chaque évêque, chaque abbé, chaque comte ait un bon greffier, et que les scribes n'écrivent pas d'une manière illisible [3].

Nous voulons qu'à l'égard de la juridiction et des affaires qui jusqu'ici ont appartenu aux comtes, nos envoyés s'acquittent de leur mission quatre fois dans l'année, en hiver au mois de janvier, dans le printemps au mois d'avril, en été au mois de juillet, en automne au mois d'octobre. Ils tiendront chaque fois des plaids où se réuniront les comtes des comtés voisins [4].

Chaque fois que l'un de nos envoyés observera, dans sa légation, qu'une chose se passe autrement que nous ne l'avons ordonné, non-seulement il prendra soin de la réformer, mais il nous rendra compte avec détail de l'abus qu'il aura découvert [5].

Que nos envoyés choisissent, dans chaque lieu, des *scabins*, des avocats, des notaires; et qu'à leur retour, ils nous rapportent leurs noms par écrit [6].

---

[1] An 807; *Bal.*, t. 1, col. 459.

[2] An 803; *ibid.*, col. 393.

[3] An 805, *ibid.*, col. 421.

[4] An 812; *ibid.*, col. 498.

[5] *Ibid.*

[6] An 803; *ibid.*, col. 393.

Partout où ils trouveront de mauvais vicaires, avocats ou centeniers, ils les écarteront et en choisiront d'autres qui sachent et veuillent juger les affaires selon l'équité. S'ils trouvent un mauvais comte, ils nous en informeront [1].

Nous voulons que nos envoyés veillent soigneusement à ce que chacun des hommes que nous avons préposés au gouvernement de notre peuple s'acquitte de son office, justement, d'une façon agréable à Dieu et qui nous soit honorable à nous-même comme utile à nos sujets. Que lesdits envoyés s'appliquent donc à savoir si les ordres contenus dans le capitulaire que nous leur avons remis l'an dernier, sont exécutés selon la volonté de Dieu et la nôtre. Nous voulons qu'au milieu du mois de mai, nos envoyés, chacun dans sa légation, convoque dans un même lieu tous les évêques, les abbés, nos vassaux, nos avocats, les vicaires, les abbesses, ainsi que ceux de tous les seigneurs que quelque nécessité impérieuse empêchera de s'y rendre eux-mêmes; et s'il est convenable, surtout à cause des pauvres gens, que cette réunion se tienne dans deux ou trois lieux différens, que cela se fasse ainsi. Que chaque comte y amène ses vicaires, ses centeniers, et aussi trois ou quatre de ses plus notables échevins. Que dans cette assemblée, on s'occupe d'abord de l'état de la religion chrétienne et de l'ordre ecclésiastique. Qu'ensuite nos envoyés s'informent auprès de tous les assistans de la manière dont chacun s'acquitte de l'emploi que nous lui avons confié; qu'il sache si la concorde règne entre nos officiers, et s'ils se prêtent mutuellement secours dans leurs fonctions. Qu'ils fassent cette recherche avec la plus soigneuse diligence et de telle

---

[1] *Bal.*, t. 1, c. 396; an 805, *ibid.*, c. 426.

sorte que nous puissions connaître par eux la vérité de toutes choses. Et s'ils apprennent qu'il y ait dans quelque lieu une affaire dont la décision ait besoin de leur présence, qu'ils s'y rendent et la règlent en vertu de notre autorité [1].

A coup sûr, Messieurs, rien ne ressemble moins à la royauté barbare qu'un tel mode de gouvernement; rien ne rappelle davantage l'esprit et l'administration de l'Empire, de ce pouvoir qui représentait l'État, et agissait presque seul dans l'État. C'était là le système que, sans s'en rendre bien compte, sans en avoir reconstruit la théorie, Charlemagne travaillait à relever. Et il savait très-bien quel était, à cette entreprise, le principal obstacle; il savait très-bien que le régime féodal naissant, l'indépendance et les droits des propriétaires bénéficiers dans leurs domaines, la fusion de la souveraineté et de la propriété, étaient les plus dangereux ennemis de cette royauté souveraine et administrative à laquelle il aspirait. Aussi luttait-il sans cesse contre ces ennemis; aussi s'efforçait-il de restreindre et de diviser, autant qu'il était en lui, le pouvoir des propriétaires :

[1] *Cap. de Louis le Débonn.*, en 823. Il ne fait que répéter ce que faisait Charlemagne. *Bal.*, t. 1, col. 642.

Jamais, dit le moine de Saint-Gall, il ne confiait à ses comtes, si ce n'est à ceux qui étaient situés sur les frontières ou dans le voisinage des barbares, l'administration de plus d'un comté. Jamais, à moins de motifs bien puissans, il ne concédait à un évêque, à titre de bénéfice, une abbaye ou une église du domaine royal; et lorsque ses conseillers ou ses familiers lui demandaient pourquoi il agissait ainsi, il leur répondait : « Avec ce bien ou cette métai» rie, avec cette petite abbaye ou cette église, je m'acquiers » la foi d'un vassal aussi bon, meilleur même que cet évêque » ou ce comte [1]. »

Il fit plus; il essaya de percer, si je puis ainsi parler, à travers toutes les propriétés particulières, pour entrer en rapport direct avec tous les habitans de son empire. Je m'explique. Il ne communiquait avec la masse de la population que par l'intermédiaire des possesseurs d'aleux ou de bénéfices, souverains chacun dans son domaine, et chefs des hommes libres, ou colons ou serfs qui les habitaient. Charlemagne voulut qu'un serment de fidélité, direct et personnel, lui fût prêté par tous les hommes libres, comme au seul et vrai souverain de l'État. On trouve, dans les Formules de Marculf, la lettre suivante émanée de lui :

[1] *Recueil des historiens de France*, t. v, p. 3.

Au comte un tel. Avec le consentement de nos grands, nous avons ordonné que notre glorieux fils un tel régnerait dans un tel royaume. En conséquence nous ordonnons que, dans toutes les cités, villages et châteaux, vous convoquiez et fassiez réunir en des lieux convenables, tous vos habitans, soit Francs, soit Romains, ou de toute autre nation; afin qu'en présence d'un tel illustre, notre envoyé, que nous vous avons adressé dans ce dessein, ils jurent tous fidélité et loyal attachement à notre fils et à nous, soit par les saints lieux, soit par tel autre saint gage que nous vous transmettons à cet effet [1].

Lorsqu'il eut été couronné empereur:

Il ordonna que tout homme dans son royaume, laïque ou ecclésiastique, qui lui avait déjà juré fidélité sous le nom de roi, lui renouvelât la même promesse, en tant que César; et que tous ceux qui n'avaient pas encore prêté ledit serment, le prêtassent tous, jusqu'à l'âge de douze ans [2].

Enfin, on lit dans un capitulaire de l'an 805:

Que nul ne jure fidélité à aucun autre qu'à nous et à son seigneur, pour notre utilité et celle de son seigneur [3].

---

[1] *Marculf*, l. 1, f 40.

[2] *Bal.*, t. 1, col. 363.

[3] *Bal.*, t. 1, col. 425.

« Un tel système tendait évidemment à affranchir la royauté de toutes les relations féodales ; à fonder son empire hors de la hiérarchie des personnes et des terres ; à la rendre, enfin, partout présente, partout puissante, à titre de pouvoir public et par son propre droit. La tentative réussit tant que Charlemagne y présida. Ses successeurs entreprirent de la continuer, c'est-à-dire qu'ils ordonnèrent ce qu'il avait fait. La demande du serment universel reparaît dans leurs actes, et survécut même à leur impuissance; mais ce ne fut plus qu'une formule vaine. Les relations des hommes libres avec le roi, et son pouvoir personnel sur eux, s'affaiblirent de jour en jour. L'obligation de la fidélité ne fut plus réelle qu'entre le vassal et son seigneur. C'est aux seigneurs que s'adresse Charles le Chauve pour réprimer les désordres commis dans leurs terres ; c'est par leur autorité qu'il fait passer la sienne. L'action directe lui manque ; et bien qu'il menace les seigneurs de les rendre responsables des crimes de leurs hommes, s'ils ne savent pas les prévenir ou les punir, il est clair que la hiérarchie féodale a reconquis l'indépendance avec l'empire, et que la tentative de Charlemagne, pour en affranchir la royauté, est venue échouer contre le cours général des choses et l'incapacité de ses successeurs [1]. »

A la fin du xe siècle, le système des institutions monarchiques n'avait donc pas mieux réussi que le système des institutions libres à prendre possession de la société, à y porter l'unité et la règle. Toutes ses bases étaient ébranlées, tous ses moyens d'action énervés ou inapplicables. Le caractère religieux de l'ancienne royauté germaine avait disparu; l'origine héroique de telle ou telle famille était oubliée, ainsi que beaucoup de traditions de la vie barbare. Elle avait également perdu son caractère militaire primitif; la bande n'existait plus; la vie errante et commune avait cessé; la plupart des guerriers s'étaient établis dans leurs domaines. Le caractère politique de la royauté impériale était incompatible avec la société nouvelle; il n'y avait plus de souveraineté, plus de majesté nationale, plus d'État en général; comment y aurait-il eu un symbole, un représentant de ce qui n'était plus? Le caractère religieux-chrétien de la royauté conservait seul quelque réalité, quelque empire, mais un empire faible et rare; les propriétaires laïques n'y pensaient guère;

[1] *Essais sur l'histoire de France*, p. 155-160.

le tumulte de leur vie et les besoins de l'indépendance personnelle les préoccupaient seuls; les évêques et les grands abbés eux-mêmes s'en inquiétaient peu; eux aussi ils étaient devenus propriétaires de fiefs; ils en avaient pris les intérêts, les habitudes, et ne portaient qu'une faible affection aux idées qui ne s'accordaient point avec leur position temporelle. Toutes les bases, je le répète, du système des institutions monarchiques, comme du système des institutions libres, étaient ébranlées; tous ses principes vitaux avaient perdu leur énergie.

Il en était tout autrement du système des institutions aristocratiques. Au lieu de décliner, celui-ci avait été en progrès. Il suffit, pour s'en convaincre, de voir ce qu'étaient devenus les élémens soit germains, soit romains qui le constituaient. Ils s'étaient tous affermis, développés.

Et d'abord, vous l'avez déjà vu, la souveraineté domestique du chef de famille propriétaire germain avait été transplantée en Gaule; elle y était même devenue plus complète et plus absolue, car l'esprit de famille qui s'y associait jadis avait disparu, et le fait de la conquête, de la force, en était devenu presque l'unique base. Ainsi, ce premier élément aristocratique de l'ancienne société germaine s'était fortifié, au lieu de s'affaiblir, dans le nouvel état social.

Le second, c'est-à-dire le patronage du chef de bande sur ses compagnons, avait eu le même sort; il avait changé de forme; à l'ascendant du guerrier avaient succédé les droits du suzerain sur ses vassaux. Mais cette métamorphose des relations avait donné, au principe aristocratique qu'elle contenait déjà, bien plus d'énergie et de solidité. D'une part, l'inégalité s'était développée; les possesseurs de fiefs étaient beaucoup plus inégaux entre eux que les guerriers. D'autre part, dans l'ancienne bande, les compagnons, en vivant ensemble, se soutenaient les uns les autres, et contrôlaient en commun le pouvoir du chef. Quand ils furent entrés dans la condition de propriétaires, chacun se trouva isolé, et le supérieur, le suzerain eut bien plus de facilité à les dompter. Nouveau progrès du système aristocratique.

Quant à la répartition de la propriété foncière, elle subit, je crois, après la conquête, un changement considérable et peu aristocratique; elle se divisa. Sans nul doute, le système féodal eut d'abord cet effet. Il y avait, à la fin du xe siècle, au commencement de l'époque féodale, sur le territoire de la Gaule, beaucoup plus de propriétaires fonciers qu'au moment de la chute de l'Empire. Le territoire était partagé en moins grands lots, surtout en lots beaucoup plus variés ; les fiefs étaient beaucoup plus divers, plus inégaux, que n'avaient été jadis les domaines des grands propriétaires gallo-romains. Sous ce rapport donc, le principe aristocratique avait un peu faibli ; mais, à coup sûr, la distribution de la propriété foncière était encore bien assez inégale, la terre concentrée dans un assez petit nombre de mains, pour fonder un régime très-aristocratique.

Vous le voyez donc, Messieurs, tandis que le système des institutions libres et celui des institutions monarchiques ont été déclinant, le système des institutions aristocratiques a vu au contraire ses bases s'affermir, ses principes prendre plus de vigueur. Il n'a point acquis, il n'a point donné, à la société en général, une forme régulière, de l'unité, de l'ensemble ; il n'y atteindra même jamais. Mais il prévaut évidemment; il est seul *viable*, si je puis ainsi parler, seul capable de maîtriser les hommes, et de donner, à d'autres principes sociaux, le temps de reprendre haleine pour reparaître un jour avec plus de succès.

Ainsi fut préparée, ainsi se forma progressivement, du ve au xe siècle, la société féodale. Nous avons essayé de démêler ses origines, de la suivre dans ses premiers développemens. Elle subsiste maintenant, elle couvre notre territoire. Nous l'étudierons désormais en elle-même et dans sa maturité.

CINQUIÈME LEÇON.

De la méthode à suivre dans l'étude de l'époque féodale. — Le simple fief est l'élément fondamental, la molécule intégrante de la féodalité. — Le simple fief contient : 1° le château et ses propriétaires ; 2° le village et ses habitans. — Origine des châteaux féodaux. — Leur multiplication aux IXe et Xe siècles. — Ses causes. — Efforts des rois et des suzerains puissans pour s'y opposer. — Vanité de ces efforts. — Caractère des châteaux du XIe siècle. — Vie intérieure des propriétaires de fiefs. — Leur isolement. — Leur oisiveté. — Leurs guerres, courses et aventures continuelles. — Influence des circonstances matérielles des habitations féodales sur le cours de la civilisation. — Développement de la vie domestique, de la condition des femmes et de l'esprit de famille dans l'intérieur des châteaux.

MESSIEURS,

Nous abordons aujourd'hui l'objet spécial de ce cours. Nous allons étudier la société féodale en elle-même, pendant l'époque qui lui appartient en propre, depuis le moment où on peut la regarder comme vraiment formée, jusqu'au moment où la France lui échappe, et passe sous l'empire d'autres principes, d'autres institutions; c'est-à-dire pendant les XIe, XIIe et XIIIe siècles.

Je voudrais suivre dans leur ensemble les destinées de la féodalité durant ces trois siècles. Je voudrais ne la point morceler, la tenir constamment tout entière sous vos yeux, et vous faire ainsi assister d'un seul coup d'œil à ses transformations successives. Ce serait là sa véritable histoire, la seule image fidèle de la réalité. Par malheur cela ne se peut. Pour étudier, l'esprit humain est obligé de diviser, de décomposer; il n'apprend rien que successivement et par parties. Ce sera ensuite l'œuvre de l'imagination et de la raison de reconstruire l'édifice démoli, de ressusciter l'être détruit par le scalpel scientifique. Mais il faut absolument passer par cette dissection et ses procédés; ainsi l'exige la faiblesse de l'esprit humain.

J'ai déjà indiqué la classification de nos recherches sur la société féodale. J'ai annoncé que nous étudierions d'une part l'état social, de l'autre l'état intellectuel : dans l'état social, la société civile et religieuse; dans l'état intellectuel, la littérature savante et la littérature populaire. C'est donc par l'histoire de la société civile, dans l'époque féodale, que nous devons commencer.

Ici encore, Messieurs, nous avons besoin de diviser, de classer, d'étudier séparément; la matière est trop vaste et trop compliquée pour pouvoir être saisie tout entière et d'un seul coup.

Essayons du moins de reconnaître et de suivre la méthode la moins artificielle, celle qui mutilera le moins les faits, qui respectera le mieux leur intégrité et leur enchaînement; la méthode la plus vivante, pour ainsi dire, la plus voisine de la réalité.

Si je ne me trompe, la voici.

A la fin du xe siècle, la société féodale est définitivement formée; elle a atteint à la plénitude de son existence; elle couvre et possède notre territoire. Quel est son élément fondamental, son unité politique? quelle est, pour ainsi dire, je me suis déjà servi de cette expression, quelle est la molécule féodale primitive, celle qu'on ne peut briser sans que le caractère féodal soit aboli?

Évidemment c'est le simple fief, le domaine possédé, à titre de fief, par un seigneur qui exerce sur les habitans cette souveraineté inhérente, vous le savez, à la propriété.

C'est donc par le simple fief, considéré en lui-même, que nous commencerons notre étude. Nous nous appliquerons d'abord à bien connaître cet élément fondamental de la féodalité.

Que contient le fief pur et simple, réduit à sa plus petite expression? qu'y a-t-il à étudier dans son enceinte?

D'abord le possesseur même du fief, sa situation et sa vie, c'est-à-dire le château; ensuite, les habitans du fief, non possesseurs, simples cultivateurs du domaine et sujets du propriétaire, c'est-à-dire le village.

Ce sont là évidemment, dans l'étude du simple fief, les deux objets sur lesquels notre attention est appelée. Il faut que nous sachions bien quelles ont été, du XIe au XIVe siècle, la condition et la destinée 1° du château féodal et de ses propriétaires; 2° du village féodal et de ses habitans.

Quand nous aurons vécu dans l'intérieur du fief, quand nous aurons vraiment assisté à ce qui s'y passe, aux révolutions qui s'y accomplissent, nous en sortirons pour aller saisir les liens qui unissent entre eux les fiefs disséminés sur le territoire, pour assister aux relations, soit des suzerains avec les vassaux, soit des vassaux entre eux. Nous étudierons alors l'association générale des possesseurs de fiefs, sous les divers rapports qui constituent l'ordre politique, c'est-à-dire dans ses institutions législatives, militaires, judiciaires, etc. Nous tâcherons de bien démêler : 1° quels principes, quelles idées présidaient à ces institutions, quels étaient les fondemens rationnels, les doctrines politiques de la féodalité; 2° ce qu'étaient vraiment les institutions féodales, non plus en principe et systématiquement conçues, mais réellement et dans l'application; 3° enfin, quels résultats devaient produire et ont effectivement produits, pour le développement de la civilisation en général, soit les doctrines politiques, soit les institutions pratiques de la féodalité.

Là semble s'arrêter la société féodale. N'en connaissons-nous pas maintenant tous les élémens? toute son organisation ne nous est-elle pas dévoilée? Elle consiste essentiellement dans l'association hiérarchique des possesseurs de fiefs, et dans leur souveraineté sur les habitans de leurs domaines. Cela bien connu, tout n'est-il pas fait? ne sommes-nous pas au terme de la carrière que nous avions à parcourir ?

Non, certes : la société féodale proprement dite, même dans son triomphe, n'était pas, à cette époque, la société civile tout entière. J'ai déjà eu occasion de vous le dire : d'autres élémens s'y rencontraient, d'une autre origine, d'un autre caractère ; élémens qui prirent place dans la féodalité, mais ne s'y incorporèrent jamais qu'incomplètement, l'ont toujours sourdement combattue et ont fini par la vaincre. Ce sont la royauté et les villes. La royauté était en dedans et en dehors de la féodalité : féodale par certains côtés de sa situation, par quelques-uns de ses droits, elle en empruntait d'autres à d'autres principes, à d'autres faits sociaux, non-seulement étrangers, mais hostiles à la féodalité. Il en était de même des villes ; elles se reformèrent au sein de la société féodale, et en s'y assimilant jusqu'à un certain point ; mais elles se rattachaient aussi à d'autres principes, à d'autres faits : et à tout prendre, la dissidence était plus forte que l'assimilation ; l'événement l'a bien prouvé.

Quand donc nous aurons étudié la société féodale en elle-même, il nous restera à étudier encore deux autres élémens de la société civile à la même époque, la royauté et les villes. Nous les étudierons, d'une part, dans ce qu'elles avaient de commun avec la féodalité, dans leur caractère féodal; de l'autre, dans ce qui les en séparait, dans leur caractère propre et distinct.

Tous ces élémens de la société civile ainsi bien connus, nous essaierons de les remettre en présence, de bien démêler le jeu de leurs rapports, d'assigner la vraie physionomie et les principales révolutions de l'ensemble qu'ils formaient.

Telle sera notre marche dans l'étude de la société civile en France pendant l'époque féodale. Abordons-la sur-le-champ, entrons et enfermons-nous dans le simple fief.

Occupons-nous d'abord de son possesseur; étudions la situation et la vie du souverain de ce petit État, l'intérieur de ce château qui le renfermait, lui et les siens.

Ce mot seul de *château* réveille l'idée de la société féodale; elle semble se relever devant nous. Rien de plus naturel. Ces châteaux qui ont couvert notre sol, et dont les ruines y sont encore éparses, c'est la féodalité qui les a construits; leur élévation a été, pour ainsi dire, la déclaration de son triomphe. Rien de tel n'existait sur le sol gallo-romain. Avant l'invasion germaine, les grands propriétaires habitaient soit dans les cités, soit dans de belles maisons agréablement situées près des cités, ou dans de riches plaines, sur le bord des fleuves. Dans les campagnes proprement dites, étaient semées les *villæ*, espèce de métairies, grands bâtimens servant à l'exploitation des terres, et à la demeure des colons ou des esclaves qui les cultivaient.

Tel était, pour les diverses classes, le mode de distribution et d'habitation que les peuples germaniques trouvèrent en Gaule au moment de l'invasion.

Gardez-vous de croire qu'ils n'en voulurent point et s'empressèrent de le changer; qu'ils allèrent aussitôt chercher les montagnes, les lieux escarpés et sauvages pour s'y construire des habitations nouvelles et toutes différentes. Ils s'établirent d'abord dans les habitations des Gallo-Romains, soit dans les cités, soit dans les *villæ*, au milieu des campagnes et de la population agricole; plutôt même dans ces dernières demeures, dont la situation était plus conforme à leurs habitudes nationales. Aussi les *villæ*, dont il est sans cesse question sous la première race, sont-elles, à peu de chose près, ce qu'elles étaient avant l'invasion, c'est-à-dire le centre d'exploitation et d'habitation des grands domaines ; des bâtimens disséminés dans les campagnes et où vivaient ensemble des barbares et des Romains, des vainqueurs et des vaincus, des maîtres, des hommes libres, des colons, des esclaves.

Un changement cependant se laisse bientôt entrevoir. Les invasions continuent; le désordre et le pillage se renouvellent sans cesse; les habitans des campagnes, anciens ou nouveaux venus, ont besoin de se garder et de se tenir sans cesse sur la défensive. On voit les *villæ* s'entourer peu à peu de fossés, de remparts de terre, de quelques apparences de fortifications. De là une prétendue étymologie du mot *villa*, qu'on lit dans le Glossaire de Du Cange, à cet article :

Villa dicitur a vallis, quasi vallata, eo quod vallata sit solum vallatione vallorum, et non munitione murorum. Indè villanus.

L'étymologie est fausse; le mot *villa* est bien antérieur à l'époque où les habitans de ce genre de demeures eurent besoin de les entourer de fossés ou de remparts; on le fait dériver communément de *vehilla, vehere*, ce qui désigne probablement le lieu où se font les transports, les charrois agricoles. Mais, quel que soit son mérite, l'étymologie seule n'en est pas moins un fait remarquable; elle prouve que les *villæ* ne tardèrent pas à être un peu fortifiées.

Une autre circonstance ne permet pas d'en douter : dans certaines parties de la France, en Normandie, en Picardie, etc., le nom d'une foule de châteaux se termine par *ville,* Frondeville, Aboville, Méréville, etc.; et plusieurs de ces châteaux ne sont point situés, comme l'ont été la plupart des châteaux féodaux proprement dits, dans des lieux escarpés, lointains, mais au milieu de riches plaines, dans les vallées, sur l'emplacement que des *villæ* occupaient sans doute auparavant : symptôme assuré que plus d'une *villa* gallo-romaine, en se fortifiant et après bien des vicissitudes, a fini par se métamorphoser en château.

Du reste, avant même que l'invasion fût consommée, et pour résister à ses désordres, pour échapper à ses dangers, la population des campagnes avait commencé, sur plusieurs points, à se réfugier sur les hauteurs, dans des lieux de difficile accès, et à les entourer de certaines fortifications. On lit dans la Vie de saint Nicet, évêque de Trèves, écrite par Fortunat, évêque de Poitiers :

En parcourant ces campagnes, Nicet, cet homme apostolique, ce bon pasteur, y construisit pour son troupeau un bercail tutélaire : il ceignit la colline de trente tours qui l'enfermaient de tous côtés, et éleva ainsi un édifice, là où était auparavant une forêt [1].

Et je pourrais citer plusieurs exemples analogues. N'est-ce pas là évidemment un premier essai de ce choix de lieux et de ce genre des constructions qui furent adoptés plus tard pour les châteaux féodaux?

Dans l'épouvantable anarchie des siècles suivans, les causes qui avaient poussé la population à chercher de tels refuges, et à les entourer de fortifications, devinrent de plus en plus pressantes; il y eut nécessité à fuir les endroits aisément accessibles, à fortifier sa demeure. Et non-seulement on chercha ainsi la sécurité; on y vit un moyen de se livrer sans crainte au brigandage, et d'en mettre à couvert les fruits. Parmi les conquérans, beaucoup menaient encore une vie de courses et de pillage; il leur fallait un repaire où ils pussent se renfermer après quelque expédition, repousser les vengeances de leurs adversaires, résister aux magistrats qui essayaient de maintenir quelque ordre dans le pays. Tel fut le but qui fit con-

[1] *Fortun. Carm.*, l. 3, c. 12.

struire dans l'origine un grand nombre de châteaux. C'est surtout après la mort de Charlemagne, sous les règnes de Louis le Débonnaire et de Charles le Chauve, qu'on voit le territoire se couvrir de ces repaires; ils devinrent bientôt si nombreux et si redoutables, que Charles le Chauve, malgré sa faiblesse, et dans l'intérêt de l'ordre public comme de son autorité, crut devoir tenter de les détruire. On lit dans les capitulaires rédigés à Pistes, en 864:

Nous voulons et ordonnons expressément que quiconque, dans ces derniers temps, aura fait construire, sans notre aveu, des châteaux, des fortifications et des haies (*haias*), les fasse entièrement démolir d'ici aux calendes d'août; attendu que les voisins et habitans des environs ont à souffrir de là beaucoup de gênes et de déprédations. Et si quelques-uns se refusent à démolir ces travaux, que les comtes, dans les comtés desquels ils ont été construits, les fassent démolir eux-mêmes. Et si quelqu'un leur résiste, qu'ils nous en informent sur-le-champ. Et si les comtes négligent de nous obéir en ceci, qu'ils sachent que, selon ce qui est écrit dans ces capitulaires, et dans ceux de nos prédécesseurs, nous les manderons auprès de nous, et nous établirons dans leurs comtés des hommes qui veuillent et puissent faire exécuter nos ordres [1].

---

[1] *Cap. de Charles le Chauve*, à Pistes en 864; *Bal.* t. II, col. 195.

Le ton et la précision de ces injonctions, adressées à tous les officiers royaux, prouvent l'importance qu'on y attachait; mais Charles le Chauve était évidemment hors d'état d'accomplir une telle œuvre. On ne voit pas que ce capitulaire ait eu aucun effet, et ses successeurs n'en réclamèrent même pas l'exécution. Aussi, le nombre des châteaux alla-t-il croissant, sous les derniers Carlovingiens, avec une extrême rapidité. Cependant la lutte ne cessa point entre ceux qui avaient intérêt à empêcher et ceux qui sentaient le besoin d'élever des bâtimens de ce genre; on la voit se prolonger dans les XIe, XIIe et même XIIIe siècles. Et ce n'est pas entre le roi seul et les possesseurs de fiefs qu'elle subsiste; elle éclate aussi entre les possesseurs de fiefs eux-mêmes. Il ne s'agissait pas seulement, en effet, du maintien de l'ordre public dans tout le territoire, ni d'un devoir ou d'un intérêt de la royauté. Tout suzerain voyait avec déplaisir son vassal construire un château sur son fief, car le vassal s'assurait ainsi un grand moyen d'indépendance et de résistance. Les guerres locales devenaient alors plus longues, plus rudes; le château servait à l'agression comme à la défense; et les puissans qui voulaient en avoir seuls, comme les faibles qui n'en avaient pas, redoutaient beaucoup d'en voir construire autour d'eux. Aussi était-ce là un sujet de plaintes et de réclamations continuelles. Vers l'an 1020, et dans une occasion pareille, Fulbert, évêque de Chartres, écrivit au roi Robert une lettre que je citerai tout entière, parce qu'elle donne une idée nette et vive de l'importance que pouvait avoir un tel débat.

A son seigneur Robert, roi très-gracieux, Fulbert, humble évêque de Chartres, souhaite de demeurer à jamais dans la grâce du roi des rois.

Nous rendons grâces à votre bonté, de ce que vous nous avez dernièrement envoyé un messager chargé de nous réjouir en nous apportant des nouvelles de votre bonne santé, et d'instruire Votre Majesté de la situation de nos affaires, après nous en avoir demandé compte. Nous vous avons écrit dès lors, au sujet des maux que fait à notre église Geoffroi le vicomte (de Châteaudun), qui montre bien suffisamment, et même plus qu'il ne faudrait, qu'il n'a aucun respect de Dieu ni de Votre Excellence, car il rétablit le château de Galardon, autrefois détruit par vous; et à cette occasion nous pouvons dire : *Voici, le mal vient de l'orient* sur notre église. Et voilà qu'il ose encore entreprendre de bâtir un autre château à Illiers, au milieu des domaines de sainte Marie, sur quoi nous pouvons bien dire aussi en toute vérité : *Voilà, le mal vient de l'occident.* Maintenant donc, forcé de vous écrire encore à raison de ces maux, nous portons plainte à votre miséricorde et nous lui demandons secours et conseil, car dans cette calamité nous n'avons reçu, de votre fils Hugues, ni aide ni consolation.

Aussi, pénétré d'une vive douleur au fond de notre cœur, nous l'avons déjà manifestée à ce point, que, d'après notre ordre, nos cloches, accoutumées à annoncer notre joie et notre allégresse, ont cessé de sonner, comme pour ne plus attester que notre chagrin, et l'office divin, que jusqu'à présent, et par la grâce de Dieu, nous avions coutume de célébrer avec une grande jubilation de cœur et de bouche, n'est plus célébré que d'une façon lamentable, à voix basse et presque en silence.

Ainsi donc, fléchissant les genoux, nous implorons votre piété, avec les larmes du cœur et de l'esprit : sauvez la sainte église de la mère de Dieu, dont vous avez voulu que nous, votre fidèle, fussions le chef, quelque indigne que nous en soyons : secourez ceux qui n'attendent que de vous seul, après Dieu, leur consolation et leur soulagement dans les maux dont ils sont si vivement accablés. Avisez aux moyens de nous délivrer de ces souffrances, et de convertir notre tristesse en joie ; interpellez le comte Eudes [1], et enjoignez-lui vivement, au nom de votre autorité royale, qu'il donne en toute sincérité les ordres nécessaires pour faire détruire, ou qu'il détruise lui-même ces constructions d'inspiration diabolique, par amour de Dieu et par fidélité envers vous, en l'honneur de sainte Marie et par affection pour nous, qui sommes toujours son fidèle. Que si vous ni lui ne mettez un terme à ce mal qui tient toutes choses en confusion dans notre pays, que nous restera-t-il à faire, si ce n'est d'interdire formellement la célébration de tout office divin dans tout notre évêché, et nous-mêmes,

---

[1] Geoffroi était vassal d'Eudes II, comte de Chartres, et celui-ci vassal du roi.

hélas! quoique bien malgré nous, et seulement contraint par la plus dure nécessité, de nous exiler en quelque lieu, ne pouvant ni voir de nos yeux ni souffrir plus long-temps l'oppression de la sainte église de Dieu? Afin que nous ne soyons pas forcé d'en venir là, nous implorons de nouveau et de nouveau votre miséricorde d'une voix lamentable, car Dieu nous garde de nous voir contraint de nous exiler loin de vous, et d'avoir à confesser, auprès d'un roi ou d'un empereur étranger, que vous n'avez pas voulu ou pu défendre l'épouse du Christ, la sainte église confiée à nos soins!

Il fallait, à coup sûr, que la construction des châteaux de Galardon et d'Illiers parût un fait grave pour qu'un évêque, dans le seul espoir d'en faire sentir la gravité, fît taire les cloches de son église, et suspendît presque l'office divin. Les successeurs de Fulbert à l'évêché de Chartres firent mieux : ils fortifièrent à leur tour la maison épiscopale, et furent à leur tour contraints de démolir leurs fortifications. Je lis, dans une charte accordée à Yves, évêque de Chartres, par Etienne, comte de Chartres et de Blois, mort en 1101, cette clause :

Si quelqu'un des évêques futurs fait construire, dans ladite maison épiscopale, une tour ou des remparts, que cette tour et ces remparts seulement soient démolis, et que la maison même demeure debout avec ses dépendances [1].

Sans nul doute, entre Fulbert et Yves, quelque évêque de Chartres avait fait à sa maison des travaux pareils, et le comte Étienne voulait empêcher qu'ils ne vinssent à recommencer.

Les seigneurs, qui tenaient des fiefs les uns des autres, avaient souvent entre eux des querelles à raison de châteaux construits, soit dans l'intérieur du fief, soit sur les frontières des fiefs limitrophes :

En 1228, Guy, comte de Forest et de Nevers, et Thibaut, comte de Champagne, eurent guerre l'un contre l'autre, pour raison des forteresses qu'ils avaient respectivement fait construire sur les marches de leurs comtés de Champagne et de Nevers. Cette guerre ayant duré quelque temps, les deux comtes compromirent enfin entre les mains du cardinal légat, qui donna ensuite son jugement arbitral, par lequel il fut dit que tant que Guy, comte de Forest, tiendrait le comté de Nevers, les forteresses qui étaient dans les marches du comté de Champagne et dans celles du comté de Nevers, subsisteraient et qu'elles pourraient même être munies de nouveaux ouvrages autour, pourvu cependant que ce ne fût qu'à la distance de

---

[1] Martenne, *Amplis. collect.*, t. 1, p. 621.

la portée d'une arbalète; mais que les comtes ne pourraient point faire de nouvelles forteresses dans les mêmes marches ni souffrir qu'il en fût fait par d'autres [1].

Et en 1160, sous le règne de Louis le Jeune, une charte de son frère Robert, comte de Dreux, est conçue en ces termes :

Moi, Robert, comte, frère du roi de France, fais savoir à tous présens et à venir qu'il y avait une certaine contestation entre Henri comte (de Champagne et de Brie) et moi, au sujet d'une certaine maison qui s'appelle Savegny, et dont j'avais fortifié une partie par un fossé de deux jets. L'affaire a été arrangée comme il suit, savoir : que ce qui était déjà fortifié par un fossé de deux jets resterait ainsi, mais que le reste serait fortifié par un fossé d'un jet seulement, et une haie sans bretesche.

Si j'avais guerre contre ledit comte, ou contre quelque autre, je lui remettrais sur-le-champ ladite maison. Je le lui ai garanti sur ma foi et par des otages. Et il m'a promis qu'il me garderait ladite maison, avec les étangs et les moulins, de bonne foi et sans mauvais dessein; et qu'il me les rendrait sur-le-champ, la guerre finie [2].

Il me serait aisé de multiplier cet exemple de la résistance, ou pour mieux dire, des résistances

[1] Brussel, *Usage des fiefs*, t. 1, p. 383.

[2] *Ibid.*, t. 1, p. 382, *not. b.*

diverses que, jusqu'au milieu du XIIIe siècle, la construction des châteaux eut à surmonter.

Elle les surmonta, comme il arrive à tout ce qui est l'œuvre de la nécessité. La guerre était partout à cette époque ; partout devaient être aussi les monumens de la guerre, les moyens de la faire et de la repousser. Non-seulement on construisait des châteaux forts, mais on se faisait, de toutes choses, des fortifications, des repaires ou des habitations défensives. Vers la fin du XIe siècle, on voit, à Nîmes, une association dite des chevaliers des Arênes ; on en cherche le sens. Ce sont des chevaliers qui ont pris pour demeure l'amphithéâtre romain, les arênes encore debout aujourd'hui. Il était aisé de les fortifier ; elles étaient fortes par elles-mêmes. Ces chevaliers s'y étaient établis, et s'y retranchaient au besoin. Et ce fait n'est point isolé ; la plupart des anciens cirques, les arênes d'Arles comme celles de Nîmes, ont été employées au même usage, et occupées quelque temps en guise de château. Et il n'était point nécessaire qu'on fût chevalier, laïque même, pour ainsi faire et vivre au milieu des fortifications. Les monastères, les églises se fortifièrent aussi ; on les entoura de tours, de remparts, de fossés ; on les garda assidument ; on y soutint de longs siéges. Les bourgeois firent comme les nobles. Les villes, les bourgs furent fortifiés. La guerre les menaçait si constamment que, dans plusieurs, un enfant était tenu, à poste fixe et en guise de sentinelle, dans le clocher de l'église, chargé d'observer ce qui se passait au loin, et d'annoncer l'approche de l'ennemi. Bien plus; l'ennemi était souvent au dedans des murs, dans la rue voisine, dans la maison mitoyenne; la guerre pouvait éclater, éclatait en effet de quartier à quartier, de porte à porte, et les fortifications pénétraient partout comme la guerre. Chaque rue avait ses barrières, chaque maison sa tour, ses meurtrières, sa plate-forme. Au XIVe siècle :

Rhodez est divisée en deux parties, entourées de remparts et de tours. L'une s'appelle la cité, l'autre le bourg; les habitans de la cité et ceux du bourg se font de temps en temps la guerre; et même, quand ils sont en paix, ils ferment chaque nuit les portes de leur enceinte, et ils font plus exactement le guet sur les murailles qui les séparent, que sur celles qui défendent la ville du côté des champs [1].

---

[1] *Histoire des Français des divers États*, par M. A. Monteil, t. II, p. 196.

Et beaucoup d'autres villes, entre autres Limoges, Auch, Périgueux, Angoulême, Meaux, étaient comme Rhodez, ou à peu près.

Voulez-vous avoir, Messieurs, une idée un peu exacte de ce qu'était un château, non pas précisément à l'époque qui nous occupe, mais à une époque peu postérieure? J'en emprunterai la description à un ouvrage tout récent et qui n'est pas même encore achevé; ouvrage où manquent souvent, à mon avis, le sentiment des temps anciens et la vérité morale, mais qui contient, sur l'état matériel de la société dans les XIVe et XVe siècles, sur l'emploi du temps, les mœurs, la vie domestique, industrielle, agricole, etc., des renseignemens très-complets, recueillis avec beaucoup de science, et heureusement rapprochés. Je veux parler de l'*Histoire des Français des divers États, pendant les cinq derniers siècles*, par M. A. Monteil, dont les quatre premiers volumes ont été publiés. L'auteur décrit en ces termes le château de Montbazon, près de Tours, au XIVe siècle :

Représentez-vous d'abord une position superbe, une montagne escarpée, hérissée de rochers, sillonnée de ravins et de précipices; sur le penchant est le château. Les petites maisons qui l'entourent en font ressortir la grandeur; l'Indre semble s'écarter avec respect; elle fait un large demi-cercle à ses pieds.

Il faut voir ce château, lorsqu'au soleil levant ses galeries extérieures reluisent des armures de ceux qui font le guet, et que ses tours se montrent toutes brillantes de leurs grandes grilles neuves. Il faut voir tous ces hauts bâtimens qui remplissent de courage ceux qui les défendent, et de frayeur ceux qui seraient tentés de les attaquer.

La porte se présente toute couverte de têtes de sangliers ou de loups, flanquée de tourelles et couronnée d'un haut corps-de-garde. Entrez-vous? trois enceintes, trois fossés, trois ponts-levis à passer; vous vous trouvez dans la grande cour carrée où sont les citernes, et à droite ou à gauche les écuries, les poulaillers, les colombiers, les remises. Les caves, les souterrains, les prisons sont par-dessous; par-dessus sont les logemens; par-dessus les logemens, les magasins, les lardoirs ou saloirs, les arsenaux. Tous les combles sont bordés de mâchicoulis, de parapets, de chemins de ronde, de guérites. Au milieu de la cour est le donjon, qui renferme les archives et le trésor. Il est profondément fossoyé dans tout son pourtour, et on n'y entre que par un pont presque toujours levé; bien que les murailles aient, comme celles du château, plus de six pieds d'épaisseur, il est revêtu, jusqu'à la moitié de sa hauteur, d'une chemise, ou second mur, en grosses pierres de taille.

Ce château vient d'être refait à neuf. Il a quelque chose de léger, de frais, de riant, que n'avaient pas les châteaux lourds et massifs des siècles passés [1].

---

[1] *Histoire des Français des divers États*, etc., par M. A. Monteil, t. I, p. 101.

Cette dernière phrase vous étonne, Messieurs; vous ne vous attendiez guère à entendre qualifier un tel château des noms de *léger, riant, frais.* L'auteur a raison cependant; et, comparé à ceux des XIe et XIIe siècles, le château de Montbazon méritait en effet ces titres. Ceux-là étaient bien autrement lourds, massifs et sombres; on n'y voyait pas tant de cours, tant d'espace intérieur, ni une distribution si bien entendue. Toute idée d'art ou de commodité était étrangère à leur construction; ils n'avaient aucun caractère de monument, aucun but d'agrément. La défense, la sûreté, telle était l'unique pensée qui s'y manifestait. On choisissait les lieux les plus escarpés, les plus sauvages; et là, selon les accidens du terrain, la construction s'élevait, uniquement destinée à bien repousser les attaques, à bien enfermer ses habitans. Mais des bâtimens ainsi conçus, tout le monde en élevait, les bourgeois comme les seigneurs, les ecclésiastiques comme les laïques; le territoire en était couvert, et ils avaient tous le même caractère; c'étaient des repaires ou des asiles.

Maintenant, Messieurs, que nous voilà au courant de l'état matériel des habitations féodales à leur origine, que se passait-il au dedans? quelle vie y menait le possesseur? quelle influence devaient exercer, sur lui et les siens, une telle demeure et les circonstances matérielles qui en dérivaient? Comment et dans quelle direction devait se développer la petite société que renfermait le château, et qui était l'élément constitutif de la société féodale?

Le premier trait de sa situation est l'isolement. A aucune époque peut-être, dans l'histoire d'aucune société, on n'en rencontre un pareil. Prenez le régime patriarcal, les peuples qui se sont formés dans les plaines de l'Asie occidentale; prenez les peuples nomades, les tribus de pasteurs; prenez ces tribus germaines, dont je vous entretenais dans l'une de nos dernières réunions; assistez à la naissance de la société grecque ou de la société romaine; transportez-vous au milieu des bourgs qui sont devenus Athènes, sur les sept collines dont la population a formé Rome; partout vous trouverez les hommes infiniment plus rapprochés, bien plus à portée d'agir les uns sur les autres, c'est-à-dire de se civiliser, car la civilisation est le résultat de l'action réciproque et continuelle des individus. Jamais la molécule sociale primitive n'a été ainsi isolée, ainsi séparée des autres molécules semblables; jamais la distance n'a été si grande entre les élémens essentiels et simples de la société.

A ce premier trait, à l'isolement du château et de ses habitans, se joignait l'oisiveté, une oisiveté singulière. Le possesseur du château n'avait rien à faire, rien d'obligé, rien de régulier. Chez les autres peuples, à leur origine, dans les classes supérieures mêmes, les hommes ont été occupés, tantôt par les affaires publiques, tantôt par des rapports fréquens et de divers genres avec les familles voisines. On ne les voit jamais embarrassés de remplir leur temps, de satisfaire leur activité; ici ils cultivent et font valoir de grandes terres; là ils conduisent de grands troupeaux; ailleurs ils chassent pour vivre; en un mot, ils ont une activité obligée. Dans l'intérieur du château, le propriétaire n'a rien à faire; ce n'est pas lui qui fait valoir ses champs; il ne chasse point pour sa nourriture; il n'a point d'activité politique, point d'activité industrielle d'aucun genre; jamais on n'a vu un tel loisir dans un tel isolement.

Les hommes ne peuvent rester dans une situation semblable; ils y mourraient d'impatience et d'ennui. Le propriétaire du château n'a pensé qu'à en sortir. Enfermé là, quand il le fallait absolument pour sa sûreté ou son indépendance, il est allé, aussi souvent qu'il l'a pu, chercher au dehors ce qui lui manquait, la société, l'activité. La vie des possesseurs de fiefs s'est passée sur les grands chemins, dans les aventures. Cette longue série de courses, de pillages, de guerres, qui caractérise le moyen âge, a été, en grande partie, l'effet du genre de l'habitation féodale, et de la situation matérielle au milieu de laquelle ses maîtres étaient placés. Ils ont cherché partout le mouvement social qu'ils ne trouvaient pas dans leur intérieur.

Vous avez vu, dans une foule d'ouvrages, d'horribles tableaux de la vie que menaient les possesseurs de fiefs à cette époque. Ces tableaux ont été souvent tracés par une main ennemie, dans un dessein partial. A tout prendre cependant, je ne crois pas qu'ils soient exagérés. Les événemens historiques d'une part, et les monumens contemporains de l'autre, attestent que telle fut en effet, pendant assez long-temps, la vie féodale, la vie des seigneurs.

Parmi les monumens contemporains, je vous renverrai à trois seulement, à mon avis les plus frappans, et qui donnent l'idée la plus exacte de l'état de la société à cette époque : 1° l'*Histoire de Louis le Gros*, par l'abbé Suger ; 2° la

Vie de Guibert de Nogent, par lui-même, livre moins connu, mais curieux, et sur lequel je reviendrai tout-à-l'heure; 3° l'*Histoire ecclésiastique et civile de Normandie*, par Orderic Vital. Vous verrez là à quel point la vie des possesseurs de fiefs se passait hors de chez eux, tout employée en brigandages, en courses, en guerres, en désordres de tout genre.

Consultez les événemens au lieu des monumens. Celui qui a étonné tous les historiens, les Croisades, se présente d'abord à la pensée. Croyez-vous que les Croisades eussent été possibles chez un peuple qui n'eût pas été accoutumé, dressé de longue main à cette vie errante, aventureuse? Au XIIe siècle, les Croisades n'ont pas été, à beaucoup près, aussi singulières qu'elles nous le paraissent. La vie des possesseurs de fiefs était, sauf le pieux motif, une course, une croisade continuelle dans leur pays. Ils sont allés plus loin, et pour d'autres causes; voilà la grande différence. Du reste ils ne sont pas sortis de leurs habitudes; ils n'ont pas essentiellement changé leur façon de vivre. Concevrait-on aujourd'hui un peuple de propriétaires qui, tout d'un coup, se déplaçât, abandonnât ses propriétés, ses familles, pour aller, sans une nécessité absolue, chercher ailleurs de telles aventures? Rien de pareil n'eût été possible, si la vie quotidienne des possesseurs de fiefs n'eût été, pour ainsi dire, un avant-goût des croisades, s'ils ne se fussent trouvés tout prêts pour de telles expéditions.

Ainsi, soit que vous consultiez les monumens ou les événemens, vous verrez que le besoin d'aller chercher hors de chez soi l'activité, l'amusement, dominait la société féodale à cette époque, et qu'il tenait en grande partie, parmi d'autres causes, aux circonstances matérielles au milieu desquelles vivaient les possesseurs de fiefs.

Deux traits caractéristiques éclatent dans la féodalité. L'un est la sauvage et bizarre énergie du développement des caractères individuels; non-seulement ils sont brutaux, féroces, cruels; mais ils le sont d'une façon singulière, étrange, comme il arrive à l'individu qui vit seul, livré à lui-même, à l'originalité de sa nature et aux caprices de son imagination. Le second trait qui frappe également dans la société féodale, c'est l'obstination des mœurs, leur longue résistance au changement, au progrès. Dans aucune autre société, les idées, les mœurs nouvelles n'ont eu autant de peine à pénétrer. La civilisation a été dans l'Europe moderne plus lente et plus pénible que partout ailleurs; elle est arrivée au XVIe siècle avant d'avoir véritablement pris pied et fait la conquête du territoire. Nulle part il n'y a eu, pendant si long-temps, si peu de progrès avec tant de mouvement.

Comment ne pas reconnaître, dans ces deux faits, l'influence des circonstances matérielles sous l'empire desquelles vivait et se développait l'élément constitutif de la société féodale? Qui n'y voit l'effet de la situation du possesseur de fief, isolé dans son château, entouré d'une population subalterne et méprisée, obligé d'aller chercher au loin, et par des moyens violens, la société et l'activité qu'il n'a pas auprès de lui? Les remparts et les fossés des châteaux ont fait obstacle aux idées comme aux ennemis, et la civilisation a eu autant de peine que la guerre à les percer et à les envahir.

Mais, en même temps que les châteaux opposaient à la civilisation une si forte barrière, en même temps qu'elle avait tant de peine à y pénétrer, ils étaient, sous un certain rapport, un principe de civilisation; ils protégeaient le développement de sentimens et de mœurs qui ont joué, dans la société moderne, un rôle puissant et salutaire. Il n'est personne qui ne sache que la vie domestique, l'esprit de famille, et particulièrement la condition des femmes, se sont développés, dans l'Europe moderne, beaucoup plus complètement, plus heureusement que partout ailleurs. Parmi les causes qui ont contribué à ce développement, il faut compter la vie de château, la situation du possesseur de fief dans ses domaines, comme une des principales. Jamais dans aucune autre forme de société, la famille réduite à sa plus simple expression, le mari, la femme et les enfans ne se sont trouvés ainsi serrés, pressés les uns contre les autres, séparés de toute autre relation puissante et rivale. Dans les divers états de société que je viens de rappeler, le chef de famille avait, sans s'éloigner, une multitude d'occupations, de distractions qui le tiraient de l'intérieur de sa demeure, empêchaient du moins qu'elle ne fût le centre de sa vie. Le contraire est arrivé dans la société féodale. Aussi souvent qu'il est resté dans son château, le possesseur de fief y a vécu avec sa femme et ses enfans, presque ses seuls égaux, sa seule compagnie intime et permanente. Sans doute il en sortait fort souvent, et menait au dehors la vie brutale, aventureuse, que je viens de décrire; mais il était obligé d'y revenir. C'était là qu'il se renfermait dans les temps de péril. Or, Messieurs, toutes les fois que l'homme est placé dans une certaine position, la partie de sa nature morale, qui correspond à cette position, se développe forcément en lui; est-il obligé de vivre habituellement au sein de sa famille, auprès de sa femme et de ses enfans? les idées, les sentimens en harmonie avec ce fait ne peuvent manquer de prendre un grand empire. Ainsi arriva-t-il dans la féodalité.

Quand le possesseur de fief d'ailleurs sortait de son château pour aller chercher la guerre et les aventures, sa femme y restait, et dans une situation toute différente de celle que jusque là les femmes avaient presque toujours. Elle y restait maîtresse, châtelaine, représentant son mari, chargée en son absence de la défense et de l'honneur du fief. Cette situation élevée et presque souveraine, au sein même de la vie domestique, a souvent donné aux femmes de l'époque féodale une dignité, un courage, des vertus, un éclat qu'elles n'avaient point déployés ailleurs, et elle a, sans nul doute, puissamment contribué à leur développement moral et au progrès général de leur condition.

Ce n'est pas tout. L'importance des enfans,

du fils aîné entre autres, fut plus grande dans la maison féodale que partout ailleurs. Là éclataient non-seulement l'affection naturelle et le désir de transmettre ses biens à ses enfans, mais encore le désir de leur transmettre ce pouvoir, cette situation supérieure, cette souveraineté inhérente au domaine. Le fils aîné du seigneur était, aux yeux de son père et de tous les siens, un prince, un héritier présomptif, le dépositaire de la gloire d'une dynastie. En sorte que les faiblesses comme les bons sentimens, l'orgueil domestique comme l'affection, se réunissaient pour donner à l'esprit de famille beaucoup d'énergie et de puissance.

Ajoutez à cela l'empire des idées chrétiennes, que je ne fais ici qu'indiquer en passant; et vous comprendrez comment cette vie de château, cette situation solitaire, sombre, dure, a pourtant été favorable au développement de la vie domestique, et à cette élévation de la condition des femmes, qui tient tant de place dans l'histoire de notre civilisation.

Cette grande et salutaire révolution s'accomplit entre les IXe et XIIe siècles. On n'en peut suivre pas à pas la trace; on ne démêle que très-imparfaitement les faits particuliers qui lui ont servi de degrés; car les documens nous manquent. Mais qu'au XIe siècle elle fût à peu près consommée, que la condition des femmes eût changé, que l'esprit de famille, la vie domestique, les idées et les sentimens qui s'y rattachent, eussent acquis un développement, un empire jusque là inconnu, c'est là un fait général qu'il est impossible de méconnaître. Beaucoup d'entre vous, je l'espère, ont encore présens à l'esprit les monumens des mœurs du IXe siècle que j'ai mis sous vos yeux l'an dernier; comparez-les, je vous prie, avec trois pages que je vous demande la permission de vous lire, et qui sont tirées de cette *Vie de Guibert de Nogent* dont je vous parlais tout-à-l'heure. Elles n'ont point d'importance historique, et n'ont d'autre mérite que de montrer à quelle dignité, à quels sentimens fins et délicats s'étaient élevées les femmes et les mœurs domestiques du IXe au XIe siècle; mais sous ce point de vue, elles me paraissent concluantes et d'un intérêt véritable.

Guibert de Nogent rend compte, dans cet ouvrage, et des événemens publics auxquels il a assisté, et des événemens personnels qui s'étaient passés dans l'intérieur de sa famille. Il était né en 1053, dans un château du Beauvaisis. Voici comment il parle de sa mère, et de ses relations avec elle. Rappelez-vous les récits, ou plutôt le langage (car les récits manquent) des écrivains contemporains de Charlemagne, de Louis le Débonnaire et de Charles le Chauve en pareille matière ; et dites si c'est là le même état des relations et des âmes :

J'ai dit, Dieu de miséricorde et de sainteté, que je te rendrais grâces de tes bienfaits. D'abord, je te rends surtout grâces de m'avoir accordé une mère chaste, modeste et infiniment remplie de ta crainte. Quant à sa beauté, je la louerais d'une façon bien mondaine et insensée, si je la plaçais autre part que sur un front armé d'une chasteté sévère...... Le regard vertueux de ma mère, son parler rare, son visage toujours tranquille, n'étaient pas faits pour enhardir la légèreté de ceux qui la voyaient..... Et ce qui se voit bien rarement, ou même jamais chez les femmes d'un rang élevé, autant elle fut jalouse de conserver intacts les dons de Dieu, autant elle fut réservée à blâmer les femmes qui en abusaient. Et lorsqu'il arrivait qu'une femme, soit dans sa maison, soit hors de sa maison, devenait l'objet d'une critique de ce genre, elle s'abstenait d'y prendre part ; elle était affligée de l'entendre, tout comme si cette critique était tombée sur elle-même [1].... C'était bien moins par ex-

[1] *Vie de Guibert de Nogent*, l. 1, c. 2, dans ma *Collec-*

périence que par une espèce de terreur qui lui était inspirée d'en haut, qu'elle était accoutumée à détester le péché ; et comme il lui arriva souvent de me le dire, elle avait tellement pénétré son âme de la crainte d'une mort soudaine, que, parvenue à un âge plus avancé, elle regrettait amèrement de ne plus ressentir, dans son cœur vieilli, ces mêmes aiguillons d'une pieuse terreur qu'elle avait sentis dans un âge de simplicité et d'ignorance [2].....

Le huitième mois depuis ma naissance était à peine écoulé, quand mon père selon la chair succomba....... Quoique ma mère brillât encore d'un grand éclat d'embonpoint et de fraîcheur, elle se résolut à demeurer dans le veuvage. Et combien fut grande l'opiniâtreté qu'elle mit à accomplir ce vœu ! Combien grands furent les exemples de modestie qu'elle donna !.... Vivant dans une crainte extrême du Seigneur, et avec un égal amour de ses proches, surtout de ceux qui étaient pauvres, elle nous gouvernait prudemment nous et nos biens..... Sa bouche était tellement accoutumée à rappeler sans cesse le nom de son mari défunt, qu'il semblait que son âme n'eût jamais d'autre pensée; car, soit en priant, soit en distribuant des aumônes, soit même dans les actes les plus ordinaires de la vie, elle prononçait continuellement le nom de cet homme; ce qui faisait voir qu'elle en avait toujours l'esprit préoccupé. En

---

tion des Mémoires relatifs à l'histoire de France, t. IX, p. 346, 349.

[2] *Ibid.*, c. 12, p. 385.

effet, lorsque le cœur est absorbé dans un sentiment d'amour, la langue se moule en quelque sorte à parler, comme sans le vouloir, de celui qui en est l'objet [1].

Ma mère m'éleva avec les plus tendres soins..... A peine avais-je appris les premiers élémens des lettres, que, avide de me faire instruire, elle se disposa à me confier à un maître de grammaire..... Il y avait, un peu avant cette époque, et même encore alors, une si grande rareté de maîtres de grammaire, qu'on n'en voyait pour ainsi dire aucun dans la campagne, et qu'à peine en pouvait-on trouver dans les grandes villes..... Celui auquel ma mère résolut de me confier avait appris la grammaire dans un âge assez avancé, et se trouvait d'autant moins familier avec cette science, qu'il s'y était adonné plus tard : mais ce qui lui manquait en savoir, il le remplaçait en vertu..... Dès le moment où je fus placé sous sa conduite, il me forma à une telle pureté, il écarta si bien de moi tous les vices qui accompagnent ordinairement le bas âge, qu'il me préserva des dangers les plus fréquens. Il ne me laissait aller nulle part sans m'accompagner, ni prendre aucun repos ailleurs que chez ma mère, ni recevoir de présent de personne qu'avec sa permission. Il exigeait que je ne fisse rien qu'avec modération, avec précision, avec attention, avec effort..... Tandis que les enfans de mon âge couraient çà et là, selon leur plaisir, et qu'on les laissait de temps en temps jouir de la liberté

---

[1] *Vie de Guibert de Nogent*, l. 1, c. 2, dans ma *Collection des Mémoires relatifs à l'histoire de France*; c. 4, 12, 13, p. 355, 385, 396, 399.

qui leur appartient, moi, retenu dans une contrainte continuelle, affublé comme un clerc, je regardais les bandes de joueurs, comme si j'eusse été un être au-dessus d'eux.....

Chacun, en voyant combien mon maître m'excitait au travail, avait espéré d'abord qu'une si grande application aiguiserait mon esprit; mais cette espérance diminua bientôt, car mon maître était tout-à-fait inhabile à réciter des vers ou à les composer selon les règles. Il m'accablait presque tous les jours d'une grêle de soufflets et de coups, pour me contraindre à savoir ce qu'il n'avait pu m'enseigner lui-même..... Cependant il me témoignait tant d'amitié, il s'occupait de moi avec une si grande sollicitude, il veillait si assidument à ma sûreté, que, loin d'éprouver la crainte qu'on ressent communément à cet âge, j'oubliais toute sa sévérité, et lui obéissais avec je ne sais quel sentiment d'amour..... Un jour que j'avais été frappé, ayant interrompu mon travail pendant quelques heures de la soirée, je vins m'asseoir aux genoux de ma mère, rudement meurtri, et certainement plus que je n'avais mérité. Ma mère m'ayant, selon sa coutume, demandé si j'avais encore été battu ce jour-là, moi, pour ne point paraître dénoncer mon maître, j'assurai que non. Mais elle, écartant, bon gré malgré, ce vêtement qu'on appelle chemise, elle vit mes petits bras tout noircis, et la peau de mes épaules toute soulevée et bouffie des coups de verges que j'avais reçus. A cette vue, se plaignant de ce qu'on me traitait avec trop de cruauté dans un âge si tendre, toute troublée et hors d'elle-même, les yeux pleins de larmes : « Je ne veux » plus désormais, s'écria-t-elle, que tu deviennes clerc, ni » que, pour apprendre les lettres, tu supportes un tel

» traitement. » Mais moi, à ces paroles, la regardant avec toute la colère dont j'étais capable : « Quand il devrait, lui » dis-je, m'arriver de mourir, je ne cesserais pas pour cela » d'apprendre les lettres et de vouloir être clerc [1]. »

Qui pourrait lire ce récit sans être frappé du développement prodigieux qu'ont pris en deux siècles les sentimens domestiques, l'importance attachée aux enfans, à leur éducation, à tous les liens de famille? Vous fouilleriez dans tous les écrivains des siècles précédens, que vous n'y trouveriez rien de semblable. On ne se rend pas compte exactement, je le répète, de la manière dont cette révolution s'est accomplie; on ne la suit pas dans ses degrés, mais elle est incontestable.

Je m'arrête, Messieurs; je viens de vous faire entrevoir quelle influence exerça, sur les mœurs domestiques et au profit des sentimens qui en naissent, la vie intérieure des châteaux féodaux. Vous verrez bientôt cette vie prendre une grande extension; de nouveaux élémens viendront s'y joindre, et contribueront au pro-

[1] *Vie de Guibert de Nogent*, l. 1, c. 2, dans ma *Collection des Mémoires relatifs à l'histoire de France*; c. 4, 5, 6, p. 356, 458, 363, 364.

grès de la civilisation. C'est dans les châteaux qu'a pris naissance et grandi la chevalerie : nous nous en occuperons dans notre prochaine réunion.

SIXIÈME LEÇON.

Efforts des possesseurs de fiefs pour peupler et animer l'intérieur du château. — Moyens qui se présentent pour atteindre à ce but. — Des offices donnés en fief. — De l'éducation des fils des vassaux dans le château du suzerain. — De l'admission du jeune homme parmi les guerriers, dans l'ancienne Germanie. — Ce fait se perpétue après l'invasion. — Double origine de la chevalerie. — Fausse idée qu'on s'en est formée. — La chevalerie est née simplement, sans dessein, dans l'intérieur des châteaux, et par suite, soit des anciennes coutumes germaines, soit des relations du suzerain avec ses vassaux. — Influence de la religion et du clergé sur la chevalerie — Cérémonies de la réception des chevaliers. — Leurs sermens. — Influence de l'imagination et de la poésie sur la chevalerie. — Son caractère moral et son importance sous ce rapport. — Comme institution, elle est vague et sans consistance. — Prompte décadence de la chevalerie féodale. — Elle enfante les ordres : 1° de chevalerie religieuse ; 2° de chevalerie de cour.

Messieurs,

L'isolement et l'oisiveté, tels sont, vous l'avez vu, les traits les plus saillans de la situation du possesseur de fief dans son château, l'effet naturel des circonstances matérielles au milieu desquelles il se trouvait placé. De là, vous l'avez vu aussi, deux résultats contradictoires en apparence, et qui cependant se concilièrent merveilleusement : d'une part, le besoin, la passion de cette vie de courses, de guerre, de pillage, d'aventures, qui caractérise la société féodale ; d'autre part, la puissance de la vie domestique, le progrès de la condition des femmes, de l'esprit de famille et de tous les sentimens qui s'y rattachent. Sans préméditation, par le seul effet de leur situation et des mœurs qu'elle provoquait, les possesseurs de fiefs cherchaient à la fois au loin et au dedans de leur demeure, dans les chances les plus orageuses, les plus imprévues, et dans les intérêts les plus rapprochés, les plus habituels, de quoi remplir leur vie et occuper leur âme, une double satisfaction à ce besoin de société et d'activité, l'un des plus puissans instincts de notre nature.

Ni l'un ni l'autre de ces moyens ne pouvait suffire. Ces guerres, ces aventures, qui aujourd'hui, à sept ou huit siècles de distance, nous paraissent à nous si multipliées, si continuelles, étaient probablement, aux yeux des hommes du

XIe siècle, rares, bientôt terminées, des accidens passagers. Les journées sont bien nombreuses et bien longues pour qui n'a rien à faire, rien de nécessaire, de régulier, de permanent. La famille, dans ses limites propres et naturelles, réduite à la femme et aux enfans, ne suffisait pas non plus à les remplir. Des hommes de mœurs si rudes et d'un esprit si peu développé, avaient bientôt épuisé les ressources qu'ils y pouvaient trouver. C'est le résultat d'une civilisation très-avancée de féconder, pour ainsi dire, la nature sensible de l'homme et d'en faire naître mille moyens d'occupation et d'intérêt. Cette abondance morale est inconnue aux sociétés naissantes; les sentimens y sont forts, mais brusques et courts, pour ainsi dire; ils exercent sur la vie plus d'empire qu'ils n'y tiennent de place. Les relations domestiques aussi bien que les aventures extérieures, laissaient à coup sûr, dans le temps et l'âme des possesseurs de fiefs du XIe siècle, un grand vide à combler.

On devait chercher, on chercha en effet à le combler, à animer, à peupler le château, à y attirer le mouvement social qui y manquait. On en trouva les moyens.

Vous vous rappelez la vie qu'avant l'invasion

les guerriers germains menaient autour de leurs chefs; cette vie toute de banquets, de jeux, de fêtes, et qui se passait presque toujours en commun :

Des repas, dit Tacite, des banquets mal apprêtés, mais abondans, leur tiennent lieu de solde...... Passer le jour et la nuit à boire n'est honteux pour personne..... Ils traitent le plus souvent dans les banquets, des ennemis à réconcilier, des alliances à former, des chefs à choisir, de la paix et de la guerre [1].

Après l'invasion et l'établissement territorial, cette agglomération des guerriers, cette vie en commun, j'ai déjà eu l'occasion de vous le faire remarquer, ne cessèrent point tout-à-coup; beaucoup de compagnons continuèrent à vivre autour de leur chef, sur ses domaines, dans sa maison. Il y a plus : on vit alors les chefs, les principaux du moins, rois ou autres, se former un cortége, un palais, sur le modèle du palais des empereurs romains. La multitude et les titres des officiers et serviteurs de tout genre qui apparaissent tout-à-coup dans la maison des grands barbares, ne sont explicables qu'à celui

[1] Tac., *de Morib. Germ.*, c. 14, 22.

qui connaît l'organisation du palais impérial. Référendaire, sénéchal, maréchal, fauconniers, bouteillers, échansons, chambellans, portiers, fourriers, etc., tels sont les offices qu'on rencontre, dès le VIe siècle, non-seulement chez les rois francs, bourguignons, visigoths, mais chez leurs bénéficiers considérables, et dont la plupart sont évidemment empruntés à cette *notitia dignitatum*, almanach impérial du temps.

Bientôt, vous le savez, le goût et l'habitude de la propriété territoriale gagnèrent plus d'empire; la plupart des compagnons s'éloignèrent du chef; les uns allèrent vivre dans les bénéfices qu'ils tenaient de lui; les autres tombèrent dans une condition subalterne, dans celle de colons. Cette révolution s'opéra surtout dans le cours des VIIe et VIIIe siècles. On voit alors la maison du chef se dissoudre, ou du moins se resserrer beaucoup; quelques compagnons seulement restent auprès de sa personne. Il n'est pas tout-à-fait seul, et absolument réduit à sa famille proprement dite; mais il n'est plus entouré d'une bande de guerriers comme avant l'invasion, ni à la tête d'un petit palais impérial, comme dans le siècle qui la suivit.

Quand on arrive à la fin du Xe siècle, ou plutôt au milieu du XIe, à l'époque où la féodalité atteint son complet développement, on retrouve, autour des grands possesseurs de fiefs, de nombreux officiers, un cortége considérable, une petite cour. On y retrouve non-seulement la plupart des offices que je viens de nommer, et qu'ils avaient empruntés de l'Empire, non-seulement le comte du palais, le sénéchal, le maréchal, les échansons, les fauconniers, etc., mais des offices et des noms nouveaux, des pages, des varlets, des écuyers, et des écuyers de toute sorte; l'écuyer du corps, l'écuyer de la chambre, l'écuyer de l'écurie, de la panneterie, les écuyers tranchans, etc., etc. Et la plupart de ces charges sont évidemment occupées par des hommes libres; bien plus, par des hommes sinon les égaux du seigneur auprès duquel ils vivent, au moins de même état, de même condition que lui. Quand La Fontaine a dit :

> Tout petit prince a des ambassadeurs,
> Tout marquis veut avoir des pages,

il s'est moqué d'une sotte prétention, d'un ridicule de son temps. Cette prétention, non ridicule alors, était, aux XIe et XIIe siècles, un fait simple, général. Et on n'avait nul besoin d'être prince pour avoir des ambassadeurs, ou marquis pour avoir des pages: tout seigneur, tout possesseur d'un fief de grandeur *raisonnable*, comme eût dit La Fontaine, en avait plusieurs autour de lui.

Comment s'était accompli ce fait? comment s'était reformé, dans l'intérieur du château, autour du suzerain, ce cortége nombreux et régulièrement constitué?

A cela, je crois, deux causes principales: 1° la création ou la perpétuité d'un certain nombre d'offices intérieurs, domestiques, donnés à titre de fiefs, tout aussi bien que les terres; 2° l'usage, bientôt adopté par les vassaux, d'envoyer leurs fils à leur suzerain pour qu'ils fussent élevés avec les siens et dans sa maison.

Les principaux, en effet, des offices que je viens de nommer, ceux, entre autres, de connétable, maréchal, sénéchal, chambrier, bouteiller, etc., furent, d'assez bonne heure, donnés en fief comme les terres. Les bénéfices en terres avaient, vous l'avez vu, l'inconvénient de disperser les compagnons, de les séparer du chef. Les offices donnés en fief les retenaient au contraire, souvent du moins, auprès de lui, et l'assuraient ainsi bien mieux de leurs services et de leur fidélité. Aussi, dès que cette invention de l'esprit féodal eut paru, la vit-on se répandre avec une extrême rapidité; des offices de toute sorte furent donnés en fief, et les propriétaires, ecclésiastiques aussi bien que laïques, s'entourèrent de la sorte d'un nombreux cortége. Je lis dans l'*Histoire de l'abbaye de Saint-Denis* :

Les abbés de Saint-Denis avaient nombre d'officiers religieux et laïques. Lorsque l'abbé de Saint-Denis allait en campagne, il était ordinairement accompagné d'un chambellan et d'un maréchal, dont les offices étaient érigés en fiefs, comme l'on voit par les actes de 1189 et de 1231. Ces offices et ces fiefs ont été depuis réunis au domaine de l'abbaye, aussi bien que l'office de bouteiller de l'abbé, qui était pareillement un office érigé en fief et possédé par un séculier, domestique de l'abbé de Saint-Denis, avant l'an 1182 [1].

Ces offices donnaient lieu à de grandes contestations. Ceux qui les possédaient s'efforçaient, comme on l'avait fait pour les bénéfices, de les rendre héréditaires; ceux qui les conféraient travaillaient, en général, à l'empêcher. La question demeura incertaine; l'hérédité ne

[1] *Hist. de saint Denys*, par D. Félibien, l. 5, p. 279, not. A.

prévalut pas aussi complètement dans les offices que dans les bénéfices féodaux : on rencontre tantôt des documens qui la reconnaissent ou la fondent, tantôt des documens qui la nient ou l'abolissent. En 1223, à l'avénement de Louis VIII, fils de Philippe-Auguste, Jean, investi de l'office de maréchal, prend l'engagement que voici :

Moi, Jean, maréchal du seigneur Louis, roi illustre, fais savoir à tous ceux qui verront les présentes que j'ai, sur les saintes reliques, juré audit seigneur roi, que je ne retiendrai ni les chevaux, ni les palefrois, ni les roussins qui me sont remis à raison de mon office, que je tiens du don dudit seigneur roi; et que ni moi ni mes héritiers nous ne réclamerons ladite maréchaussée comme nous appartenant et devant être possédée par nous à titre héréditaire. En mémoire et témoignage de quoi j'ai fait munir les présentes de mon sceau [1].

En revanche, l'office de sénéchal de France était possédé par les comtes d'Anjou à titre héréditaire; celui de connétable de Normandie appartenait, au même titre, à la maison *du Houmet*, comme le reconnaît, en 1190, une charte du roi Richard. Il y a bien d'autres exemples semblables.

[1] Martenne, *Ampl. collect.*, t. 1, p. 1175.

Les conséquences de l'hérédité des offices étaient, pour les suzerains, encore bien plus graves que celles de l'hérédité des terres. Voici quels étaient, vers cette époque, les priviléges du connétable de rance :

Le connestable de France a tel droit pour le fait des guerres :

1° Le connestable est par-dessus tous les autres qui sont en l'*ost*, excepté la personne du roi, se il y est, soient des barons, comtes, chevaliers, écuyers, sodoïers, tant de cheval comme de pied, de quelque état qu'ils soient, et doivent obéir à lui.

Item. Les maréchaux de l'*ost* sont dessous lui et ont leur office distinct de recevoir les gens d'armes, ducs, comtes, barons, chevaliers, escuiers et leurs compaignons. Et ne puent ne ne doivent chevauchier, ne ordener bataille, se n'est par le connestable; ne faire le ban ne proclamation en l'ost, sans l'assentement du roi ou du connestable.

Le connestable doit ordener toutes les batailles, les chevauchiées et toutes les establiées.

Toutes fois que l'ost se remue de place en autre, le connestable prent et livre toutes les places, de son droit, au roi, et aux autres de l'ost, selon leur estat.

Le connestable doit aller en l'ost devant les batailles, tantost après le mestre des arbalestriers, et doivent estre les marchans en sa bataille.

Le roi, s'il est en l'ost, ne doit chevauchier, ne les autres bataillers ne doivent chevauchier, fors par l'ordennance et le conseil du connestable.

Le connestable a la cure de envoier messagiers et espies pour le fait de l'ost, partout où il voit que il appartiendra à faire, et descouvrens, et autres chevauchiés, quant il voit que mestier en est [1].

C'était là, vous le voyez, un général nécessaire, obligé, imposé, investi seul du droit de commander les armées et de livrer bataille. On a rendu héréditaires beaucoup de fonctions civiles, mais les hautes fonctions militaires! le péril est immense, évident. Tel était pourtant, dans certains cas, le privilége féodal. Rien de plus naturel donc que la lutte des rois et des grands suzerains contre l'hérédité des principaux offices; et ils réussirent, en effet, à la prévenir ou à l'extirper. Mais elle prévalut dans une foule d'offices d'un ordre inférieur, et fut, sans contredit, la première cause qui rallia ou retint, autour des seigneurs puissans, des hommes qui, sans cela, se seraient éloignés pour aller vivre dans leurs propres domaines.

La seconde fut l'usage, bientôt adopté par les vassaux, de faire élever leurs fils à la cour, c'est-à-dire dans le château de leur suzerain. Plus d'une raison devait les y pousser. L'inégalité était devenue très-grande entre les possesseurs

[1] Brussel, *Usage des fiefs*, t. 1, p. 634.

de fiefs; tel suzerain était infiniment plus riche, plus puissant, plus considérable que les douze, quinze, vingt vassaux qui tenaient leurs terres de lui. Or, c'est la tendance naturelle aux hommes d'aspirer à s'élever, à vivre dans une sphère supérieure à la leur; et le vassal était naturellement enclin à y envoyer son fils. C'était d'ailleurs une manière de s'assurer d'avance la bienveillance du suzerain. Quoique l'hérédité eût complètement prévalu dans les fiefs, quoique la propriété féodale fût devenue une propriété ferme et véritable, cependant elle était sujette encore à beaucoup d'attaques; la spoliation des faibles par les forts était fréquente, et les vassaux avaient grand intérêt à s'en préserver en entretenant avec leur suzerain des relations habituelles et amicales. Le suzerain, de son côté, en ayant auprès de lui les fils de ses vassaux, s'assurait de leur fidélité et de leur dévoûment, non seulement dans le présent, mais dans l'avenir. Qui ne connaît enfin le penchant de tous les hommes à se porter vers le point où abondent les événemens, les chances et le mouvement de la vie? C'était à la cour du suzerain qu'ils pouvaient en espérer le plus; ils gravitaient donc naturellement vers ce centre commun de leur petite société.

Aussi l'usage devint si général qu'il fut, pour ainsi dire, converti en règle. Je lis dans les notes ajoutées aux *Mémoires* de M. de Sainte-Palaye, le passage suivant, extrait d'un ancien ouvrage intitulé : *l'Ordre de la chevalerie* :

Et convient que le fils du chevalier, pendant qu'il est escuyer, se sache prendre garde de cheval ; et convient qu'il serve avant, et qu'il soit subject devant seigneur : car autrement ne cognoistroit-il point la noblesse de sa seigneurie, quand il seroit chevalier ; et pour ce tout chevalier doit son fils mettre en service d'autre chevalier, afin qu'il apprenne à tailler à table et à servir, et à armer et habiller chevalier en sa jeunesse. Ainsi comme l'homme qui veut apprendre à être cousturier ou charpentier, il convient qu'il ait maistre qui soit cousturier ou charpentier, tout ainsi convient-il que tout noble homme qui aime l'ordre de chevalerie, et veut devenir et estre bon chevalier, ait premièrement maistre qui soit chevalier [1].

Ainsi se peupla et s'anima l'intérieur du château ; ainsi s'élargit le cercle de la vie domestique féodale. Tous ces officiers, tous ces jeunes fils de vassaux, faisaient partie de la maison, s'acquittaient de services de tous genres ; et le mouvement social, la fréquentation entre égaux

[1] Sainte-Palaye, *Mémoires sur la chevalerie*, t. 1, p. 56.

rentraient dans ces habitations si isolées et d'un si farouche aspect.

En même temps, et aussi dans l'intérieur du château, se développait un autre fait d'origine également ancienne, et qui, pour arriver à ce qu'il devait devenir dans la société féodale, avait bien des transformations à subir.

Avant l'invasion, au-delà du Danube et du Rhin, quand les jeunes Germains arrivaient à l'âge d'hommes, ils recevaient solennellement, dans l'assemblée de la tribu, le rang et les armes des guerriers :

Il est d'usage, dit Tacite, qu'aucun d'eux ne prenne les armes avant que la tribu l'en ait jugé capable. Alors, dans l'assemblée même, un des chefs, ou le père, ou un parent, revêt le jeune homme de l'écu et de la framée. C'est là leur toge; c'est chez eux le premier honneur de la jeunesse. Avant cela, ils ne paraissent qu'une partie de la maison; alors ils deviennent membres de la république [1].

La déclaration qu'un homme entrait dans la classe des guerriers, était donc, chez les Germains, un acte national, une cérémonie publique.

On voit ce fait se perpétuer, après l'invasion,

[1] Tacite, *de Morib. Germ.*, c. 13.

sur le territoire gallo-romain. Sans citer un grand nombre d'exemples obscurs, en 791, à Ratisbonne, Charlemagne ceint solennellement l'épée, c'est l'expression des chroniqueurs, à son fils Louis le Débonnaire. En 838, Louis le Débonnaire confère le même honneur, avec la même solennité, à son fils Charles le Chauve. La vieille coutume germanique subsiste toujours; seulement quelques cérémonies religieuses y sont déjà jointes : « Au nom du Père, du Fils et du Saint-» Esprit » le jeune guerrier reçoit une sorte de consécration.

Au XIe siècle, dans le château féodal, quand le fils du seigneur parvient à l'âge d'homme, la même cérémonie s'accomplit : on lui ceint l'épée, on le déclare admis au rang des guerriers.

Et ce n'est pas à son fils seul, mais aussi aux jeunes vassaux élevés dans l'intérieur de sa maison, que le seigneur confère cette dignité; ils tiennent à honneur de la recevoir de la main de leur suzerain, au milieu de leurs compagnons; la cour du château a remplacé l'assemblée de la tribu; les cérémonies ont changé; au fond, c'est le même fait.

Voilà la chevalerie, Messieurs; elle consiste essentiellement dans l'admission au rang et aux honneurs des guerriers, dans la remise solennelle des armes et des titres de la vie guerrière. C'est par là qu'elle a commencé; on y voit d'abord une prolongation simple et non interrompue des anciennes mœurs germaniques.

Elle est en même temps une conséquence naturelle des relations féodales. Je lis dans l'*Histoire de la Pairie de France et du Parlement de Paris*, par Le Laboureur, ouvrage qui ne manque point de vues ingénieuses et solides :

> Les cérémonies de chevalerie sont une espèce d'investiture, et représentent une manière d'hommage; car le chevalier proposé paraît sans manteau, sans épée et sans éperons : il en est revêtu aprés l'accolée, de même que le vassal, après la consommation de l'acte de son hommage, reprend son manteau, qui est la marque de la chevalerie ou vasselage, la ceinture, qui est l'ancien baudrier militaire, aussi bien que les éperons, et enfin son épée, qui est la marque du service qu'il doit à son seigneur; et l'on en peut autant dire du baiser, qui se pratique en l'une et l'autre cérémonie. On peut dire encore que ce fut pour cela que les sujets furent obligés de payer une taille à leur seigneur pour la chevalerie de leurs fils aînés, comme la première reconnaissance de leur future seigneurie [1].

Il y a, dans ce langage, quelque exagération.

[1] *Histoire de la Pairie de France*, par Le Laboureur, p. 278. — Londres, 1740.

On ne saurait considérer l'admission du jeune homme au titre de chevalier comme une *manière d'hommage;* car ce n'était point le vassal actuel, mais son fils qui était reçu chevalier par le suzerain. Il n'y avait donc point là de véritable investiture. Cependant, le suzerain, en armant un jeune homme chevalier, l'acceptait, en quelque sorte, pour son homme, et déclarait qu'il serait un jour son vassal. C'était comme une investiture donnée d'avance, un engagement réciproque et anticipé, de la part du suzerain à recevoir, de la part du jeune homme à faire un jour l'hommage féodal.

Vous le savez, Messieurs, on s'est fait de la chevalerie et de son origine une tout autre idée. On l'a représentée comme une grande institution, inventée au XIe siècle, et dans un dessein moral, dans le dessein de lutter contre le déplorable état de la société, de protéger les faibles contre les forts, de vouer une certaine classe d'hommes à la défense des faibles, au redressement des injustices. Et cette idée a été si générale, si puissante, qu'elle se retrouve encore dans l'*Histoire des Français* de M. de Sismondi, presque toujours si clairvoyant, si étranger à la routine de ses prédécesseurs. Voici en quels termes il expose l'origine de la chevalerie :

La chevalerie brillait, dit-il, de tout son éclat au temps de la première croisade, c'est-à-dire durant le règne de Philippe Ier. Elle avait donc commencé au temps de son père ou de son aïeul. A l'époque où Robert mourut, où Henri monta sur le trône, on doit regarder les mœurs et les opinions de la France comme déjà entièrement chevaleresques. Peut-être en effet le contraste que nous avons remarqué entre la faiblesse des rois et la force des guerriers était-il la circonstance la plus propre à faire naître la noble pensée de consacrer, d'une manière solennelle et religieuse, les armes des forts à protéger les faibles. Pendant le règne de Robert, la noblesse châtelaine avait continué à multiplier; l'art de la construction des châteaux avait fait des progrès ; les murailles étaient plus épaisses, les tours plus élevées, les fossés plus profonds..... L'art de forger les armes défensives avait de son côté fait des progrès; le guerrier était tout entier revêtu de fer ou de bronze; ses jointures en étaient couvertes, et son armure, en conservant aux muscles leur souplesse, ne laissait plus d'entrée au fer ennemi. Le guerrier ne pouvait presque plus concevoir de crainte pour lui-même; mais plus il était hors d'atteinte, plus il devait sentir de pitié pour ceux que la faiblesse de leur âge ou de leur sexe rendait incapables de se défendre eux-mêmes; car ces malheureux ne trouvaient aucune protection dans une société désorganisée, auprès d'un roi aussi timide que les femmes, et enfermé comme elles dans son palais. La consécration des armes de la noblesse, devenue la seule force publique, à la défense des opprimés, semble avoir été l'idée fondamentale de la chevalerie. A une époque où le zèle religieux se ranimait, où cependant la valeur semblait la plus digne de toutes les offrandes qu'on pût présenter à la Divinité, il n'est pas très-étrange qu'on ait inventé une ordination militaire, à l'exemple de l'ordination sacerdotale, et que la chevalerie ait paru une seconde prêtrise, destinée d'une manière plus active au service divin [1].

Certes, Messieurs, si le tableau que je viens de tracer des origines de la chevalerie est vrai, si la façon dont je l'ai, pour ainsi dire, fait naître sous vos yeux, est légitime, l'idée qu'en ont conçue la plupart des historiens, et que résume ainsi M. de Sismondi, est trompeuse. La chevalerie n'a point été, au XIe siècle, une innovation, une institution amenée par une nécessité spéciale, et combinée dans le dessein d'y pourvoir. Elle s'est formée beaucoup plus simplement, beaucoup plus naturellement, beaucoup plus obscurément; elle a été le développement progressif de faits anciens, la conséquence spontanée des mœurs germaniques et des relations féodales; elle est née dans l'intérieur des châteaux, sans autre intention que de déclarer 1° l'admission du jeune homme au rang et à la vie des guerriers; 2° le lien qui l'unissait à son

[1] *Histoire des Français*, t. 4, p. 199-201.

suzerain, au seigneur qui l'armait chevalier.

Une preuve irrécusable, l'histoire du mot même qui désignait le chevalier, du mot *miles*, confirme pleinement cette idée. La voici telle qu'elle résulte des diverses acceptions par lesquelles ce mot a passé du IVe au XIVe siècle, et que Ducange a constatées.

Vers la fin de l'empire romain, *militare* signifiait simplement *servir*, s'acquitter de quelque service envers un supérieur, non-seulement d'un service militaire, mais aussi d'un service civil, d'un office, d'une fonction. En ce sens, on disait : « Un tel sert (*militat*) dans les bureaux du comte, du gouverneur de la province : » *Militia clericatûs*, la milice ecclésiastique, etc. Sans doute le service, originairement désigné par le mot *miles*, était le service militaire; mais le mot avait été successivement appliqué à des services de toute sorte.

Après l'invasion, on le trouve fréquemment employé en parlant du palais des rois barbares, et des charges occupées auprès d'eux par leurs compagnons. Bientôt, et par un retour naturel, car il est l'expression de l'état social, le mot *miles* reprend son caractère presque exclusivement guerrier, et désigne le compagnon, le fidèle d'un supérieur. Il devient alors synonyme de *vassus*, *vassallus*, et indique qu'un homme tient d'un autre un bénéfice et lui est attaché à ce titre : « Ces princes sont très-nobles et les *chevaliers* (milites) de mon seigneur. — Gerbert et son *chevalier* (miles) Anser. — Nous ordonnons qu'aucun *chevalier* (miles) d'un évêque, d'un abbé, d'un marquis, etc., ne perde son bénéfice sans faute certaine et prouvée. — Le pape excommunia Philippe, roi des Gaules, parce qu'ayant renvoyé sa propre épouse, il avait pris en mariage la femme de son *chevalier* (militis sui). — Le seigneur Guillaume Hunald, à genoux et les mains jointes dans celles dudit seigneur comte, reçut de lui la terre susdite, et se reconnut son *chevalier* [1], etc., etc. »

Je pourrais multiplier ces exemples; ils prouvent évidemment que, du IXe au XIIe siècle, et même plus tard, le mot *miles* désignait, non le chevalier tel qu'on le conçoit ordinairement et que le décrivait tout-à-l'heure M. de Sismondi, mais simplement le compagnon, le vassal d'un suzerain.

Là est clairement empreinte l'origine de la chevalerie. Mais à mesure qu'elle se dé-

[1] *Recognovit se esse militem Dom. Comitis.* Voy. le *Glossaire* de Ducange, au mot *miles*.

veloppait, quand une fois la société féodale eut acquis quelque fixité, quelque confiance en elle-même, les usages, les sentimens, les faits de tout genre qui accompagnaient l'admission du jeune homme au rang des guerriers vassaux, tombèrent sous l'empire de deux influences qui ne tardèrent pas à leur imprimer un nouveau tour, un autre caractère. La religion et l'imagination, l'Église et la poésie, s'emparèrent de la chevalerie, et s'en firent un puissant moyen d'atteindre au but qu'elles poursuivaient, de répondre aux besoins moraux qu'elles avaient mission de satisfaire. Déjà vous avez vu, au IXe siècle, quelques cérémonies religieuses s'associer ici aux pratiques germaines. Je vais vous faire assister à la réception d'un chevalier, telle qu'elle avait lieu au XIIe siècle : vous verrez quels progrès avait fait l'alliance, et avec quel empire l'Église avait pénétré dans tous les détails de ce grand acte de la vie féodale.

Le jeune homme, l'écuyer qui aspirait au titre de chevalier, était d'abord dépouillé de ses vêtemens et mis au bain, symbole de purification. Au sortir du bain, on le revêtait d'une tunique blanche, symbole de pureté; d'une robe rouge, symbole du sang qu'il était tenu de répandre pour le service de la foi; d'une saie ou juste-au-corps noir, symbole de la mort qui l'attendait, ainsi que tous les hommes.

Ainsi purifié et vêtu, le récipiendaire observait pendant vingt-quatre heures un jeûne rigoureux. Le soir venu, il entrait dans l'église et y passait la nuit en prières, quelquefois seul, quelquefois avec un prêtre et des parrains qui priaient avec lui.

Le lendemain, son premier acte était la confession; après la confession, le prêtre lui donnait la communion; après la communion, il assistait à une messe du Saint-Esprit, et ordinairement à un sermon sur les devoirs des chevaliers et de la vie nouvelle où il allait entrer. Le sermon fini, le récipiendaire s'avançait vers l'autel, l'épée de chevalier suspendue à son col; le prêtre la détachait, la bénissait et la lui remettait au col. Le récipiendaire allait alors s'agenouiller devant le seigneur qui devait l'armer chevalier : « A quel » dessein, lui demandait le seigneur, désirez-» vous entrer dans l'ordre? si c'est pour être » riche, pour vous reposer et être honoré sans » faire honneur à la chevalerie, vous en êtes » indigne, et seriez à l'ordre de chevalerie que » vous recevriez, ce que le clerc simoniaque est » à la prélature. » Et sur la réponse du jeune homme qui promettait de se bien acquitter des devoirs de chevalier, le seigneur lui accordait sa demande.

Alors s'approchaient des chevaliers, et quelquefois des dames, pour revêtir le récipiendaire de tout son nouvel équipement ; on lui mettait 1o les éperons; 2o le haubert ou la cotte de mailles; 3o la cuirasse ; 4o les brassarts et les gantelets; 5o enfin on lui ceignait l'épée.

Il était alors ce qu'on appelait *adoubé*, c'est-à-dire adopté, selon Ducange. Le seigneur se levait, allait à lui, et lui donnait l'*accolade* ou *accolée* ou *colée*, trois coups du plat de son épée sur l'épaule ou sur la nuque, et quelquefois un coup de la paume de la main sur la joue, en disant : « Au nom de Dieu, de saint » Michel et de saint George, je te fais cheva- » lier. » Et il ajoutait quelquefois : « Sois preux, » hardi et loyal. »

Le jeune homme ainsi armé chevalier, on lui apportait son casque, on lui amenait un cheval; il sautait dessus, ordinairement sans le secours des étriers, et caracolait en brandissant sa lance et faisant flamboyer son épée. Il sortait enfin de l'église, et allait caracoler sur la place, au pied du château, devant le peuple avide de prendre sa part du spectacle.

Qui ne reconnaît dans tous ces détails, Messieurs, l'influence ecclésiastique? qui n'y voit un soin constant d'associer la religion à toutes les phases d'un événement si solennel dans la vie des guerriers? Ce que le christianisme a de plus auguste, ses sacremens y prennent place; plusieurs des cérémonies sont assimilées, autant qu'il se peut, à l'administration des sacremens.

Voilà le rôle que jouait le clergé dans la portion pour ainsi dire extérieure, matérielle, de la réception des chevaliers, dans les pratiques du spectacle. Entrons au fond de la chevalerie, dans son caractère moral, dans les idées, les sentimens dont on s'efforçait de pénétrer le chevalier; ici encore l'influence religieuse sera évidente.

Voici la série des sermens que le chevalier avait à prêter. Les vingt-six articles que je vais vous lire ne forment point un acte unique, rédigé en une fois et d'ensemble; c'est le recueil des divers sermens exigés des chevaliers à diverses époques, et d'une façon plus ou moins complète, du XIe au XIVe siècle. Vous reconnaîtrez sans peine que plusieurs de ces sermens appartiennent à des temps et à des états de société assez différens; mais ils n'en indiquent pas moins le caractère moral qu'on s'efforçait d'imprimer à la chevalerie.

Les récipiendaires juraient :

1° De craindre, révérer et servir Dieu religieusement, de combattre pour la foi de toutes leurs forces, et de mourir plutôt de mille morts que de renoncer jamais au christianisme ;

2° De servir leur prince souverain fidèlement, et de combattre pour lui et la patrie très-valeureusement ;

3° De soutenir le bon droit des plus faibles, comme des veuves, des orphelins et des demoiselles en bonne querelle, en s'exposant pour eux selon que la nécessité le requerrait, pourvu que ce ne fût contre leur honneur propre, ou contre leur roi ou prince naturel ;

4° Qu'ils n'offenseraient jamais aucune personne malicieusement ni n'usurperaient le bien d'autrui, mais plutôt qu'ils combattraient contre ceux qui le feraient ;

5° Que l'avarice, la récompense, le gain et le profit, ne les obligeraient à faire aucune action, mais la seule gloire et vertu ;

6° Qu'ils combattraient pour le bien et pour le profit de la chose publique ;

7° Qu'ils tiendraient et obéiraient aux ordres de leurs généraux et capitaines qui auraient droit de leur commander ;

8° Qu'ils garderaient l'honneur, le rang et l'ordre de leurs compagnons, et qu'ils n'empiéteraient rien par orgueil, ni par force sur aucun d'iceux ;

9° Qu'ils ne combattraient jamais accompagnés contre un seul, et qu'ils fuiraient toutes fraudes et supercheries ;

10° Qu'ils ne porteraient qu'une épée, à moins qu'ils

ne fussent obligés de combattre contre deux ou plusieurs;

11° Que dans un tournoi, ou autre combat *à plaisance*, ils ne se serviraient jamais de la pointe de leurs épées;

12° Qu'étant pris en un tournoi prisonniers, ils seraient obligés, par leur foi et par leur honneur, d'exécuter de point en point les conditions de l'emprise; outre qu'ils seraient obligés de rendre aux vainqueurs leurs armes et leurs chevaux, s'ils les voulaient avoir, et ne pourraient combattre en guerre ni ailleurs sans leur congé;

13° Qu'ils garderaient la foi inviolablement à tout le monde, et particulièrement à leurs compagnons, soutenant leur honneur et profit entièrement en leur absence;

14° Qu'ils s'aimeraient et s'honoreraient les uns les autres, et se porteraient aide et secours toutes les fois que l'occasion se présenterait;

15° Qu'ayant fait vœu ou promesse d'aller en quelque queste ou aventure étrange, ils ne quitteraient jamais les armes, si ce n'est pour le repos de la nuit;

16° Qu'en la poursuite de leur queste ou aventure, ils n'éviteraient point les mauvais et périlleux passages, ni ne se détourneraient du droit chemin, de peur de rencontrer des chevaliers puissans, ou des monstres, bêtes sauvages, ou autre empêchement, que le corps et le courage d'un seul homme peut mener à chef;

17° Qu'ils ne prendraient jamais aucun gage ni pension d'un prince étranger;

18° Que commandant des troupes de gendarmerie, ils vivraient avec le plus d'ordre et de discipline qui leur serait possible, et notamment en leur propre pays où ils ne souffriraient jamais aucun dommage ni violence être faits;

19° Que, s'ils étaient obligés à conduire une dame ou damoiselle, ils la serviraient, la protégeraient et la sauveraient de tout danger et de toute offense, ou ils mourraient à la peine;

20° Qu'ils ne feraient jamais violence à dames ou à damoiselles, encore qu'ils les eussent gagnées par armes, sans leur volonté et consentement;

21° Qu'étant recherchés de combat pareil, ils ne le refuseraient point, sans plaie, maladie, ou autre empêchement raisonnable;

22° Qu'ayant entrepris de mettre à chef une emprise, ils y vaqueraient an et jour, s'ils n'en étaient rappelés pour le service du roi et de leur patrie;

23° Que s'ils faisaient un vœu pour acquérir quelque honneur, ils ne s'en retireraient point qu'ils ne l'eussent accompli, ou l'équivalent;

24° Qu'ils seraient fidèles observateurs de leur parole et de leur foi donnée, et qu'étant pris prisonniers en bonne guerre, ils paieraient exactement la rançon promise, ou se remettraient en prison au jour et temps convenu, selon leur promesse, à peine d'être déclarés infâmes et parjures;

25° Que, retournés à la cour de leur souverain, ils rendraient un véritable compte de leurs aventures, encore même qu'elles fussent quelquefois à leur désavantage, au roi et au greffier de l'ordre, sous peine d'être privés de l'ordre de chevalerie;

26° Que sur toutes choses, ils seraient fidèles, courtois, humbles, et ne failliraient jamais à leur parole, pour mal ou perte qui leur en pût advenir [1].

Certes, Messieurs, il y a dans cette série de

[1] *Le vrai Théâtre d'honneur et de chevalerie*, par Vulson de la Colombière; in-f., t. 1, p. 22.

sermens, dans les obligations imposées aux chevaliers, un développement moral bien étranger à la société laïque de cette époque. Des notions morales si élevées, souvent si délicates, si scrupuleuses, surtout si humaines, et toujours empreintes du caractère religieux, émanent évidemment du clergé. Le clergé seul alors pensait ainsi des devoirs et des relations des hommes. Son influence fut constamment employée à diriger vers l'accomplissement de ces devoirs, vers l'amélioration de ces relations, les idées et les coutumes qui avaient enfanté la chevalerie. Elle n'a point été, comme on l'a dit, instituée dans ce dessein, pour la protection des faibles, le rétablissement de la justice, la réforme des mœurs; elle est née, je le répète, simplement, sans dessein, comme une conséquence naturelle des traditions germaniques et des relations féodales. Mais le clergé s'en est aussitôt emparé, et s'en est fait un moyen pour travailler à établir dans la société la paix, dans la conduite individuelle une moralité plus étendue et plus rigoureuse, c'est-à-dire pour avancer dans l'œuvre générale qu'il poursuivait.

Les canons des conciles du XIe au XIVe siècle, si j'avais le temps de vous y arrêter, vous montreraient aussi le clergé jouant dans l'histoire de la chevalerie ce même rôle, appliqué à amener le même résultat.

A mesure qu'il y réussissait, à mesure que la chevalerie apparaissait de plus en plus sous un caractère à la fois guerrier, religieux et moral, en même temps conforme et supérieur aux mœurs réelles, elle envahissait et exaltait de plus en plus l'imagination des hommes ; et de même qu'elle s'était intimement liée à leurs croyances, elle devint bientôt l'idéal de leurs pensées, la source de leurs plus nobles plaisirs. La poésie s'en empara comme la religion. Dès le XIe siècle, la chevalerie, ses cérémonies, ses devoirs, ses aventures, furent la mine où puisèrent les poètes pour charmer les peuples, pour satisfaire et exciter à la fois ce mouvement d'imagination, ce besoin d'événemens plus variés, plus saisissans, d'émotions plus élevées et plus pures que n'en peut fournir la vie réelle. Car, dans la jeunesse des sociétés, la poésie n'est pas seulement un plaisir, un passe-temps national ; elle est aussi un progrès ; elle élève et développe la nature morale des hommes, en même temps qu'elle les amuse et les ébranle. Je viens de vous dire quels sermens les chevaliers prêtaient entre les mains des prêtres. Voici une vieille ballade qui vous fera voir que les poètes leur imposaient les mêmes devoirs, les mêmes vertus, et que l'influence de la poésie tendait au même but que celle de la religion. Elle est tirée des poésies manuscrites d'Eustache Deschamps, et citée par M. de Sainte-Palaye:

Vous qui voulez l'ordre de chevalier,
Il vous convient mener nouvelle vie;
Devotement en oraison veillier,
Pechié fuir, orgueil et villenie :
L'Église devez deffendre;
La vefve, aussi l'orphenin entreprendre;
Estre hardis et le peuple garder;
Prodoms, loyaulx sanz rien de l'autruy prendre.
Ainsi se doit chevalier gouverner.

Humble cuer ait; toudis [1] doit travailler
Et poursuir faitz de chevalerie;
Guere loyal, estre grand voyagier,
Tournoiz suir [2] et jouster pour sa mie.
Il doit à tout honneur tendre,
Si c'om ne puist de lui blasme repandre,
Ne laschété en ses œuvres trouver;
Et entre touz se doit tenir le mendre;
Ainsi se doit gouverner chevalier.

Il doit amer son seigneur droiturier,
Et dessus touz garder sa seigneurie;

---

[1] Toujours. — [2] Suivre.

Largesse avoir, estre vrai justicier;
Des prodomes suir la compaignie,
Leurs diz oir et aprendre,
Et des vaillands les prouesses comprandre,
Afin qu'il puist les grands faitz achever,
Comme jadis fist le roy Alexandre.
Ainsi se doit chevalier gouverner [1].

On a beaucoup dit que tout cela était de la poésie pure, une belle chimère, sans rapport avec la réalité. Et en effet, quand on regarde à l'état des mœurs dans ces trois siècles, aux incidens journaliers qui remplissaient la vie des hommes, le contraste entre les devoirs et les actions des chevaliers est choquant. L'époque qui nous occupe est, sans nul doute, une des plus brutales, des plus grossières de notre histoire; une de celles où l'on rencontre le plus de crimes, de violences; où la paix publique était le plus incessamment troublée; où le plus grand désordre régnait dans les mœurs. A qui ne tient compte que de l'état positif et pratique de la société, toute cette poésie, toute cette morale de la chevalerie apparaît comme un pur mensonge. Et cependant on ne saurait

[1] *Poésies manuscrites d'Eustache Deschamps*, dans Sainte-Palaye, *Mémoires sur la chevalerie*, t. 1, p. 144.

nier que la morale, la poésie chevaleresque n'existent à côté de ces désordres, de cette barbarie, de tout ce déplorable état social. Les monumens sont là ; le contraste est choquant, mais réel.

C'est précisément ce contraste, Messieurs, qui fait le grand caractère du moyen âge. Reportez votre pensée vers d'autres sociétés, vers la société grecque ou romaine, par exemple, vers la première jeunesse de la société grecque, vers son âge héroïque dont les poëmes, qui portent le nom d'Homère, sont un fidèle miroir. Il n'y a rien là qui ressemble à cette contradiction qui nous frappe dans le moyen âge. La pratique et la théorie des mœurs sont à peu près conformes. On ne voit pas que les hommes aient des idées beaucoup plus pures, plus élevées, plus généreuses que leurs actions de tous les jours. Les héros d'Homère ne paraissent pas se douter de leur brutalité, de leur férocité, de leur égoïsme, de leur avidité ; leur science morale ne vaut pas mieux que leur conduite ; leurs principes ne dépassent pas leurs actes. Il en est de même de presque toutes les autres sociétés, dans leur forte et turbulente jeunesse. Dans notre Europe, au contraire, dans ce moyen âge que nous étudions, les faits sont habituellement détestables ; les crimes, les désordres de tout genre abondent ; et cependant les hommes ont dans l'esprit, dans l'imagination, des instincts, des désirs élevés, purs ; leurs notions de vertu sont beaucoup plus développées, leurs idées de justice incomparablement meilleures que ce qui se pratique autour d'eux, que ce qu'ils pratiquent souvent eux-mêmes. Un certain idéal moral plane au-dessus de cette société grossière, orageuse, et attire les regards, obtient les respects des hommes dont la vie n'en reproduit guère l'image. Il faut, sans nul doute, ranger le christianisme au nombre des principales causes de ce fait : c'est précisément son caractère, de travailler à inspirer aux hommes une grande ambition morale, de tenir constamment sous leurs yeux un type infiniment supérieur à la réalité humaine, et de les exciter à le reproduire. Mais quelle que soit la cause, le fait est indubitable. On le rencontre partout au moyen âge, dans les poésies populaires comme dans les exhortations des prêtres. Partout la pensée morale des hommes s'élève et aspire fort au-dessus de leur vie. Et gardez-vous de croire que, parce qu'elle ne gouvernait pas immédiatement les actions, parce que la pratique démentait sans cesse et étrangement la théorie, l'influence de la théorie fût nulle et sans valeur. C'est beaucoup que le jugement des hommes sur les actions humaines ; tôt ou tard il devient efficace : « J'aime mieux une » mauvaise action qu'un mauvais principe, » dit quelque part Rousseau, et Rousseau a raison ; une mauvaise action peut demeurer isolée ; un mauvais principe est toujours fécond ; car, après tout, c'est l'esprit qui gouverne, et l'homme agit selon sa pensée bien plus souvent qu'il ne le croit lui-même. Or, au moyen âge, Messieurs, les principes valaient infiniment mieux que les actions. Jamais peut-être, par exemple, les rapports des hommes avec les femmes n'ont été plus licencieux, et jamais pourtant l'honnêteté des mœurs n'a été plus recommandée et décrite avec plus d'estime et de charme. Et les poètes n'étaient pas seuls à la célébrer ; elle n'était pas seulement une matière de louanges et de chants ; on reconnaît, par une foule de témoignages, que le public pensait comme parlaient les poètes, et portait, sur ce genre d'actions, le même jugement. Permettez-moi de vous lire ici un vieux fragment cité par * M. de Sainte-Palaye, et où l'esprit moral de cette époque me paraît empreint :

Le tems de lors, dit il, etait en paix, et demenaient

grant festes et grant joyeusetés, et toutes manières de chevalerie de dames et damoiselles se assemblaient là où ils sçavaient les festes qui étaient faictes menu et souvent. Et là venaient par grand honneur les bons chevaliers de celluy tems. Mais s'il advenait par aucune adventure que dame ne (*ou*) damoiselle que eut mauvais renom, ne qui fut blasmée de son honneur, se mist avec une bonne dame ou damoiselle de bonne renommée, combien qu'elle feust plus gentil-femme, ou eust plus noble et plus riche mary, tantost ces bons chevaliers de leurs droits n'avaient point de honte de venir à elles devant tous, et de prendre les bonnes et de les mettre au-dessus des blasmées, et leur disaient devant tous : « Dame, ne vous déplaise se cette dame ou damoiselle » va devant, car combien qu'elle ne soit pas si noble, ou si » riche comme vous, elle n'est point blasmée, ains est mise » au nombre des bonnes, et ains ne dit l'on pas de vous, » dont il me déplaist; mais l'en fera l'honneur à qui l'a » desservi (mérité) et ne vous en me reveillez pas. » Ainsi parlaient les bons chevaliers, et mettaient les bonnes et de bonne renommée les premières, dont elles merciaient Dieu ou leur cueur, de elles estre tenues nettement, par quoy elles étaient honorées et mises devant. Et les autres se prennaient au nez et baissaient le visage, et recevaient de grant vergognes. Et pour ce estait bon exemple à toutes gentils-femmes, car pour la honte qu'elles oyaient dire des autres femmes, elles doubtaient et craignaient de faire mal à point. Mais, Dieu mercy, aujourd'huy on porte aussi bien honneur aux blasmées comme aux bonnes, dont maintes y prennent mal exemple, et dient que c'est tout ung, et que l'on porte aussi grant honneur à celles qui sont blasmées et diffamées comme l'on en fait aux bonnes ; il n'y a force à mal faire; tout se passe : mais toutes fois c'est mal dit et mal pensé, car en bonne foy combien qu'en leur présence on leur face honneur et courtoysie, quand l'en est parti, d'elles l'en sen bourde. Mais je pense que c'est mal fait et qu'il vaulseit encore mieux devant tous leur montrer leurs fautes et folies, comme on faisait en celluy tems dont je vous ai parlé. Et je vous diray encore plus comme j'ai oui raconter à plusieurs chevaliers qui virent celluy messire Geoffroy qui disait que, quand il chevauchait par les champs, et il veoit le chasteau ou manoir de quelque dame, il demandait toujours à qui il estait, et quant on lui disait : *il est à celle*, se la dame estait blasmée de son honneur, il se fust tort avant (détourné) d'une demi-lieue qu'il ne fust venu devant la porte; et là prenait un petit de croye qu'il portait, et notait cette porte, et en faisait ung signet et s'en venait. Et aussi au contraire quant il passait devant l'hostel de dame ou damoiselle de bonne renommée, se il n'avait trop grant haste, il la venait veoir et huchait : « Ma bonne » amye, ou ma bonne dame ou damoiselle, je prie à Dieu » que en ce bien et en cest honneur il vous veuille mainte- » nir au nombre des bonnes; car bien devez estre louée et » honorée. » Et par celle voye les bonnes se craignaient et se tenaient plus fermes de faire chose dont elles peussent perdre leur honneur et leur estat. Si vouldroye que celluy tems fust revenu, car je pense qu'il n'en serait pas tant de blasmées comme il est à présent [1].

Je ne garantis point, à coup sûr, l'authenticité de tous ces détails; le romanesque se mêle

[1] Sainte-Palaye, *Mém. sur la chevalerie*, t. 1, p. 147.

toujours au réel dans les documens de cette époque; mais ce qui importe ici, c'est l'état des notions morales; or, elles apparaissent belles et pures au milieu de la licence et de la grossièreté des actions.

C'est là, Messieurs, le grand caractère de la chevalerie; c'est par là qu'elle tient une grande place dans l'histoire de notre civilisation. Si on la considère, non sous le point de vue moral, mais sous le point de vue social, non comme idée, mais comme institution, elle est peu de chose; ce n'est pas qu'elle n'ait fait beaucoup de bruit et amené beaucoup d'événemens, mais elle n'était point une institution véritable, spéciale. Les seigneurs, les possesseurs de fiefs étaient seuls chevaliers, avaient seuls le droit de le devenir. Il en était un peu autrement dans le midi de la France; là, les bourgeois aussi étaient souvent chevaliers, et la chevalerie n'était pas purement féodale. Dans le nord même, des exceptions se rencontrent; mais ce sont des exceptions contre lesquelles on proteste, et qui donnent même lieu à des accusations, à des interdictions légales. Les chevaliers ne formaient pas une classe à part, qui eût dans la société des fonctions, des devoirs distincts. La chevalerie était une dignité féodale, un caractère que recevaient la plupart des possesseurs de fiefs, à un certain âge et sous certaines conditions. Elle a joué un grand rôle, plus grand et plus long, à mon avis, qu'on ne se le figure, dans le développement moral de la France; elle a tenu, dans le développement social, peu de place et possédé peu de consistance.

Aussi ne dura-t-elle pas long-temps. Dès le XIVe siècle, la chevalerie proprement dite, telle que je viens de la décrire avec ces cérémonies, ces sermens, ces idées, qui la caractérisaient au XIIe siècle, était en pleine décadence. Dans son *Histoire des Français des divers États*, M. Monteil a essayé de peindre cette décadence, en faisant écrire par son cordelier, frère Jean, établi au château de Montbazon, la lettre que voici :

On ne voit aujourd'hui que bien rarement des chevaliers errans : on en voit cependant encore quelquefois. Il en est venu un qui a sonné du cor devant la grande porte du château; le trompette n'ayant pas répondu, comme il est prescrit en pareil cas, le chevalier a tourné bride et s'est éloigné. Les pages ont couru après lui, et, à force d'excuses sur l'impéritie du trompette, ils sont parvenus à le ramener. Pendant ce temps, les dames s'étaient parées, avaient déjà pris place sur leurs siéges, et faisaient en attendant de la tapisserie. La dame de Montbazon était vêtue d'une robe rebrochée d'or, qui était dans la maison depuis plus d'un siècle. La douairière, coiffée d'une aumusse, comme dans sa jeunesse, avait mis les plus riches fourrures. Entre le chevalier, entre l'écuyer, l'un et l'autre tout couverts de plaques de laiton, faisant à peu près le même bruit que des mulets chargés d'ustensiles de cuivre mal agencés. Le chevalier, ayant ordonné à son écuyer de lui ôter le casque, nous a montré une tête moitié chauve, moitié garnie de cheveux blancs : son œil gauche était caché sous un morceau de drap vert, de la couleur de ses habits. Il avait fait vœu, a-t-il dit, de ne voir que du côté droit et de ne manger que du côté gauche, jusqu'après l'accomplissement de son entreprise. Les dames lui ont proposé de se rafraîchir ; pour toute réponse, il s'est jeté à leurs pieds, leur jurant à toutes, à la plus vieille comme à la plus jeune, un éternel amour, leur disant que bien que ses armes fussent de la meilleure trempe, elles ne pourraient le défendre de leurs traits, qu'il en mourrait, qu'il s'en sentait mourir, que c'en était fait, et mille autres niaiseries pareilles. Comme il insistait, surtout vis-à-vis de la jeune dame, dont à plusieurs reprises il baisait les mains, l'impatience m'a pris ; le commandeur s'en est aperçu. « Bon, m'a-t-il dit, ces vieux fous ont leurs formes et leur style, ainsi que les tabellions. Soyez d'ailleurs tranquille : peut-être ne passera-t-il pas ici la journée. » Effectivement, il est parti quelques heures après [1].

Il y a là, sans doute, beaucoup de caricature, et sans *Don Quichotte*, frère Jean n'aurait rien écrit de semblable. Cependant le fond de la lettre est vrai. Dès le XIVe siècle, la chevalerie

[1] *Histoire des Français des divers États*, *etc.*, t. I, p. 145.

féodale avait changé de caractère; l'enthousiasme de ses premiers temps était tombé. Un témoin plus irrécusable que M. Monteil, un témoin officiel et contemporain, le roi Jean, l'atteste lui-même en 1352, lorsqu'en créant l'ordre des Chevaliers de l'Étoile, il en donne les motifs suivans :

Jean, par la grâce de Dieu, roi des Français : Entre les diverses sollicitudes de notre esprit, nous avons souvent et plus de vingt fois pensé que, dans les temps anciens, la chevalerie de notre royaume brillait dans le monde entier par sa bravoure, sa noblesse et sa vertu; à ce point que, moyennant l'aide de Dieu, et avec l'appui des fidèles serviteurs de ladite chevalerie qui leur prêtaient sincèrement et unanimement la force de leurs bras, nos prédécesseurs ont remporté la victoire sur tous les ennemis qu'il leur a plu d'attaquer, qu'ils ont ramené à la pureté de la vraie foi catholique une infinité de gens que, par ses ruses, le perfide ennemi du genre humain avait entraînés dans l'erreur, et qu'enfin ils ont rétabli dans le royaume la sécurité et la paix. Mais par la longue suite des temps, quelques-uns desdits chevaliers, soit qu'ils aient perdu l'habitude des armes, soit par d'autres causes que nous ignorons, se sont, de nos jours, adonnés plus que de coutume à l'oisiveté ou à de vaines affaires, et négligeant leur honneur et la renommée, se sont laissé aller à ne s'occuper que de leur intérêt privé. C'est pourquoi, nous rappelant les temps anciens et les glorieux gestes desdits fidèles chevaliers....., nous avons résolu de ramener nos fidèles d'aujourd'hui et à venir....., à la gloire de l'ancienne noblesse et chevalerie....., de telle sorte que cette fleur de chevalerie qui, pendant quelque temps et par les causes susdites, a langui et perdu quelque chose de son éclat, se relève et brille de nouveau pour la gloire de notre royaume, etc., etc.[1].

Et vers la fin du même siècle :

Lorsque Charles VI conféra la chevalerie, à Saint-Denis, en 1389, au jeune roi de Sicile et au comte du Maine, ces princes, qui étaient frères, comparurent pour faire la veille des armes, dans un équipage aussi modeste qu'extraordinaire, afin de garder les anciennes coutumes de la réception des nouveaux chevaliers, qui les obligeaient à paraître en jeunes écuyers. Cela sembla étrange à beaucoup de gens, parce qu'il y en avait fort peu qui sussent que c'était l'ancien ordre de pareille chevalerie[2]. »

Ce n'est pas, Messieurs, que la chevalerie fût morte ; elle avait enfanté les Ordres religieux militaires, les Templiers, les chevaliers de Saint-Jérusalem, les chevaliers Teutoniques. Elle commençait à enfanter les Ordres de cour, les cordons, les chevaliers de rang et de parade. Elle devait figurer encore long-temps dans la

[1] Ordonnance du roi Jean, oct. 1352 ; *Recueil des Ord.*, t. IV, p. 116.

[2] *Sainte-Palaye*, t. I, p. 146.

vie et le langage de la société française ; mais la chevalerie proprement dite, originaire, la vraie chevalerie féodale avait dépéri comme la féodalité elle-même. C'est entre les XIe et XIVe siècles qu'il faut la chercher, et elle y a paru sous les traits que je viens de vous décrire.

SEPTIÈME LEÇON.

De l'état de la population agricole, ou du village féodal.— Sa condition paraît long-temps stationnaire. — Fut-elle fort changée par l'invasion des barbares et l'établissement du régime féodal? — Erreur de l'opinion commune à ce sujet. — Nécessité d'étudier l'état de la population agricole dans les Gaules, avant l'invasion, sous l'administration romaine. — Sources de cette étude. — Distinction entre les colons et les esclaves. — Différences et ressemblances de leur condition. — Relations des colons 1° avec les propriétaires; 2° avec le gouvernement. — Comment on devenait colon. — De l'origine historique de la classe des colons. — Incertitude des idées de M. de Savigny. — Conjectures.

MESSIEURS,

Nous nous sommes tenus jusqu'ici dans les régions supérieures de la société féodale. Nous avons vécu au milieu des maîtres du sol, des souverains de ses habitans : et quoique nous ayons trouvé dans leur situation, dans leur genre de vie, de grands obstacles au mouvement social, au développement de la civilisation ; quoique les documens nous aient souvent manqué pour suivre pas à pas, et dans leurs divers degrés, les progrès qui se sont péniblement et lentement accomplis dans ces petites sociétés si isolées et de si difficile accès, cependant ces progrès ne nous ont point échappé ; nous avons clairement reconnu que, dans l'intérieur même du château, on n'était pas resté stationnaire ; que d'importantes modifications, des révolutions véritables avaient eu lieu dans les relations et les dispositions de ses habitans. Nous en avons, si je ne m'abuse, démêlé les principales causes, le caractère dominant, et de loin en loin déterminé le cours.

Nous allons descendre au pied du château, dans ces chétives demeures où vit la population sujette qui en cultive les domaines. Sa situation ne ressemble en rien à celle des habitans du château. Rien ne la défend, ne la met à l'abri ; elle est exposée à tous les périls, en proie à de continuelles vicissitudes ; c'est sur elle et à ses dépens qu'éclatent tous les orages qui remplissent la vie de ses maîtres. Jamais peut-être population n'a vécu plus complètement dépourvue de paix et de sécurité, livrée à un mouvement plus violent et plus incessamment renouvelé. En même temps, sa condition paraît stationnaire; pendant long-temps on n'y aperçoit aucun changement général et notable : à travers tous les bouleversemens qui viennent sans cesse la frapper, on la retrouve presque toujours la même, beaucoup plus immobile, plus étrangère au mouvement social que la petite société qui habite au-dessus d'elle, derrière les remparts et les fossés du château.

Il n'y a rien là que de fort naturel, et qui ne s'explique, vous le pressentez facilement, par la situation même de la population agricole, livrée à toutes les chances des événemens et de la force. Le progrès de la civilisation veut de la liberté et de la paix. Là où manquent ces deux conditions, il se peut que des hommes vivent, mais ils n'avancent point; les générations se succèdent, mais sur place, sans se dépasser.

Cependant, faut-il ici se fier complètement aux apparences? Les documens nous manquent encore bien davantage sur l'histoire de la population agricole et sujette que sur celle de la population guerrière et souveraine. Est-ce parce que les documens nous manquent, qu'elle nous paraît ainsi stationnaire, ou bien son immobilité est-elle réelle et aussi grande qu'elle le paraît?

Je la crois réelle, Messieurs, et même plus longue et de plus ancienne date qu'on ne le pense communément.

C'est une opinion généralement répandue et soutenue dans une foule d'écrits, que le déplorable état de la population agricole sur notre territoire, sa servitude, sa misère datent de l'invasion des barbares; que la conquête et le développement progressif du régime féodal changèrent complètement sa condition, la plongèrent dans celle où nous la trouvons du VIe au XIIe siècle; que là réside la véritable cause de l'immobilité qui la caractérise.

En vain cette opinion a été combattue, naguère même, par plusieurs personnes, notamment par M. de Montlosier, dans son *Histoire de la monarchie française*. Leur argumentation, et non sans motifs, a semblé partiale, passionnée, incomplète, dirigée dans l'intérêt d'une classe et d'une cause, et l'idée ancienne est demeurée dominante. On persiste à croire, en général, qu'à partir du Ve siècle la conquête a bouleversé la condition des campagnes de la Gaule, et réduit leurs habitans à un degré d'abaissement et de misère jusque là inconnu.

Je ne crois pas, Messieurs, que cette opinion soit fondée; à mon avis, les invasions et la conquête des barbares ont fait souffrir à la population agricole des maux cruels, sans cesse renouvelés, des maux bien plus poignans que ce qu'elle avait à supporter sous l'administration romaine; mais au fond sa condition sociale en a été, je crois, assez peu changée; elle était, avant l'invasion et sous l'Empire, à peu près telle qu'elle nous apparaît dans les siècles suivans; ses vices et son immobilité datent de beaucoup plus loin que la conquête germanique, et il ne faut pas imputer à la féodalité seule un mal qu'elle a souvent aggravé, mais qu'elle n'a point créé, et qui peut-être même, sous le régime antérieur, se serait perpétué plus long-temps.

Pour résoudre une telle question, pour apprécier, selon la vérité, ce qui arriva de la population agricole sur notre territoire, du ve au xive siècle, il est indispensable de savoir quelle était sa condition avant l'invasion, lorsque l'Empire était encore debout.

Nous avons donc à étudier : 1° l'état de la population agricole en Gaule, sous l'administration romaine, dans les IVe et Ve siècles; 2° les changemens apportés à cet état par la conquête germanique et l'établissement féodal, du Ve au XIVe siècle.

C'est de la première question seulement que nous nous occuperons aujourd'hui.

Elle a été assez négligée ; vous en voyez d'ici les causes. Les campagnes jouaient un petit rôle dans la société romaine. La prépondérance des cités était immense. Aussi l'érudition et la critique ont-elles porté tous leurs efforts sur le régime intérieur des cités et la condition de la population urbaine, tandis que la population agricole en a à peine obtenu quelques regards. Les hommes même à qui la spécialité de leurs études ne semblait pas permettre de la négliger, les jurisconsultes, s'en sont peu inquiétés. Les principaux monumens de la législation romaine, ceux qui ont été l'objet des travaux les plus nombreux et les plus attentifs, les Institutes notamment, ne parlent point de la population agricole, du moins de la classe qui en formait la plus grande partie. Quelques passages se rencontrent dans les Pandectes, mais rares et peu développés; l'attention des jurisconsultes n'a donc pas été naturellement appelée sur cette question; les uns n'en ont parlé qu'en passant; les autres ont passé à côté sans la voir.

Cependant les documens originaux ne manquent point; la législation romaine contient à ce sujet un assez grand nombre de dispositions. Voici l'indication des sources où la plupart sont réunies :

1° Code Théodosien, liv. v, tit. 9 : *de fugitivis colonis, inquilinis et servis.*
10 : *de inquilinis et colonis.*
11 : *ne colonus, inscio domino, suum alienet vel peculium, vel litem inferat ei civilem.*

2° Code de Justinien, liv. xi, tit. 47 : *de agricolis et censitis et colonis.*
49 : *in quibus causis coloni censiti dominos accusare possint.*
50 : *de colonis Palæstinis.*
51 : *de colonis Thracensibus.*
52 : *de colonis Illyricianis.*
63 : *de fugitivis colonis*, etc.
67 : *de agricolis et mancipiis dominicis, vel fiscalibus reipublicæ vel privatæ.*

3° Novelles de Justinien. Nov. 54 : *quæ ex adscriptitio et libera natos, liberos esse non vult*, etc.

Nov. 156 : *de prole partienda inter rusticos.*

157 : *de rusticis qui in alienis prædiis nuptias contrahunt.*

162 : c. 2, 3.

4° Constitution de Justinien : *de adscriptitiis et colonis.*

— de l'empereur Justin : *de filiis liberarum.*

— de l'empereur Tibère Constance : *de filiis colonorum.*

Vous voyez, Messieurs, que si l'étude a manqué, il y avait cependant matière à étude. Les textes que je viens de vous indiquer et quelques autres documens ont été examinés et résumés avec beaucoup de soin dans une dissertation de M. de Savigny, insérée dans son *Journal pour la science historique du droit*, qui paraît à Berlin [1]; dissertation où se retrouvent quelques-uns des défauts de l'auteur, c'est-à-dire l'absence de vues et de conclusions générales, mais où abondent aussi ses mérites, l'exactitude des recherches, la critique éclairée des textes et la précision des résultats. J'en tirerai une grande partie de ce que je mettrai aujourd'hui sous vos yeux.

[1] Tom. VI, cahier 3e, p. 273-320. Berlin, 1828.

Cette dissertation est intitulée : *Sur le colonat romain.* Le nom de *colons* était en effet celui que portait une grande partie de la population agricole de l'Empire : *coloni, rustici, originarii, adscriptitii, inquilini, tributarii, censiti*, tous ces mots désignent une même condition sociale, une classe spéciale qui habite les campagnes et se livre aux travaux agricoles.

Les hommes de cette classe ne sont point des esclaves ; ils en diffèrent même essentiellement, et par plusieurs caractères.

1° Les lois les opposent souvent aux esclaves, les en distinguent positivement. Voici un texte qui le prouve :

> Afin qu'on ne demeure pas plus long-temps incertain sur la question de savoir de quelle condition est l'enfant né d'une colone et d'un homme libre, ou d'une colone et d'un esclave, ou d'un colon et d'une esclave, etc. [1].

Je pourrais multiplier ces citations ; mais, en général, pour ne pas ralentir notre marche, je me contenterai d'indiquer, à l'appui de mes assertions, le texte le plus clair et le plus formel.

2° Non-seulement la loi romaine distingue

[1] *Cod. Just.*, l. XI, tit. 47, l. 21.

les colons des esclaves, mais souvent elle qualifie formellement les premiers des noms de *libres, ingénus :*

Que les colons soient liés par le droit de leur origine, et bien que, par leur condition, ils paraissent des ingénus, qu'ils soient tenus pour serfs de la terre sur laquelle ils sont nés [1].

3° Les colons contractaient de véritables mariages, un mariage légal, qui donnait à leur femme le titre d'*uxor*, et à leurs enfans tous les droits de la légitimité :

Si des colons ont pris pour épouses (*uxores sibi conjunxerint*) des femmes libres, etc. [2].

Or, vous savez que, dans la société romaine, les esclaves ne se mariaient pas légalement, pas plus que ne font encore les nègres dans beaucoup de colonies.

4° Il y a des lois qui, en infligeant certains châtimens aux colons, les assimilent, pour ce cas seulement, aux esclaves; assimilation qui emporte la distinction en général :

Il convient que désormais les colons qui auront mé-

---

[1] *Cod. Just.*, tit. 51, l. *unic.*

[2] *Ibid.*, tit. 47, l. 24.

dité de s'enfuir soient chargés de fers à la façon des esclaves [1].

5° Les colons servaient dans les armées romaines, où n'étaient point reçus les esclaves. On assignait à chaque propriétaire un certain nombre de recrues à fournir, comme cela se pratique aujourd'hui en Russie; et il les prenait, comme font les seigneurs russes, parmi les colons de ses domaines [2].

6° Les colons étaient capables de propriété; on donnait à la leur le nom de *peculium*, comme à ce que pouvaient acquérir les esclaves; et, au premier aspect, la ressemblance paraît complète: mais, ainsi que le remarque avec raison M. de Savigny, le *pécule* des esclaves appartenait à leur maître, tandis que les colons possédaient vraiment le leur, sauf certaines restrictions dont je parlerai tout-à-l'heure.

Ce sont là, vous le voyez, entre les colons et les esclaves, des différences très-réelles, et qui faisaient du colonat une situation légale bien distincte, une classe à part dans la société.

Mais la liberté de cette classe était resserrée dans des limites fort étroites, et soumise à des

[1] *Cod. Théod.*, l. v, tit. 9, l. 1.

[2] *Ibid.*, l. vii, tit. 13, l. 7, 8.

conditions fort dures. Je vais les énumérer, comme j'ai énuméré les droits.

1° Les colons étaient attachés à la terre; leur définition légale le dit formellement: *servi terræ, glebæ inhærentes*. Ils ne pouvaient, sous aucun prétexte, quitter le domaine auquel ils appartenaient; et s'ils venaient à s'enfuir, le propriétaire avait le droit de les revendiquer, en quelque lieu qu'il les trouvât et dans quelque profession qu'ils se fussent engagés :

Nous ordonnons que les colons soient attachés à la glèbe, de telle sorte qu'ils ne puissent en être emmenés, même un moment [1].

Que tous les colons fugitifs, sans aucune distinction de sexe, de fonction et de condition, soient contraints, par les gouverneurs des provinces, de retourner dans les lieux où ils sont nés, ont été élevés, et paient le cens [2].

Le propriétaire pouvait même les revendiquer jusque dans les rangs du clergé. La législation varia un peu sur ce point. Il fut d'abord réglé que nul colon ne pouvait entrer dans le clergé, être ordonné clerc, si ce n'est dans l'église du lieu même où il habitait, afin qu'il ne

[1] *Cod. Just.*, tit. 47, l. 15.

[2] *Ibid.*, l. 6. Voy. aussi liv. 11, tit. 63, l. 1 et 3.

s'éloignât pas de la terre à laquelle il était attaché, et continuât à s'acquitter des devoirs auxquels il était tenu :

Dans les églises situées dans les domaines de quelque particulier, ou dans un village, ou dans quelque autre lieu, qu'on n'ordonne clercs que des hommes du lieu même, et non de quelqu'autre domaine, afin qu'ils continuent à porter le fardeau de la capitation [1].

On s'aperçut bientôt que, même ainsi restreinte, la faculté accordée aux colons tournait au détriment des propriétaires ; que les colons, devenus clercs, acquéraient plus de liberté, plus de consistance, et ne remplissaient plus aussi exactement leurs obligations. On interdit aux évêques d'ordonner clerc aucun colon sans le consentement du propriétaire :

Que nul homme soumis au cens ne reçoive la dignité de clerc contre le gré du propriétaire de la terre, et qu'il ne soit revêtu du sacerdoce que sous cette condition, fût-ce même dans le village où il habite [2].

Les réclamations et le crédit toujours croissant du clergé amenèrent bientôt une varia-

[1] *Cod. Théod.*, l. XVI, tit. 2, l. 33.
[2] *Cod. Just.*, l. I, tit. 3, l. 16.

tion nouvelle; on revint à l'ancien principe :

Nous permettons que les colons soient faits clercs, même sans le consentement de leur maître, dans les domaines auxquels ils sont attachés; de telle sorte cependant que, devenus clercs, ils s'acquittent toujours de la culture dont ils sont chargés [1].

Mais ces vicissitudes mêmes prouvent combien la condition des colons était faible et subordonnée, en général, aux intérêts des propriétaires. Aussi, quand ils tentaient de s'enfuir, étaient-ils, ainsi que les esclaves, considérés comme ayant voulu, selon la cruelle expression de la loi, se voler eux-mêmes à leurs maîtres :

Si un colon se cache ou s'efforce de se séparer de la terre où il habite, qu'il soit considéré comme ayant voulu se dérober frauduleusement à son patron, ainsi que l'esclave fugitif [2].

2° Ils étaient, comme les esclaves, sujets aux châtimens corporels; non pas aussi souvent que les esclaves, mais dans certains cas et à certains châtimens dont les hommes libres étaient

[1] *Nov. Just.*, 123, c. 17.

[2] *Cod. Just.*, tit. 47, l. 23.

exempts. Voulait-on, par exemple, extirper d'Afrique l'hérésie des Donatistes? on décrétait :

Quant aux esclaves, ou aux colons, l'admonition de leurs maîtres et des flagellations répétées les détourneront de cette perverse foi [1].

3° Les colons étaient aussi, comme les esclaves, privés de tout droit de plainte, de toute action civile contre leur patron, contre le propriétaire du sol. Deux cas seulement étaient exceptés : celui où le propriétaire exigeait d'eux une rente plus forte que ne l'avait fixée l'ancien usage; et celui de délit, de crime commis envers eux par leur patron. Dans l'un et l'autre cas, le colon pouvait réclamer auprès du magistrat, et intenter une action. La loi de Justinien est formelle :

De même que dans les affaires civiles, nous refusons aux colons toute action et plainte contre leurs maîtres et patrons (excepté en cas de *surexaction* de leur rente, selon ce que leur ont accordé les princes qui nous ont précédé), de même, en matière criminelle, qui est d'intérêt public, ils ont droit de poursuite en cas d'attentat contre eux-mêmes ou les leurs [2].

---

[1] *Cod. Théod.*, l. XVI, tit. 5, l. 52, 54. Voy. aussi *Cod. Just.*, l. XI, tit. 47, l. 24.

[2] *Cod. Just.*, l. XI, tit. 49, l. 2.

4° Bien que les colons fussent capables de propriété, cette propriété n'était pas complète, ni vraiment indépendante. Ils en jouissaient à leur gré, ils la transmettaient à leur famille, mais il leur était interdit de l'aliéner sans le consentement de leur maître :

Il a été souvent décrété qu'aucun colon ne pourrait vendre ni aliéner, d'aucune façon, quelque partie de son pécule à l'insu du maître de la terre qu'il habite [1].

Vous le voyez, Messieurs, bien que la condition des colons différât essentiellement de celle des esclaves, elle s'en rapprochait beaucoup, à certains égards, et ils ne jouissaient que d'une liberté fort restreinte ; M. de Savigny pense même, sans citer, il est vrai, aucun texte formel, que leur condition était, en un sens, pire que celle des esclaves, car il n'y avait, à son avis, aucun affranchissement pour les colons; ils étaient considérés comme devant rester toujours attachés à la glèbe, et leur patron même ne pouvait les en détacher par la voie de la manumission. Le colon ne devenait libre que

[1] *Cod. Just.*, l. XI, tit. 49, l. 2.

par la prescription; lorsqu'il avait joui pendant trente ans de la liberté sans être réclamé par aucun propriétaire, alors et seulement alors elle lui appartenait définitivement.

Quels étaient les avantages qui compensaient un peu pour les colons des conditions si dures? Quelles garanties leur étaient accordées contre la tyrannie des propriétaires de ce sol dont rien ne pouvait les détacher?

Deux principales.

La première, c'est que le propriétaire ne pouvait les séparer du domaine; la vente personnelle des colons était interdite; ils ne pouvaient être vendus qu'avec la terre, et la terre ne pouvait être vendue sans eux. Le possesseur ne pouvait pas non plus vendre la terre et retenir les colons pour les porter sur un autre domaine; la législation s'était même montrée, à ce sujet, prévoyante et attentive à déjouer les ruses par lesquelles on tentait de l'éluder :

Il n'est, en aucune façon, permis de vendre les colons (*originarios, rusticos censitosque servos*) sans la terre qu'ils habitent. Et qu'on ne s'avise pas, par fraude, comme on l'a souvent fait, de remettre à l'acheteur une petite portion de terre, en conservant la culture du domaine entier; mais lorsque tout le domaine, ou une partie déterminée, sera vendu, qu'il le soit avec autant de colons qu'il y en avait quand il appartenait au premier possesseur [1].

Elle avait aussi réglé ce qui devait arriver en cas de partage des terres, et pris, dans l'intérêt des colons, des mesures souvent invoquées, sans succès encore, au profit des nègres, dans plusieurs colonies :

Les partages de terres doivent se faire de telle sorte que chaque famille de colons appartienne tout entière au même possesseur. Qui pourrait supporter que des enfans fussent séparés de leurs parens, des sœurs de leurs frères, des femmes de leurs maris [2] ?

Les colons avaient donc là, en fait, sinon de liberté, du moins de sécurité, une véritable garantie.

En voici une seconde. La redevance qu'ils payaient au propriétaire du sol, redevance presque toujours constituée en denrées, et qu'on appelait *reditus*, *annuæ functiones*, ne pouvait en aucun cas être élevée ; elle devait rester toujours la même, fixée par l'ancien usage et

[1] *Cod. Just.*, l. XI, tit. 49, l. 7.

[2] *Ibid.*, l. III, tit. 38, l. 11.

indépendante de la volonté du propriétaire :

> Que tout colon de qui son maître exigera plus qu'il n'avait coutume, et qu'on n'exigeait de lui dans les temps antérieurs, s'adresse au premier juge qu'il pourra aborder, et prouve le fait, afin qu'on défende, au maître convaincu, d'exiger ainsi à l'avenir plus qu'il n'avait coutume de recevoir, et qu'on lui fasse rendre ce qu'il aura extorqué par un tel surcroît [1].

C'était là, pour des agriculteurs, un important avantage. La fixité de la redevance avait le même effet qu'on cherche à obtenir, dans les sociétés modernes, par l'immutabilité de l'impôt foncier. C'est un principe reconnu en économie politique que cette immutabilité est fort désirable; car toutes les améliorations que le propriétaire peut faire dans son domaine, tournent alors à son profit; l'État ne vient pas lui en demander une part; il ne craint pas, en augmentant son revenu, de le voir diminuer d'un autre côté. Les transactions, les mutations de propriété se font d'ailleurs avec pleine connaissance de cause et à l'abri de toute incertitude. Aussi range-t-on l'immutabilité de l'impôt foncier au nombre des causes les plus efficaces

[1] *Cod. Just.*, l. XI, tit. 49, l. 1.

de la prospérité agricole d'un pays, et l'Angleterre en est un exemple. Les colons jouissaient de cet avantage; et si d'autres circonstances n'en avaient atténué l'effet, il aurait peut-être contre-balancé, jusqu'à un certain point, les vices de leur condition.

Mais indépendamment de la rente qu'ils payaient au propriétaire du sol, les colons étaient assujétis envers l'État à une taxe moins fixe et plus onéreuse. Les deux grandes contributions de l'empire romain, pour le dire en passant, étaient une contribution foncière et une contribution personnelle. La contribution foncière était payée par les propriétaires, et la contribution personnelle, ou capitation, par tous les habitans du territoire. C'était au propriétaire foncier que l'État demandait la capitation; en lui adressant ce que nous appellerions la cote de sa taxe foncière, on y joignait le tableau de la capitation due par les habitans de ses domaines; il en faisait l'avance, et la recouvrait ensuite à ses risques et périls. Or, la capitation alla toujours croissant, et fut, soit de la part de l'État envers les propriétaires, soit de la part des propriétaires envers les colons, la source de vexations intolérables. Ainsi fut détruit, en grande partie du moins, le bénéfice que devaient retirer ces derniers de la fixité de leur redevance; et de là cette décadence de la population agricole, qui devança l'invasion des barbares, et en facilita le succès.

Tels sont, Messieurs, les principaux traits de la condition des colons. On appartenait à cette classe en vertu soit de l'origine, soit de la prescription, soit d'un contrat spécial et formel. Quant à l'origine, la condition de la mère déterminait, en général, celle des enfans. Cependant si le père était colon et la mère libre, le principe fléchissait; ou pour mieux dire la législation varia, et l'enfant suivit la condition tantôt du père, tantôt de la mère. A tout prendre, l'effort général de la législation était de retenir un aussi grand nombre d'individus qu'il se pouvait dans la classe des colons.

On y entrait aussi par la voie de la prescription; quiconque avait été colon trente ans, sans réclamer, ne pouvait plus s'en affranchir. Enfin, on devenait colon par une espèce de contrat, d'engagement personnel conclu avec un propriétaire, dont on recevait une certaine portion de terre à charge de s'y établir, de la cultiver, et d'acquitter toutes les charges attachées à l'état de colon, en en acquérant les droits.

On voit bien par là, Messieurs, comment la

classe des colons se perpétuait et même se recrutait dans l'Empire; mais on ne voit point comment elle s'était formée, quelle était l'origine de cette grande condition sociale, ni par quelles causes presque toute la population agricole, spécialement en Gaule et en Italie, avait été ainsi placée dans une condition mitoyenne entre la liberté et la servitude.

M. de Savigny n'a point ignoré cette importante question, mais il ne l'a point résolue; il en traite à la fin de sa dissertation, et ne fait guère que communiquer au lecteur ses incertitudes. Peut-être en effet est-il impossible d'arriver, sur ce point, à une solution précise et vraiment historique. Voici, à mon tour, quelques conjectures un peu moins réservées que celles de M. de Savigny, et qui cependant me paraissent probables.

Je ne vois que trois manières d'expliquer, au sein d'une société, la formation d'une classe comme celle des colons, la réduction de la population agricole à un tel état : 1° ou cet état a été le résultat de la conquête, de la force; la population agricole, vaincue et dépouillée, a été fixée au sol qu'elle cultivait, contrainte d'en partager les produits avec les vainqueurs; et les lois, les usages qui lui ont reconnu quelques droits, quelques garanties, ont été l'œuvre lente du temps et des progrès de la civilisation; 2° ou la population agricole, libre dans l'origine, a perdu peu à peu sa liberté par l'empire croissant d'une organisation sociale fort aristocratique, et qui a concentré de plus en plus aux mains des grands la propriété et le pouvoir; auquel cas l'abaissement et l'*immobilisation*, pour ainsi dire, des colons ont été l'œuvre, non de la conquête et d'une violence soudaine, mais du gouvernement et de la législation; 3° ou bien enfin l'existence d'une telle classe, la condition des colons, est un fait ancien, débris d'une organisation sociale primitive, naturelle, que n'avaient enfantée ni la conquête, ni une oppression savante, et qui s'est maintenue, en cela du moins, à travers les destinées diverses du territoire.

Cette dernière explication me paraît la plus probable, je dirai même la seule probable. Permettez-moi de vous rappeler quelques faits.

Quand j'ai traité de l'état social de la tribu germanique sédentaire et agricole [1], j'y ai signalé deux élémens: d'une part, la famille, le clan; de l'autre, la conquête, la force. Les descendans

[1] Leçon 3e de ce Cours, pag. 77 et suivantes.

de la même famille, les membres du clan étaient, vous l'avez vu, dans une condition assez analogue à celle des colons gallo-romains; ils habitaient les terres du chef de clan, sans aucun droit de propriété véritable, mais jouissant héréditairement du droit de les cultiver moyennant une redevance, et toujours prêts à se rallier autour du chef dont l'origine et la destinée étaient aussi les leurs. Telle est la condition dans laquelle paraît la population agricole partout où se rencontre cette organisation sociale qui porte le nom de *tribu*, *clan*, *sept*, etc., et qui dérive évidemment de l'extension progressive de la famille. Or, il y a lieu de croire qu'avant l'invasion romaine une partie de la population agricole des Gaules se trouvait dans cet état. Je ne puis m'arrêter ici aux détails, mais tout indique qu'antérieurement aux conquêtes de César, deux formes de société, deux influences se disputaient la Gaule. Des villes, des cités s'y formaient, puissantes, maîtresses autour de leurs murs d'un territoire considérable, et organisées municipalement, sinon à l'instar des municipalités romaines, du moins selon un système analogue. Dans les campagnes habitaient des chefs de tribu, de clan, entourés d'une population qui vivait sur leurs domaines et les suivait à la guerre. La plupart des grands chefs qui ont lutté contre César, Vercingétorix, par exemple, paraissent des chefs de clan dont la situation et les mœurs sont assez semblables à celles qu'on pouvait observer encore, il y a cent ans, dans la haute Écosse. On ne saurait, sans nul doute, arriver ici à la certitude : on est lancé sur la mer des conjectures. Tout indique cependant que le régime des clans a prévalu long-temps dans l'Europe occidentale, au sein des nations de cette race gaëlique, improprement appelée celtique, et qu'il existait encore, bien qu'altéré et combattu, dans les campagnes de la Gaule lorsque Rome vint les envahir.

Or, si la conquête romaine trouva en effet la population agricole gauloise dans un tel état, vivant sur les domaines de grands chefs, et les cultivant moyennant une redevance, l'origine des colons gallo-romains n'est-elle pas claire, et leur condition expliquée? Les chefs de clan furent exterminés; les conquérans se substituèrent à leur place, et la population agricole inférieure resta à peu près dans le même état. Elle perdit beaucoup sans doute, car des maîtres étrangers remplacèrent ses chefs nationaux; elle obéit à des vainqueurs au lieu de suivre des compatriotes; les liens primitifs, naturels, furent brisés, et les sentimens les plus chers à un peuple reçurent de cruelles atteintes. D'un autre côté, la domination romaine était plus régulière, plus habile que celle des chefs de clan gaulois; un ordre meilleur et plus stable s'introduisit dans les rapports des colons avec les propriétaires; et peut-être, à tout prendre, la condition des premiers (j'entends leur condition matérielle, celle-là seulement) eut-elle peu à souffrir de ce changement de souverains.

C'est là, je crois, l'explication la plus probable de l'état de la population agricole dans la Gaule sous l'administration romaine. Cet état ne fut, ce me semble, ni l'œuvre soudaine de la conquête, ni l'œuvre lente de la législation ; c'était un fait ancien, naturel, que les Romains avaient trouvé, et qui devait se perpétuer après eux.

Il n'avait, en effet, rien de singulier pour les nouveaux conquérans qui succédèrent à Rome; il était conforme au contraire à leurs habitudes, à leur propre état social. Les Germains aussi avaient des colons vivant sur leurs domaines, et les exploitant héréditairement moyennant une redevance. Il y avait donc lieu de présumer que l'état de la population agricole ne serait pas essentiellement changé, et que, sauf des modifications inévitables, il survivrait à cette seconde conquête comme à la première. En arriva-t-il ainsi en effet ? Cette question sera l'objet de notre prochaine réunion.

HUITIÈME LEÇON.

De l'état de la population agricole en Gaule du v. au xive siècle. — Il ne changea pas autant qu'on le pense communément. — Des deux principaux changemens qui dûrent s'y accomplir et s'y accomplirent en effet. — Insurrections des paysans aux xe et xie siècles. — Persistance de la distinction entre les colons et les serfs. — Progrès de la condition des colons du xie au xive siècle. — Preuves.

Au moment où M. Guizot est entré dans la salle, l'auditoire tout entier s'est levé, et des bravos et des applaudissemens extraordinaires ont éclaté. Dès qu'il a pu obtenir un moment de silence :

Messieurs, a-t-il dit, je vous remercie de tant de bienveillance; j'en suis vivement touché. Je vous demande deux choses : la première, de me la garder toujours; la seconde, de ne plus me la témoigner ainsi. Vous êtes de mon avis, j'en suis sûr. Rien de ce qui se passe au dehors ne doit retentir dans cette enceinte. Nous y venons faire de la science, de la science pure; elle est essentiellement impartiale, désintéressée, étrangère à tout événement extérieur, grand ou petit. Conservons-lui toujours ce caractère. J'espère que votre sympathie me suivra dans la nouvelle carrière où je suis appelé; j'oserai même dire que j'y compte. Votre attention silencieuse est ici la meilleure preuve que j'en puisse recevoir. Permettez-moi d'y compter aussi, et en toute occasion.

Le silence s'est à l'instant rétabli, et M. Guizot a commencé sa leçon.

MESSIEURS,

J'ai exposé, dans notre dernière réunion, l'état de la population agricole en Gaule sous l'administration romaine. Que devint-elle après l'invasion? D'abord, du ve au xe siècle, pendant l'époque qu'on peut appeler l'époque barbare; ensuite, du xe au xive siècle, pendant l'époque féodale? Changea-t-elle complètement de condition, ainsi qu'on l'a dit communément?

En soi-même, un tel changement n'était pas probable. Non-seulement la condition des colons était générale et bien établie dans la Gaule, établie en droit comme en fait, enracinée dans la législation comme dans la société; mais de plus, dans les derniers momens de l'Empire, et au milieu des incursions répétées des barbares, le nombre des colons s'accrut beaucoup. Un passage de Salvien, l'écrivain peut-être qui a peint le plus vivement la détresse sociale de cette époque, ne permet pas d'en douter :

Quelques-uns des hommes dont nous parlons, plus avisés, ou rendus plus avisés par la nécessité, dépouillés, par tant d'invasions, de leurs demeures et de leurs petits champs, ou chassés par les exacteurs, et ne pouvant plus y tenir, se rendent sur les terres des grands et deviennent colons des riches. Et comme ceux qui sont saisis d'effroi à l'approche des ennemis, se retirent dans quelque fort, ou comme ceux qui ayant perdu l'état honorable d'ingénu, s'enfuient désespérés dans quelque asile, de même les hommes dont je parle, hors d'état de conserver leur propriété et la dignité de leur origine, se soumettent au joug de l'humble condition de colon : réduits ainsi à cette extrémité, que les exacteurs les dépouillent non-seulement de leurs biens, mais de leur état, non-seulement de ce qui est à eux, mais d'eux-mêmes, qu'ils se perdent eux-mêmes en même temps que tout ce qui est à eux, n'ont plus de propriété, et renoncent au droit de la liberté [1]....

[1] Salvien, *de Gubern. Dei*, liv. 5.

Il résulta de là qu'au moment de la conquête, et lorsque les barbares s'établirent définitivement sur le territoire romain, ils trouvèrent presque tous les habitans des campagnes réduits à l'état de colons. Or, une condition si générale était un fait puissant et capable de résister à bien des crises. On ne change pas aisément le sort et l'état d'un si grand nombre d'hommes. A considérer donc la chose en elle-même, indépendamment de tout témoignage spécial, on peut présumer que la condition des colons dut survivre à la conquête, et demeurer, long-temps du moins, à peu près la même.

En fait, et dans certaines parties de l'Empire, notamment en Italie, on sait positivement qu'elle ne fut pas changée; des monumens formels, surtout des lettres de papes du vi^e^ et du viie siècles, le prouvent. L'église romaine possédait, vous le savez, de grandes propriétés territoriales; c'était même alors la principale source de ses revenus. Voici une lettre adressée par Grégoire le Grand (590—604) au sous-diacre Pierre, chargé de l'administration des biens de l'Église en Sicile, et qui donne sur l'état de la population agricole après la chute de l'Empire, des détails fort curieux. Permettez-moi de vous en lire une partie :

Nous avons appris que les colons de l'Église sont extrêmement vexés à raison du prix des grains, à ce point que le montant de la redevance à laquelle ils sont tenus ne demeure pas le même dans les temps d'abondance. Nous voulons que de tous les temps, soit qu'on ait récolté plus ou moins de blés, on ne leur en fasse fournir que la même mesure. Quant aux grains qui périraient par naufrage pendant le transport, nous voulons qu'ils soient comptés comme reçus. Mais qu'il n'y ait pas de négligence de ta part, à l'égard du transport, car si tu ne prends pas le temps convenable pour transporter les blés, le dommage naîtra de ta faute.

Nous regardons aussi comme très-injuste et inique, que l'on prenne quelque chose sur les setiers de grains fournis par les colons de l'Église, et qu'on les force de donner un plus grand boisseau (*modius*) que celui qu'on serre dans les greniers de l'Église. Nous défendons par la présente admonition qu'on perçoive, des colons de l'Église, des boisseaux de plus de dix-huit setiers; sauf cependant ce que les navigateurs reçoivent en sus, selon l'usage, à cause du déchet qu'ils assurent avoir lieu sur les navires.

Nous avons appris aussi que, dans quelques métairies de l'Église, existe une exaction très-injuste; sur soixante-dix boisseaux, les fermiers, ce qu'on n'ose dire, en exigent trois et demi; et cela même ne leur suffit pas, car on dit que, d'après l'usage de beaucoup d'années, ils exigent encore quelque chose en sus. Nous détestons tout-à-fait cette coutume, et nous voulons l'extirper à fond de notre patrimoine. Que ton expérience examine, dans les divers genres de poids, ce qu'on exige des colons au-delà de la justice, et fasse de leurs diverses redevances une seule somme; de telle sorte qu'ils paient en entier deux boisseaux sur soixante-dix, mais qu'on n'ajoute en sus aucune honteuse exaction. Et de peur qu'après ma mort, lorsque nous aurons augmenté la somme totale à payer, et supprimé les charges qui étaient mises en sus, ces charges ne soient de nouveau imposées aux colons, de manière que leur redevance se trouve plus forte, et qu'ils soient en outre obligés de supporter d'autres charges, nous voulons que tu fasses des registres de sûreté, où tu établiras qu'une fois pour toutes chacun doit payer tant, en supprimant formellement les droits de vente, et les droits sur les légumes et les grains. Quant à ce qui revenait sur ces minuties à l'intendant pour son usage, nous voulons que tu le prélèves sur la somme de la redevance.

Avant toutes choses, nous voulons que tu fasses grande attention à ce qu'on n'emploie aucun poids injuste dans les paiemens à recevoir; si tu trouves de pareils poids, détruis-les, et en établis de nouveaux, qui soient légitimes... Nous ne voulons pas qu'on exige rien des colons de l'Église en sus des poids légaux, sauf quelques alimens communs.

Nous avons appris en outre que la première perception de la taxe gêne extrêmement nos colons, car avant qu'ils aient pu vendre leurs denrées, ils sont forcés d'acquitter le tribut; et n'ayant rien au moment où ils sont obligés de donner du leur, ils empruntent aux huissiers-priseurs publics, et paient pour ce service de lourds intérêts..... C'est pourquoi nous ordonnons par la présente, que tu fasses aux colons, sur notre trésor public, les prêts qu'ils pourraient demander à des étrangers, qu'on n'exige d'eux le paiement que peu à peu et à mesure qu'ils auront de quoi payer, et qu'on ne les tourmente pas pour l'époque : car ce qui pourrait leur suffire en le gardant pour plus tard, vendu trop tôt et à vil prix quand on les presse, leur devient insuffisant [1].

J'omets d'autres recommandations dictées par le même esprit de bienveillance et de justice. On comprend que les peuples fussent empressés de se placer alors sous la domination de l'Église; les propriétaires laïques étaient fort loin, à coup sûr, de veiller ainsi sur la condition des habitans de leurs domaines. Mais, quoi qu'il en soit, il est évident que cette condition, telle que la décrit saint Grégoire, était fort semblable à ce qui se passait avant la chute de l'Empire. Ses paroles s'appliquent, il est vrai, aux colons de l'Église en Sicile; mais on peut conclure de ceux-là à ceux du midi de la Gaule, où l'évêque de Rome possédait également des domaines, qu'il administrait probablement de la même façon.

Dans la Gaule septentrionale, bien moins romaine, et plus fréquemment ravagée par les incursions des barbares, on ne trouve pas des documens aussi détaillés ni qui prouvent avec la même précision la permanence de la condition de la population agricole. Mais le fait géné-

[1] *S. Greg.*, *Ep.*, lib. I, ep. 44; dans ses *œuvres*, t. II, col. 533.

ral n'en est pas moins certain et attesté par une foule de textes; en voici quelques-uns empruntés du VIIe au IXe siècles :

Que celui qui tuera un homme libre de l'Église, qu'on nomme colon, paie la composition comme pour un autre Allemand [1].

Que les hommes libres de l'Église, qu'on nomme colons, comme les colons du roi, paient le tribut à l'Église [2].

Ils se sont récriés et ont dit qu'ils naissent et doivent être de libres colons, comme les autres colons de Saint-Denis, et que le susdit moine Deodat a voulu, par force et injustement, les réduire à un servage inférieur et les opprimer [3].

Je donne à l'abbé Friedegies notre manoir seigneurial... avec les hommes qui demeurent là, et que nous y avons établis, pour y vivre comme des colons... Et nous ordonnons que ces hommes cultiveront la terre, et les vignes, et toutes choses à mi fruit, et qu'on ne leur demandera rien de plus, et qu'après nous ils n'auront point de trouble à souffrir [4].

Je pourrais multiplier à l'infini ces exemples.

[1] *Loi des Allemands*, tit. 9. — [2] *Ibid.* tit. 23, § 1.

[3] *Charte de Charles le Chauve*, en 860.

[4] Donation de Haganon à l'abbaye de Saint-Martin de Tours, en 819.

Les noms de *coloni*, *inquilini*, etc., reviennent sans cesse dans les documens de cette époque; les formules de Marculf en sont pleines; nous avons celles par lesquelles on revendiquait les colons fugitifs. Tout atteste, en un mot, la permanence de cette condition sociale. Sans doute elle fut alors beaucoup plus malheureuse, plus précaire qu'elle ne l'avait été sous l'administration romaine; la population des campagnes avait à souffrir plus qu'aucune autre de la violence et de l'anarchie sans cesse renaissantes : mais son état légal ne fut point essentiellement changé; la distinction entre les colons et les esclaves continua de subsister; et les premiers demeurèrent, à l'égard des nouveaux propriétaires, à peu près dans la même relation qu'ils soutenaient avec les anciens.

Deux causes cependant devaient, à certains égards, modifier notablement leur situation.

J'ai mis sous vos yeux, samedi dernier, le tableau des différences qui séparaient la condition des colons de celle des esclaves; ces différences, vous vous le rappelez, étaient réelles, mais, dans un grand nombre de cas, assez fines, subtiles et difficiles à bien déterminer. Or des distinctions de cette sorte appartiennent évidemment à une société avancée, tranquille;

elles sont l'ouvrage d'une législation savante, et ne peuvent être maintenues que par un gouvernement régulier. Elles s'affaiblissent nécessairement au milieu de grands désordres, sous l'empire d'une législation confuse et grossière. On voit alors les nuances légales s'effacer; les différences éclatantes, profondes, survivent presque seules. Il était donc dans la nature des choses qu'après l'invasion, sous la domination brutale des barbares, lorsque l'administration romaine ne fut plus là pour maintenir habilement les limites fixées par ses doctes lois, il était, dis-je, dans la nature des choses que ces limites fussent sans cesse méconnues, et que les conditions sociales qui se touchaient, bien que distinctes, vinssent souvent à se confondre. Plus qu'aucune autre, peut-être, la distinction légale entre les colons et les esclaves devait courir ce risque. Quoique les Germains, en effet, ne fussent pas, avant l'invasion et en Germanie, entièrement dépourvus d'esclaves dans l'intérieur de leurs maisons, cependant ils n'en avaient pas un grand nombre. Le système de la servitude domestique était beaucoup moins développé chez eux que chez les Romains. Tacite et tous les documens anciens ne permettent pas d'en douter. Les Germains, en revanche, avaient beaucoup de colons; le *colonat* était même, vous l'avez vu, la condition générale de leur population agricole. Ils dûrent donc, une fois transplantés sur le sol romain, saisir assez mal la distinction des colons et des esclaves; tous les hommes employés à la culture des terres dûrent être pour eux des colons; et les deux classes se confondirent souvent sans doute dans leurs actions comme dans leurs idées. Les colons y perdirent peut-être, les esclaves proprement dits y gagnèrent; et dans tous les cas, il y eut là un assez notable changement dans l'état général de la société. En voici un second, bien plus grave.

Les propriétaires, qui percevaient des colons une redevance, n'avaient sur eux, vous l'avez vu, aucune juridiction, aucun empire politique. La juridiction criminelle ou civile sur les colons appartenait non au propriétaire du sol, mais à l'empereur et à ses délégués. C'étaient les gouverneurs de province, les juges ordinaires qui administraient aux colons la justice. Le propriétaire n'exerçait sur eux que les droits attachés à la propriété, des droits civils; les droits de la souveraineté, le pouvoir politique, lui étaient complètement étrangers.

Cet état de choses changea après l'invasion.

Vous vous rappelez que, dans la tribu germanique, la souveraineté et la propriété étaient réunies, et que ce fait fut transplanté, qu'il s'aggrava même sur le territoire gallo-romain. La condition des colons en fut profondément atteinte. Auparavant, ils dépendaient du propriétaire en tant que cultivateurs et attachés au sol; du gouvernement central, en tant que citoyens et incorporés dans l'État. Quand il n'y eut plus d'État, plus de gouvernement central, ils dépendirent du propriétaire sous tous les rapports, pour leur existence tout entière. Le fait ne s'accomplit pas tout-à-coup. Trois systèmes différens, vous vous le rappelez, le système des institutions libres, celui des institutions monarchiques, et celui des institutions aristocratiques, coexistèrent et luttèrent pendant les premiers siècles de l'invasion. Quelque temps, les rois barbares, comme successeurs de l'Empire, essayèrent de maintenir ces magistrats provinciaux, ces délégués du pouvoir central, chargés d'administrer et de rendre la justice, indépendamment des propriétaires locaux. Mais vous connaissez l'issue de la lutte; le système des institutions monarchiques fut vaincu; la fusion de la souveraineté et de la propriété s'accomplit, et les propriétaires du sol devinrent les maîtres de ses habitans. La condition des colons en fut grandement altérée ; ils étaient toujours distincts des esclaves; leurs relations, en tant que cultivateurs, avec le propriétaire, étaient à peu près les mêmes; mais ce propriétaire était leur souverain; ils dépendaient de lui en toutes choses, et n'avaient à faire à aucun autre pouvoir. On peut passer en revue tous les rapports du possesseur de fief avec les colons de ses domaines, surtout dans le cours du XIe siècle, lorsque le régime féodal n'avait pas encore été altéré par les attaques des rois et des communes; partout on verra le seigneur investi des droits de la souveraineté. C'est lui qui possède le pouvoir législatif; les lois émanées du roi ne sont point exécutoires hors des domaines royaux. Ce principe ne demeura pas long-temps intact et en vigueur; mais il n'en était pas moins réel, il n'en était pas moins le vrai principe féodal. C'est aussi le seigneur seul qui impose ses colons, et règle les tailles qu'ils lui doivent. La taille succéda à la capitation romaine. Sous l'Empire, la rente due par le colon au propriétaire était fixe; il ne dépendait pas du propriétaire de l'élever à son gré. Mais l'impôt personnel, la capitation que le colon payait non au propriétaire, mais au gouvernement, à l'empereur, cet impôt n'était point fixe ; il variait, il s'aggravait sans cesse, et la volonté de l'empereur en décidait. Quand la fusion de la souveraineté et de la propriété fut opérée au sein du fief, le seigneur fut investi, comme souverain, du droit d'imposer la capitation, et, comme propriétaire, du droit de percevoir la redevance. Selon les anciens usages, la redevance devait rester la même, et vous verrez tout-à-l'heure qu'en effet ce principe passa dans la féodalité. Mais quant à la capitation, qui devint la taille, le seigneur, comme jadis l'empereur, la régla et l'augmenta selon son plaisir. La condition des colons ne fut donc pas changée en ce sens que leur redevance foncière demeura fixe et leur impôt personnel arbitraire comme sous l'Empire; mais le même maître disposa de la redevance et de l'impôt, et ce fut là, sans nul doute, un grave changement.

Non-seulement le seigneur taxait, *taillait* à son gré ses colons; mais toute juridiction, vous l'avez déjà vu, lui appartenait sur eux. Comme leur pouvoir législatif, le pouvoir judiciaire des seigneurs, même sur la population agricole de leurs domaines, ne tarda pas à subir plus d'une atteinte, à rencontrer plus d'une limite. Mais en principe, et dans l'âge de la vraie féodalité, il n'en était pas moins réel et entier; si réel que les seigneurs avaient le droit de grâce aussi bien que le droit de punir.

Sous le rapport politique, la condition du colon fut donc non-seulement changée, mais aggravée par l'invasion; car la souveraineté et la propriété se trouvant réunies dans les mêmes mains, ils n'eurent plus, contre l'oppression, aucun recours, aucune garantie. Aussi l'oppression fut-elle extrême, et amena-t-elle bientôt ces haines violentes, ces révoltes continuelles qui, depuis le xe siècle, caractérisent les relations de la population agricole avec ses maîtres. Je n'en indiquerai aujourd'hui que deux exemples. En 997:

Tandis que le jeune duc Richard abondait en vertu et honnêteté, il arriva que, dans son duché de Normandie, s'éleva une semence de discordes pestilentielles. Car dans tous les divers comtés de la patrie normande, les paysans se rassemblèrent en plusieurs conventicules, et résolurent unanimement de vivre selon leur caprice, déclarant que sans s'embarrasser de ce qu'avait défendu le droit établi, sur le profit à faire dans les forêts et la jouissance des eaux, ils se gouverneraient suivant leurs propres lois; et pour qu'elles fussent confirmées, chaque troupe de ce peuple furieux élut deux envoyés qui devaient se réunir en assemblée générale au milieu des terres, pour y ratifier ces lois. Lorsque le duc apprit ces choses, il envoya aussitôt vers eux le comte Rodolphe avec une multitude de soldats, pour comprimer cette férocité agreste, et dissiper cette assemblée rustique. Celui-ci, ne tardant point à obéir, s'empara de tous les envoyés et de plusieurs autres, et leur ayant fait couper les mains et les pieds, il les renvoya hors de service aux leurs, afin qu'ils les détournassent de pareilles choses, et que par leur expérience ils les rendissent prudens, de peur qu'il ne leur arrivât pire. Les paysans, instruits de la sorte, et renonçant sur-le-champ à leurs assemblées, retournèrent à leurs charrues [1].

Ils n'y retournèrent pas irrévocablement, car trente-sept ans après, en 1034, sur les confins de la Normandie, en Bretagne :

Les paysans soulevés se rassemblèrent contre leurs seigneurs : mais les nobles s'étant joints au comte Alain, envahirent les champs des paysans, tuèrent, dispersèrent, poursuivirent, car les paysans étaient venus au combat sans ordre et sans chef [2].

Et ces paysans, Messieurs, ce n'étaient point des esclaves proprement dits ; c'étaient les anciens colons de la législation romaine sur qui la fusion de la souveraineté et de la propriété fai-

[1] Guillaume de Jumiége, *Hist. des Normands*, liv. v, c. II.

[2] Vie de saint Gildas, abbé de Ruys ; *Historiens de France*, t. x, p. 377.

sait peser à la fois les droits du propriétaire et les exigences du maître, et qui se soulevaient pour y échapper.

Au milieu de cette anarchique tyrannie, il était impossible, comme je le disais tout-à l'heure, que la distinction entre la condition des colons et celle des esclaves se maintînt claire et précise, comme sous l'administration impériale. Ainsi arriva-t-il en effet : quand on parcourt les documens de l'époque féodale, on y retrouve tous ces noms qui, dans la législation romaine, désignaient spécialement les colons, *coloni*, *adscriptitii*, *inquilini*, *censiti*, etc. Mais on les trouve employés au hasard, presque indifféremment, arbitrairement, et confondus sans cesse avec celui de *servi*. Et la confusion était si réelle qu'elle a passé dans le langage des érudits même les plus attentifs. Nul homme, à coup sûr, n'a mieux étudié et mieux connu le moyen âge que Ducange; son érudition est non-seulement immense, mais précise. La distinction entre les colons et les esclaves ne lui a point échappé; il l'exprime même formellement : « Les colons » étaient, dit-il, d'une condition mitoyenne » entre les ingénus ou libres et les serfs [1]. » Et pourtant il oublie souvent ailleurs cette diffé-

[1] *Voy.* au mot *Colonus*.

rence, et parle des colons comme de véritables serfs.

La distinction cependant ne cessa jamais d'être non-seulement réelle, mais reconnue et proclamée par les jurisconsultes; c'était par le mot de *villains* qu'ils désignaient ordinairement les colons. On lit dans le traité de Pierre de Fontaines sur l'ancienne jurisprudence des Français :

Et sache bien ke (que) selon Diex (Dieu), tu n'as mie pleine poeste (puissance) seur ton vilain. Donc se tu prens du sieu fors les droites redevances ki (qu'il) te doit, tu les prens contre Dieu et seur le péril de l'âme et come robieres (voleur). Et ce kon (qu'on) dit, toutes les coses ke vilain a sont (à) son seigneur, c'est voirs à garder. Car s'ils estaient (à) son seigneur propre, il n'avait nule différence entre serf et vilain; mais par notre usage, n'a entre toi et ton vilain, juge fors Dieu, tant come il est tes coukans et tes levans, s'il n'a d'autre loi vers toi, fors le commune [1].

La différence est ici, vous le voyez, formellement établie, et fondée précisément sur le même caractère qui distinguait les colons sous l'administration romaine, c'est-à-dire sur la fixité

[1] *Conseil à un ami*, chap. XXI.

de la redevance qu'ils devaient aux propriétaires du sol.

Malgré tous les excès de l'oppression féodale, cette différence ne demeura point vaine. Peu à peu, par cela seul qu'en principe les droits du possesseur de fief, sur les villains qui cultivaient ses domaines, n'étaient pas tout-à-fait illimités et arbitraires, la condition des villains acquit quelque fixité ; ils étaient soumis à une multitude de redevances souvent odieuses et absurdes; mais quelque nombreuses, quelque odieuses, quelque absurdes qu'elles fussent, quand il les avait acquittées, le villain ne devait plus rien à son seigneur; le seigneur n'avait *mie plénière poeste sur son vilain* ; celui-ci n'était point un esclave, une chose dont le propriétaire pût disposer à son gré. Un principe de droit planait au-dessus de leurs relations : le faible savait, jusqu'à un certain point, à quoi s'en tenir, et avait quelque chose à réclamer. Or telle est la vertu de la seule idée de *droit* que, partout où elle existe, dès qu'elle est admise, quelque contraires que lui soient les faits, elle y pénètre, les combat, les dompte peu à peu, et devient une invincible cause d'ordre et de développement. Ce fut en effet ce qui arriva au sein du régime féodal. Quand une fois ce régime fut bien établi, en dépit de toutes les tyrannies, de tous les maux que la population agricole avait à souffrir, en dépit du redoublement d'oppression qui venait, pour un temps, fondre sur elle, dès qu'elle essayait de s'affranchir, sa condition alla s'améliorant et se développant. Du ve au xe siècle, on la voit constamment déchoir, et de plus en plus misérable. A partir du xie siècle, le progrès commence; progrès partiel, assez long-temps insensible, qui se manifeste tantôt sur un point, tantôt sur un autre, laisse subsister des iniquités et des souffrances prodigieuses, et que cependant on ne saurait méconnaître. Je ne puis qu'indiquer d'époque en époque les principaux documens qui le prouvent; en voici quelques-uns.

En 1118, sur la demande de Thibault, abbé de Saint-Maur-des-Fossés, près Paris, le roi Louis le Gros rend l'ordonnance suivante :

Louis, par la grâce de Dieu, roi des Français, à tous les fidèles du Christ. Comme selon la teneur des très-saintes lois, la puissance royale, en vertu du devoir qui lui est imposé, doit surtout veiller à la défense et à l'honneur des églises, il convient que ceux à qui une si grande puissance a été déléguée de la main de Dieu, pourvoient avec la sollicitude la plus attentive à la paix et la tranquillité des églises, et à la louange du Dieu tout-puissant par qui règnent les rois, honorent leurs possessions de quelque privilége, s'acquittent ainsi de leurs devoirs de rois par de bonnes actions, et reçoivent indubitablement la récompense de la rémunération éternelle. Que tous sachent donc que Thibault, abbé du monastère de Saint-Pierre-des-Fossés, est venu en présence de notre Sérénité, se montrant plaignant et se plaignant montrant que les serfs de la sainte église des Fossés sont tellement méprisés par des personnes séculières, que dans les plaids et cours et affaires civiles, on ne veut point les recevoir *à témoigner contre des hommes libres*, et que les serfs ecclésiastiques ne sont en presque rien préférés aux serfs laïques. D'où la chose ecclésiastique non-seulement est avilie par l'opprobre d'un tel affront, mais souffre de jour en jour le dommage d'un grand amoindrissement. Ayant connu la plainte de l'église, ému tant par la raison que par l'affection, j'ai trouvé nécessaire de délivrer absolument d'un tel scandale l'église des Fossés, chère à notre personne, entre toutes les autres, et d'élever, par un bienfait royal, un séjour royal. Moi donc, Louis, par la clémence de Dieu, roi des Français, par le conseil unanime et le consentement de nos évêques et de nos grands, *par le décret de l'autorité royale*, j'établis et ordonne que *les serfs de la sainte église des Fossés* aient la licence pleine et entière de *témoigner et combattre* contre tous hommes, tant libres que serfs, dans toutes les causes, plaids et affaires : et que personne, leur opposant le fait de leur servitude, n'ose jamais calomnier aucunement leur témoignage. Leur octroyant donc, par la présente, la licence *de témoigner* ce qu'ils auront vu et entendu, nous leur accordons que si quelque homme libre dans une cause, veut les accuser de faux témoignage, il devra prouver par le *duel* son accusation, ou recevant sans contradiction leur serment, acquiescer à leur témoignage. Que si, par une téméraire présomption, quelqu'un refuse ou calomnie en quelque chose leur témoignage, non-seulement il sera coupable envers l'autorité royale et les lois publiques, mais il perdra irrévocablement sa demande et son affaire; c'est-à-dire que, présomptueux calomniateur, il ne sera pas entendu davantage sur sa plainte, s'il se plaint, et si quelqu'un se plaint de lui, il sera tenu comme coupable et convaincu sur la plainte de l'autre. Nous avons ordonné aussi que si le calomniateur susdit ne satisfait pas à l'église des Fossés, à raison du péché d'une telle calomnie, il soit frappé d'excommunication, et qu'il ne soit plus admis à témoigner. Afin que cet *édit* de notre volonté soit muni d'un privilége de durée perpétuelle, nous avons ordonné qu'on fît la présente charte, qui transmettra à la postérité l'effet de notre autorité, et empêchera à jamais toute occasion de rétractation. Fait publiquement à Paris, l'an du Verbe incarné onze cent dix-huit, le dixième de notre règne, le quatrième de la reine Adélaïde.

Les serfs dont il est ici question sont évidemment les colons de l'abbaye de Saint-Maur-des-Fossés. La plupart des églises s'efforçaient de faire accorder à leurs colons de tels priviléges afin de leur donner une certaine supériorité sur les colons des seigneurs laïques; et les rois se prêtaient assez volontiers à leurs désirs, soit pour s'assurer l'alliance ecclésiastique, soit pour constater leur pouvoir législatif hors de leurs propres domaines. On trouve en 1128 une ordonnance du même Louis le Gros qui accorde aux colons de l'église de Chartres le même privilége. Aussi fut-ce dans les domaines du roi et de l'Église que la condition des colons s'améliora plus tôt et plus rapidement.

Cette amélioration marcha assez vite et devint assez générale pour que, vers le milieu du XIIIe siècle, la richesse d'un assez grand nombre de colons, d'hommes de *poote* (en puissance d'autrui), comme on les appelait, inquiétât, non-seulement les seigneurs laïques, mais saint Louis lui-même. Beaucoup de colons avaient acquis des fiefs, et je lis dans la *Coutume de Beauvaisis :*

Selonc l'establissement (du) le roy (saint Louis) li hommes de poote ne pueent, ne doivent tenir fies, ne eus acroistre en fief; et ne pourquant nous i veoons aucun remede comment il pueent avoir fief, et si n'est pas l'establissement brisiés, car l'entention des establissemens si n'est pas pour tolir (à) autrui (son) droit, mais pour che que les choses soient fetes selon reson, et pour les mauveses couttumes abatre, et les bonnes amener avant.

La première reson comment li hommes de poote pueent avoir terre de fief, si est des fies que il avaient avant que li establissement fust fes; et puis li sont venus de chaus ceux qui les tenoient par deschendement, descheoite de dégré en dégré. Et ches fies si ne leur sont pas osté, car li establissement ne leur toli pas che qui estoit déja fet, ainchois fu fes pour che que il ne le fissent; car li bourgeois et li homme de poote si atraioient (attiraient) moult de fies à ainsi que, au loins aler, li prince peussent avoir menre (moindre) serviche des gentix hommes [1].

Il fallait, à coup sûr, que le nombre des fiefs possédés par des colons fût assez considérable, pour qu'on crût nécessaire, d'une part, d'empêcher qu'ils ne continuassent à en acquérir, de l'autre, de respecter ceux qu'ils avaient déjà acquis. Il y a, dans cette restriction et ce maintien simultanés des droits de cette classe, une double preuve de ses progrès.

Je les trouve assez fidèlement représentés dans l'*Histoire des Français des divers états*, de M. Monteil, dans une conversation où son cordelier fait sentir à Antoine de la Vacherie, paysan des environs de Tours, combien la condition de ses pareils s'est améliorée :

« Antoine, lui dit-il, combien vous êtes plus heureux que votre père et votre grand-père!

» Lorsque les jours de marché vous allez porter votre lait et vos fruits à Tours, vous y entrez et en sortez librement, vous en trouvez ordinairement les portes ouvertes;

---

[1] *Coutume de Beauvaisis*, par Beaumanoir, c. XLVIII, p. 264.

croiriez-vous, mon pauvre Antoine, qu'autrefois les portes des villes étaient, pendant le jour, souvent fermées, même en temps de vendanges? Aujourd'hui il vous est possible de transporter vos gerbes, de charrier votre foin depuis le lever jusqu'au coucher du soleil. A la vérité, vous me direz que vous ne pouvez faire pâturer vos champs nouvellement moissonnés que trois jours après la récolte; c'est juste, c'est à cause des pauvres, c'est le glanage qu'on a voulu conserver.

» Maintenant, Antoine, quelle sûreté dans les campagnes! On ne vous volera pas vos grains, vos fruits; on serait tenu à une restitution quadruple; on ne vous dérobera pas le soc de votre charrue, on s'exposerait à avoir l'oreille coupée; en même temps, convenez-en, quelle bonne police! maintenant, qui laisserait vaguer une chèvre serait plus ou moins puni; qui laisserait entrer son porc dans une vigne en perdrait aussitôt la moitié qui appartiendrait au propriétaire de la vigne; qui n'aurait pas, à la mi-mars, rétabli les haies et les clôtures, paierait l'amende; à la même époque, qui n'aurait pas nettoyé les canaux, qui empêcherait le libre cours des eaux, paierait aussi l'amende; enfin, tout près d'ici, à Bourges, qui chasserait dans les vignes, à l'approche des vendanges, serait puni corporellement; et, comme s'il ne suffisait pas de la crainte qu'inspirent ces lois, on a institué des gardes champêtres.

» Pour l'amélioration de vos bestiaux, on va rétablir les anciens haras; pour prévenir la dégradation de vos terres, on est de plus en plus sévère sur l'exécution de la loi qui défend au fermier d'emporter les échalas; pour prévenir la trop grande division des propriétés, et en même temps pour en faciliter l'exploitation, on vous a facilité les échanges de vos divers héritages, en vous exemptant du droit de lods. Enfin, on a été plus loin, on a arrêté en certains pays le bras de la justice, on a défendu la saisie des animaux et des instrumens de labourage. — Dans ces pays, m'a répondu Antoine qui jusqu'à ce moment n'avait rien dit, on est fort heureux ; les sergens ne peuvent vous prendre, ni vos chevaux, ni votre charrue, ni votre bêche : dans celui-ci, ils peuvent me prendre, sinon mon habit de tous les jours, du moins mon habit des dimanches. — Patience, lui ai-je répondu, on pensera plus tard à votre habit de dimanche, mais une chose doit venir après l'autre [1]. »

La vérité morale, je le répète, ne se retrouve guère ici ; le langage n'est pas à beaucoup près celui du temps; mais les faits sont exacts et assez ingénieusement rapprochés.

Ce progrès général du sort et de l'importance de la population agricole eut bientôt l'effet qu'on en devait attendre. Je veux vous lire en entier la fameuse ordonnance de Louis le Hutin sur l'affranchissement des serfs, car on en parle beaucoup plus qu'on ne la connaît. Elle est adressée au bailli de Senlis :

Louis, par la grâce de Dieu, Roi de France et de Navarre,

---

[1] *Histoire des Français des divers états*, t. 1, p. 195-197.

à nos amés et féaux mestre Saince de Chaumont, et maître Nicolas de Braye, *salut et dilection.*

Comme, selon le droit de nature, chacun doit naistre franc; et par aucuns usages ou coutumes, qui de grant ancienneté ont été entroduites et gardées jusques cy en nostre royaume, et par aventure *pour le meffet de leurs prédécesseurs*, moult de nostre commun peuple soient encheüs *en lieu de servitudes et de diverses conditions*, qui moult nous déplaît : *Nous* considérants que notre royaume est dit et nommé *le royaume des Francs*, et voullants que la chose en vérité soit accordant au nom, et que la condition des gents *ammende de nous en la venüe de nostre nouvel gouvernement* : Par délibération de nostre grant conseil, *avons ordené et ordenons* que, generaumentpar tout nostre royaume, de tant comme il peut appartenir à nous, et à nos successeurs, *telles servitutes soient ramenées à franchises*, et à tous ceux qui de *ourine* (origine) *ou ancienneté* ou de nouvel *par mariage* ou par *résidence de lieus de serve condition*, sont encheües ou pourraient escheoir en lien de servitudes, *franchise soit donnée à bonnes et convenables conditions.* Et pource et spécialement que nostre commun peuple qui par les collecteurs, sergens et autres officiaus, qui ou (au) tems passé ont esté deputez seur le fait des mains mortes et for mariages, ne soient plus grevez, ne domagiez pour ces choses, si comme il ont esté jusques icy, laquelle chose nous desplaît, et pour ce que *les autres seigneurs* qui ont *hommes de corps*, preignent exemple à nous, de eux ramener à franchise : Nous qui de votre leauté et approuvée discrétion nous fions tout à plein, vous *commettons* et *mandons* par la teneur de ces lettres, que vous alliez dans la baillie de Senlis, et es ressors d'icelle, et a tous vous requerront, traitez et accordez aveq eus de certaines compositions par lesquelles soffisant recompensation nous soit faite des émoluments qui desdittes *servitudes* pooient venir à nous et à nos successeurs; et à eus donnez de tant comme il peut toucher nous et nos successeurs, général et perpétuel franchises, en la manière que dessus est dite, et selon ce que plus pleinement le vous avons dit, déclaré et commis de bouche. Et nous *promettons* en bonne foy, que nous, pour nous et nos successeurs, *ratifierons* et approuverons, *tendrons* et *ferons tenir* et garder tout ce que vous ferez et accorderez sur les choses dessus dittes, et les lettres que vous donrez sur nos traitiez, compositions et accords de franchises à villes, communautez, biens ou personnes singuliers, nous les agrerons des-ors-endroist, et leur en donrons les nostres surce, toute fois que nous en serons requis. Et donnons en mandement à tous nos justiciers et subgiets, que en toutes ces choses ils obéissent à vous et entendent diligemment. Donné à Paris le tiers jours de juillet, l'an de grâce mil trois cent quinze [1].

De nos jours, Messieurs, l'empereur Alexandre n'aurait pas osé publier en Russie un ukase semblable; il a travaillé à l'affranchissement des serfs dans ses États, il en a affranchi un grand nombre dans ses propres domaines; mais il n'aurait pas osé proclamer que, « selon le droit de nature, chacun doit naître franc, et que la chose doit s'accorder au nom. » Un tel

[1] *Ordonnances des rois, etc.*, t. I, pag. 588.

principe n'avait pas, il est vrai, au XIVe siècle, le même retentissement, la même puissance morale que dans le nôtre; et ce n'était pas dans des vues désintéressées que Louis le Hutin le proclamait. Il n'entendait point donner la franchise aux colons : il la leur vendait à bonnes et convenables conditions; mais il n'en est pas moins certain, en principe, que le roi croyait devoir la leur vendre, en fait, qu'ils étaient capables de l'acheter. C'était là, à coup sûr, entre le XIe et le XIVe siècle, une immense différence et un immense progrès.

Ce progrès ne continua pas, au-delà du XIVe siècle, avec autant de rapidité et d'étendue que vous seriez peut-être tentés de le présumer. Le mouvement d'amélioration et d'affranchissement de la population agricole fut arrêté ou du moins fort ralenti par une multitude de causes, dont je vous entretiendrai quand nous traiterons de cette époque. Il n'en était pas moins, dans celle qui nous occupe, réel et important.

Telle fut, Messieurs, dans ses traits généraux, du VIe au XIVe siècle, la condition des habitans du village féodal. Vous voilà au courant des principales vicissitudes sociales survenues, au dedans du simple fief, dans la destinée et de ses possesseurs et de ses cultivateurs. Dans notre prochaine réunion, nous sortirons de cet élément de la societé féodale, pour examiner les relations des possesseurs de fiefs entre eux, l'organisation générale de la féodalité.

NEUVIÈME LEÇON.

Des rapports des possesseurs de fiefs entre eux. — Variété et complexité des élémens de l'association féodale considérée dans son ensemble. — Nécessité de la réduire à ses élémens propres et essentiels. — Rapports du suzerain avec ses vassaux. — Caractère de ces rapports. — De l'hommage, du serment de fidélité et de l'investiture. — Des devoirs féodaux. — Des services féodaux. — Service militaire. — Service judiciaire. — Aides. — De quelques droits progressivement acquis par les suzerains. — Indépendance des vassaux qui se sont acquittés des services féodaux.

MESSIEURS,

Nous commençons aujourd'hui à étudier les rapports des possesseurs de fiefs entre eux, c'est-à-dire la société féodale, non plus dans son élément simple et primitif, mais dans son organisation hiérarchique et dans son ensemble. Nous rencontrerons ici des difficultés infiniment plus grandes. Nous n'aurons plus affaire à des questions bien déterminées, à des faits bien circonscrits. Nous entrons dans un champ immense et qui contient des faits prodigieusement complexes. D'une part, vous le savez déjà, la variété des fiefs était grande; on donnait toute sorte de choses en fief; on les donnait dans des intentions, à des conditions différentes. La dignité des fiefs variait comme leur nature. Ouvrez le Glossaire de Ducange au mot *Feudum;* vous y verrez l'énumération de quatre-vingt-huit espèces de fiefs. La différence, à la vérité, est quelquefois très-légère et presque nominale; mais le plus souvent elle est réelle, plus réelle peut-être que ne l'indique la définition même qui distingue les diverses espèces de fiefs. D'autre part, la situation des possesseurs de fiefs était très-complexe; un grand nombre, la plupart d'entre eux étaient en même temps suzerains et vassaux; suzerains d'un tel, à raison d'un fief qu'ils lui avaient donné; vassaux du même, ou de tel autre, à raison d'un autre fief qu'ils tenaient de lui. Le même homme possédait des fiefs de nature très-diverse, ici, un fief reçu à charge du service militaire, là, un fief tenu de services inférieurs. A la variété, à la complexité provenues de la nature des fiefs et de la situation de leurs possesseurs, venaient s'ajouter ces élémens étrangers, ces deux grands faits de la royauté et des communes, qui, partout et sans cesse en contact avec toutes les parties de la société féodale, y étaient partout une nouvelle source de complexité et de variété. Comment la féodalité se serait-elle développée sous des formes pures et simples? Comment ses principes propres, spéciaux, n'auraient-ils pas été profondément altérés? Comment les relations des possesseurs de fiefs entre eux n'auraient-elles pas été continuellement troublées, dénaturées? Dans un tel chaos il est, à coup sûr, très-difficile de démêler les véritables principes, les caractères constitutifs de la société féodale, ce qu'elle était en elle-même, indépendamment de tout accident, de tout élément étranger.

Cependant il y faut réussir; nous ne la comprendrons qu'à ce prix.

Je n'en vois qu'un moyen : c'est de la dégager de tout ce qui la compliquait et l'altérait ainsi, de la ramener à sa base primitive, de la réduire à elle-même, à sa nature propre et fondamentale. Prenons donc un possesseur de terres, suzerain de huit, dix, douze, quinze vassaux, également possesseurs de terres qu'ils tiennent de lui en fief, et recherchons ce qui se passe entre eux, comment se forme leur relation, quels principes y président, quelles obligations s'y attachent, etc. C'est là la société féodale; c'est là le type, le microcosme où nous pouvons apprendre à connaître la vraie nature des relations féodales. Cette étude une fois faite, nous ferons rentrer, dans les rapports des possesseurs de fiefs entre eux, toute la variété, toute la complexité que nous en aurons écartées, et nous verrons quels changemens leur faisaient subir les élémens étrangers qui venaient s'y associer. Mais il est indispensable de les considérer d'abord en eux-mêmes, et dans une sphère assez étroite, sous une forme assez simple pour qu'ils s'y dessinent clairement.

Permettez-moi de vous rappeler encore une fois la première origine des relations féodales. Elles remontent, vous le savez, à la bande guerrière germanique; elles sont une conséquence, une transformation des relations du chef barbare avec ses compagnons.

La relation du chef barbare et de ses compagnons avait, vous vous le rappelez, deux caractères essentiels : 1° elle était purement personnelle, n'engageait que l'individu qui y entrait de son propre choix, et nullement sa famille, ses enfans, ses descendans; 2° elle était de plus parfaitement libre, c'est-à-dire que le compagnon était maître de quitter le chef, dès que cela lui convenait, d'entrer dans une autre bande, de s'associer à une autre expédition. Sur la personnalité et la liberté reposait cette société mobile, base première de la société féodale.

L'établissement territorial une fois accompli, et par la seule introduction de la propriété foncière dans la relation du chef aux compagnons, elle se trouva grandement modifiée. De la nature même de la propriété foncière, il résulta que la relation devint moins libre, moins mobile. Le compagnon s'attacha à la terre qu'il tenait de son chef; il ne lui fut point aussi facile de quitter sa terre que jadis de quitter son chef. La volonté de l'individu fut contrainte de se fixer plus fermement; le lien social fut plus fort. La relation perdit aussi de sa personnalité. La propriété foncière tend nécessairement, vous le savez, à devenir héréditaire; l'hérédité est sa condition naturelle, normale. La relation du vassal au suzerain obéit à la même loi; elle ne fut plus seulement personnelle, mais héréditaire; elle engagea les enfans aussi bien que le père, l'avenir comme le présent. Comme il était plus fort, le lien social fut plus durable.

A la suite de l'établissement territorial, ces deux changemens ne pouvaient manquer de s'introduire dans le rapport des compagnons au chef. Nous en avons déjà observé la marche dans le développement des faits.

Cependant le caractère primitif de la relation ne fut point aboli, tant s'en faut. Instinctivement, par la seule puissance des mœurs, on fit effort pour qu'elle restât libre et personnelle, autant du moins que cela se pouvait dans le nouvel état des faits. Chaque fois que les personnes entre qui la relation était établie venaient à changer, c'est-à-dire chaque fois que le vassal mourait, il fallait que le lien social fût renoué. Le fils ne devenait pas tacitement et sans cérémonie le vassal du suzerain de son père; il fallait de sa part un acte formel qui le plaçât dans la même situation, lui fît contracter les mêmes droits et les mêmes devoirs. Il fallait, en un mot, que la relation prît le caractère de la personnalité. C'est ce caractère, en effet, qu'on cherchait à lui donner par les cérémonies de l'hommage, du serment de fidélité et de l'investiture.

Voici quelle était la progression de ces trois faits.

A la mort d'un vassal, quoique le principe de l'hérédité des fiefs fût complètement établi, son fils était tenu de faire hommage du fief à son suzerain, et il n'en était véritablement possesseur qu'après s'être acquitté de ce devoir.

La façon d'entrer dans l'hommage d'autruy est telle, c'est à savoir que le seigneur féodal doit estre requis humblement par son homme, qui veut faire foi et hommage, d'être receu à foi, ayant la teste nuë, et si le seigneur se veut seoir, faire le peut; et le vassal doit desceindre sa ceinture, s'il en a, oster son espée et baston, et soi mettre à un genouil et dire ces paroles..... « Jeo deveigne vostre home de cest jour en avant, de vie et de membres, et foy à vous porterai des tenemens que jeo claime de tenir de vous [1]. »

C'est ici évidemment un acte analogue à celui par lequel un compagnon choisissait, déclarait autrefois son chef : « Je deviens votre homme. » Et le mot même hommage, *homagium*, *hominium*, que veut-il dire, sinon qu'un tel se fait homme de tel autre ?

A la suite de l'hommage, venait le serment de

[1] *Coutume de la Marche*, art. 189. *Voy.* Ducange, au mot *Hominium*.

fidélité. Après avoir prêté hommage à raison de la terre qu'il tenait du suzerain, le vassal lui engageait sa foi; les deux actes étaient essentiellement distincts :

Et quand franc-tenant fera fealtie à son seignior, il tiendra sa main dextre sur un lieur (livre), et dira issint : « Ceo oyez vous, mon seignior, que jeo à vous serra foyal et loyal, et foy à vous portera des tenemens que jeo claime à tenir de vous, et que loyalement à vous ferra les coustumes et services que faire à vous doy as termes assignés; si comme moy aide Dieu et les saints.» Et basera le lieur; mais il ne genulera, quand il fait fealty, ne ferra tiel humble reverance comme avant est dit en hommage. Et graund diversitié y a pour entre feasans (faisance) de fealtie, et de hommage; car hommage ne poist estre fait fors que al seignior mesme, mès le senechal de (la) court le (du) seignior, ou bailife, puit prendre fealtie pour seignior [1].

Le serment de fidélité une fois prêté, le suzerain donnait au vassal l'investiture du fief, lui remettant une motte de gazon, ou une branche d'arbre, ou une poignée de terre, ou tel autre symbole. Alors seulement le vassal était en pleine possession de son fief; alors seulement il était réellement devenu l'homme de son seigneur.

[1] Ducange, au mot *Fidelitas*.

Arrêtons-nous un moment sur le vrai caractère, sur le sens caché de ces actes.

Dans nos sociétés modernes, essentiellement territoriales, c'est-à-dire fondées sur le fait de la naissance dans un territoire déterminé, on n'attend point le consentement de l'individu pour l'incorporer dans la société. Il est né en un certain lieu, de tels ou tels parens; la société s'empare de lui dès sa naissance, en vertu de sa seule origine, indépendamment de sa volonté, le considère comme un de ses membres, lui impose toutes ses charges, le soumet à toutes ses lois. C'est, en un mot, le principe des sociétés territoriales que l'individu leur appartient en vertu d'un fait matériel, sans aucun acte, sans aucune formalité même qui manifeste son consentement.

Tel n'était point, vous venez de le voir, le principe de la société féodale : elle reposait bien plutôt sur le principe contraire; elle ne se formait, ou plutôt elle ne se reformait entre le suzerain et le vassal, à chaque renouvellement de génération, que moyennant le consentement formel de l'un et de l'autre, et par leur engagement réciproque. Le principe qui avait présidé à la formation de l'ancienne bande germanique, le choix volontaire du chef par les compagnons et des compagnons par le chef, persista dans la société féodale, malgré l'introduction de l'élément de la propriété foncière et les changemens qu'il fit nécessairement subir à l'ancienne relation. Le consentement était si bien exigé pour serrer le nœud de l'association féodale, que souvent la formule même de l'hommage l'exprime formellement. Voici comment furent réglés les termes de l'hommage prêté en 1329, à Philippe de Valois, par Édouard II, roi d'Angleterre, à raison du duché d'Aquitaine :

Le roy d'Angleterre, duc de Guienne, tiendra ses mains entre les mains du roy de France; et cil qui parlera pour le roy de France, adressera ces paroles au roy d'Angleterre, duc de Guienne, et dira ainsi : « Vous devenez » homme-lige du roy de France et lui promettez foy et » loiauté porter; dites : *voire* (*verè*). » « Et ledit roy et duc, » et ses successeurs duc de Guienne diront : *Voire.* » Et lors le roy de France recevra ledit roy d'Angleterre et duc audit hommage-lige, à la foy et à la bouche, sauf son droit et l'autruy [1].

Je pourrais citer bien d'autres textes où le consentement du vassal au lien social qui doit se former entre son suzerain et lui, est aussi formellement exprimé.

[1] Ducange, au mot *Hominium*, t. III, col. 1161.

Ainsi avait passé dans la hiérarchie féodale le principe générateur de la bande germanique, le principe que la société veut le consentement et l'engagement réciproque; qu'elle n'est point territoriale, ni héréditaire; qu'elle ne résulte nécessairement ni de l'origine, ni d'aucun fait matériel. Sans doute, ce principe avait déjà reçu plus d'une atteinte, et la législation féodale, en matière d'hommage, suffirait à le prouver. Le mineur, par exemple, l'enfant au berceau était admis à faire hommage; il ne pouvait donner son consentement; il ne pouvait contracter d'engagement formel; cependant, en sa qualité d'héritier du fief de son père, et pour que la possession ne fût pas interrompue, le suzerain recevait son hommage. Mais le serment de fidélité ne pouvait venir qu'à l'époque de la majorité. L'hommage était une espèce de cérémonie provisoire qui continuait, entre le suzerain et le mineur, les relations qui avaient existé entre le suzerain et son père, mais qui n'établissait pas pleinement la société entre eux; il fallait qu'à la majorité, le serment de fidélité et l'investiture vinssent confirmer les engagemens que le mineur avait pris en prêtant l'hommage.

Maintenant, l'hommage fait, le serment prêté,

c'est-à-dire la société formée entre les possesseurs de fiefs, quelles en étaient les conséquences? quelles relations, quelles obligations s'établissaient entre eux?

Les obligations que contractait le vassal envers son suzerain étaient de deux sortes. Il y avait des obligations morales et des obligations matérielles, des devoirs et des services.

Pour vous donner une idée des devoirs féodaux, je vous lirai trois chapitres des *Assises de Jérusalem*, le monument le plus complet et le plus frappant de la société féodale, de ses mœurs comme de ses lois. Voici en quels termes elles posent les principales obligations morales du vassal envers son suzerain :

Il est tenus de non mettre, ne faire mettre main sur son cors (*sur le corps de son seigneur*), ne consentir, ne souffrir, à son pooir, que autre li mette; ne ne doit prendre, ne faire prendre, ne tenir aucune chose de son seignor, sans son congié et outre son gré, se il ne le fait par l'esgart, ou par la connoissance de la court de son seignor, de celle seignorie où son fié est, pour quoi il a fait hommage. Ne ne doit home, ne feme conseiller contre son seignor, se le seignor ne le donne à son conseil. Ne ne doit pour home, ne pour feme, parole monstrer en court, se il n'est en son conseil, de que il se mette en esgart, ou en connoissance de court, de chose qui contre son seignor soit...... Ne ne doit faire à son escient, ne porchasser la honte ne le damage de son seignor, ne consentir que autre li fasse. Ne ne doit à la feme de son seignor, ne à sa fille requere vilainie de son cors, ne souffrir, ne consentir à son escient, ne à son pooir que autre li face...... Et doit conseiller loyaument à son seignor, à son escient, de ce que il demandera conseil [1].

Et home doit tant plus à son seignor par la foi que il li est tenus, que le seignor à lui, que home doit entrer en ostage pour son seignor getter (*tirer*) de prison se il l'en requiert, ou fait requerre par certain message. Et chacun home, qui a fait homage à autre, est tenus par sa foi, s'il trouve son seignor en besoin d'armes à pié entre ses ennemis, ou en leuc (*lieu*) qui soit en périll de mort ou de prison, de faire son loial pooir de remonter le, et de rejeter le de celui périll. Et se autrement il ne le peut faire, il doit donner son cheval, ou sa beste, sur quoi il chevauche, se il la requiert, et aider le à mettre sus, et aider le, à son pooir, à son cors sauver. Et qui faut (*manque*) à son seignor des avant dites choses, il ment sa foi vers son seignor; et se le seignor l'en peut prover par recort de court, il pora faire de lui et des souës (*siennes*) choses, come home attaint de foi mentie. Et qui fait aucune desdites choses por son seignor, le seignor est tenu par sa foi de délivrer le, à son loial pooir, celui ou ceaus de ses homes que il a mis en ostage pour sa délivrance, et se celui, ou ceaus de ses homes qui le remontent, come est dit cy dessus; sont, pour achaison de ce, pris et emprisonés. Il est tenus à son seignor d'entrer pour lui en ostage, pour

---

[1] *Assises de Jérusalem*, 205, p. 140; édit. de la Thaumassière.

dette, et en pleigerie de tant vaillant comme le fié, que il tient de lui, et de quoi il est son home, vaut et vaudrait raisonnablement à vendre par l'assise. Et qui de ce défaut à son seignor, je crois que il doit perdre le fié à sa vie que il tient de lui, etc., etc. [1]

Se home ment sa foi vers son seignor, et le seignor à son home, et il l'occist, ou fait occire, ou pourchasse sa mort, ou la consent, ou la seuffre, se il le seit et le peut garder et défendre, se il ne le fait à son pooir, et se il faire ne le peut, que il au mains le garnisse au plutôt que il pora pour garder s'en; ou se il le prent, ou fait prendre, ou pourchasse, ou consent, ou seuffre que il soit pris par ses ennemis, se il le peut deffendre, ou garder, se il ne le fait à son pooir; et se il faire ne le peut, que il l'en garnit par soi, ou par autre, le plutost que il pora; ou se il le tient ou fait tenir en prison, ou seuffre que autre le tiegne, si il l'en peut getter, et il ne le gette à son pooir ou à bonne foi; ou se il le fiert par ire, ou fait férir, ou consent, ou seuffre qu'il soit ferus ou laidis, et le peut deffendre, et il ne le fait à son pooir; ou se il li court sus, ou fait courre pour mettre main en son cors, ou en ses choses de sa seignorie, de celle dont il est son home, ou pour lui deshériter, tout ne le fait il, ou se il le fait faire; ou se il li met sus qu'il a esté ou veaut (*veut*) estre mesprenant vers lui se sa foi, ou que il fist trayson vers lui, ou pourchassé, ou soufrit, ou consentit au fet, ou ne le garda, ou au mains ne l'en garnit, ou aucune autre manière de trayson, ou de

---

[1] *Assises de Jérusalem*, c. 206.

foi mentie li met sus, et il ne l'attaint si comme il est devisé en l'autre chapitre, que le seignor peut son home attaindre de sa foi, ou l'om son seignor; ou se il gist charnellement à sa fille, ou la requiert de folie, ou li pourchasse pour autre affaire; ou se il quiert, ou fait pourchasser l'une des choses avant dites à la fille de son seignor, ou à sa seur, tant come elle est damoiselle en son hostel, ou seuffre, ou consent que autre li face, se il le peut destorner et il ne le faist ou du moins n'en fait son pooir; et de laquel des choses dessus dites que l'un mesprent vers l'autre, il ment sa foi [1].

Ce ne sont point là, vous le voyez, Messieurs, les services féodaux proprement dits, services dont nous parlerons tout-à-l'heure; ce sont de véritables obligations morales, des devoirs d'homme à homme. Or rappelez-vous, je vous prie, une remarque que j'ai eu occasion de faire en parlant des capitulaires de Charlemagne; c'est qu'il n'y a guère, dans la vie des peuples, qu'une seule époque où l'on voie des obligations purement morales ainsi écrites dans les lois. Quand les sociétés se forment, dans les lois barbares et grossières qui appartiennent à leur première enfance, la morale ne se rencontre point; les devoirs ne sont

[1] *Assises de Jérusalem*, c. 217, p. 147.

point considérés comme matière de loi ; on ne songe qu'à prévenir les violences et les atteintes à la propriété. Quand les sociétés ont atteint un grand développement, la morale n'est pas écrite non plus dans leurs codes ; la législation s'en remet aux mœurs, à l'empire de l'opinion, à la sagesse libre des volontés ; elle n'exprime que les obligations civiles et les châtimens institués contre les délits. Mais entre ces deux termes de la civilisation, entre l'enfance des sociétés et leur plus grand développement, il y a une époque où la législation s'empare de la morale, la rédige, la publie, la commande, où la déclaration des devoirs est considérée comme la mission et l'un des plus puissans moyens de la loi. On regarde alors, et non sans motif, comme une nécessité de seconder légalement le développement, de soutenir légalement l'empire des principes et des sentimens moraux ; on s'applique à les exalter pour qu'ils luttent contre la violence des passions et la brutalité des intérêts personnels. Et non-seulement on veut célébrer, exalter les principes et les sentimens moraux ; mais on sent le besoin de les attacher à quelque objet précis, visible ; l'idée générale et abstraite du devoir ne suffit pas ; il faut que le devoir se personnifie ; la loi lui indique les relations auxquelles il doit présider, les personnes qui en doivent être l'objet, les sentimens qu'il doit inspirer, les actions qu'il doit commander. Non-seulement elle enjoint telle ou telle vertu, mais elle en spécifie, elle en règle les applications.

C'est là, dans l'histoire de la société civile moderne, le caractère distinctif de la législation féodale. La morale y tient une grande place; elle énumère les devoirs réciproques des vassaux et des suzerains, les sentimens qu'ils doivent se porter, les preuves qu'ils sont tenus de s'en donner. Elle a de la prévoyance et des règles pour les grandes circonstances, les circonstances difficiles; elle pose et résout, pour ainsi dire, une foule de cas de conscience en matière de fidélité et de dévoûment féodal. A la tête, en un mot, des obligations qui découlent de cette relation, elle place les obligations morales de l'homme-vassal envers l'homme-suzerain, c'est-à-dire les devoirs. Viennent ensuite les obligations matérielles du propriétaire-vassal envers le propriétaire-suzerain, c'est-à-dire les services.

Je passe des devoirs aux services.

Le premier de tous, le plus connu, le plus général, celui que l'on peut considérer comme la source et la base même de la relation féodale, c'est le service militaire. C'était là sans nul doute la principale obligation attachée à la possession du fief. On a beaucoup discuté la nature, la durée, les formes de cette obligation. Rien de général ne saurait, je pense, être affirmé à ce sujet. Le service militaire féodal était là de soixante jours, ici de quarante, ailleurs de vingt; le vassal, sur la réquisition de son seigneur, était tenu de le suivre tantôt seul, tantôt avec tel ou tel nombre d'hommes, tantôt dans les limites du territoire féodal, tantôt partout, tantôt pour la défense seulement, tantôt pour l'attaque comme pour la défense. Les conditions de la durée du service militaire variaient selon l'étendue du fief : un fief de telle étendue obligeait à un service complet; un fief moitié moins grand n'imposait que la moitié du service. En un mot, la variété des conditions et des formes de l'obligation était prodigieuse.

M. de Boulainvilliers, dans ses *Lettres sur les anciens parlemens de France*[1], a prétendu faire remonter les règles légales du service militaire féodal jusqu'à une ordonnance de Charles le Gros, rendue à Worms vers l'an 880, et dont

[1] T. 1, p. 108-113; in-12, 1753.

il expose et discute longuement les dispositions. Cette ordonnance existe en effet; et elle détermine avec grand détail le service auquel sont tenus les vassaux envers leur suzerain, l'équipement dans lequel ils doivent venir, le nombre d'hommes qu'ils doivent amener, le temps qu'ils doivent donner à l'expédition, les provisions qu'ils doivent apporter, etc. Mais elle n'est point du tout de Charles le Gros, ni du IXe siècle, comme l'a un peu étourdiment affirmé M. de Boulainvilliers; elle est probablement de l'empereur Conrad II (1024-1039), et appartient certainement au XIe siècle, c'est-à-dire à une époque où la féodalité avait atteint son plein développement. A la fin du IXe siècle, on ne pouvait rencontrer rien de si complet et de si régulier.

Je ferai remarquer, à cette occasion, qu'un grand nombre d'écrivains, et des plus érudits, surtout dans les deux derniers siècles, sont souvent tombés dans cette erreur de prendre les documens et les témoignages historiques pêle-mêle, sans critique, sans en examiner l'authenticité, sans en bien établir la date et la valeur. C'est, par exemple, le défaut radical de l'*Esprit des lois*. A l'appui de ses vues, de ses aperçus si féconds, si ingénieux et souvent si justes, Montesquieu cite au hasard des faits et des textes empruntés aux sources les plus diverses. On voit qu'il lisait une multitude de voyages, d'histoires, d'écrits de tout genre, qu'il prenait partout des notes, et que ces notes lui étaient toutes à peu près également bonnes, qu'il les employait toutes à peu près avec la même confiance. De là deux fâcheux résultats : des faits, qu'il n'aurait pas dû admettre, lui ont suggéré beaucoup d'idées fausses ; des idées saines et vraies ont été par lui appuyées sur des faits faux ou fort incertains, qui les ont décriées quand on a reconnu l'erreur. L'examen scrupuleux de la valeur des documens et des témoignages est le premier devoir de la critique historique : de là dépend toute la valeur des résultats.

Le second service dû par le vassal à son suzerain, et qu'exprimait, selon Brussel, le mot *fiducia, fiance,* était l'obligation de servir le suzerain dans sa cour, dans ses plaids, toutes les fois qu'il convoquait ses vassaux, soit pour leur demander des conseils, soit pour qu'ils prissent part au jugement des contestations portées devant lui.

Le troisième service, *justitia,* était l'obligation de reconnaître la juridiction du suzerain. Il y a quelque doute sur le sens des deux mots, *fi-*

ducia et *justitia*, et sur la distinction que Brussel établit entre eux. Mais la question n'a point d'importance. Quant à la nature même et aux formes de ces deux obligations féodales, j'y reviendrai plus tard.

Il y en avait une quatrième un peu plus incertaine, non dans son principe, mais dans son étendue. Je veux parler des aides féodales, *auxilia*. Les aides étaient certaines subventions, certains secours pécuniaires que, dans certains cas, les vassaux devaient à leur seigneur. On distinguait les aides *légales* ou secours convenus d'avance, imposés par la simple possession du fief, et les aides *gracieuses* ou volontaires, que le seigneur ne pouvait obtenir que du consentement des vassaux. Les aides légales étaient au nombre de trois. Les vassaux les devaient au suzerain : 1° quand il était en prison, et qu'il fallait payer sa rançon ; 2° quand il armait son fils aîné chevalier ; 3° quand il mariait sa fille aînée. Telle était du moins la jurisprudence commune des fiefs.

Quelquefois, et pendant un certain temps, des aides extraordinaires furent considérées comme obligatoires : par exemple dans la ferveur des croisades s'introduisit l'obligation de donner une aide au seigneur toutes les fois qu'il voulait aller à la Terre-Sainte. On pourrait trouver quelques autres cas d'aides légales ainsi momentanément accréditées; mais les trois aides que j'ai indiquées d'abord sont celles qui se retrouvent à peu près constamment et partout.

Tels étaient, Messieurs, les devoirs et les services généraux imposés au vassal envers son suzerain; telles étaient les obligations légales attachées à peu près partout à cette qualité. L'usage introduisit de plus en faveur du suzerain quelques prérogatives qu'on ne saurait considérer comme primitives et inhérentes à la relation féodale, mais qui finirent par s'y incorporer. Voici, je crois, les principales.

1° Le suzerain avait ce qu'on appelait le droit de relief, c'est-à-dire qu'à la mort du vassal, son héritier devait payer au seigneur une certaine somme dite *relief* (*relevium*, *relevamentum*), comme si le fief était tombé par la mort du possesseur, et qu'il fallût le relever pour en reprendre possession. A la fin du xe siècle, on trouve la pratique du relief établie en France, quoiqu'avec d'assez grandes variations. En général, le relief n'était pas dû dans le cas de l'hérédité en ligne directe. Selon quelques coutumes même, par exemple dans l'Anjou et le Maine, il n'y avait lieu à relief dans la ligne collatérale qu'au-delà de la qualité de frère. La quotité du relief variait aussi beaucoup et était entre le suzerain et les vassaux un sujet continuel de débats et de transactions. Aucune règle fixe et générale n'était adoptée à ce sujet. Comme l'hérédité des fiefs avait été long-temps chancelante, contestée, et qu'à chaque changement de possesseur, il fallait obtenir la confirmation du suzerain, le droit de relief s'était assez naturellement développé dans la société féodale; mais il n'était point tombé, comme les grands services féodaux, sous l'empire de principes universels et précis.

2° Un second droit de même sorte, et dont l'introduction fut aussi fort naturelle, est celui qu'avait en général le seigneur, lorsque son vassal vendait son fief à un autre, d'exiger une certaine somme du nouveau possesseur. La relation féodale étant dans son origine purement personnelle, nul ne pouvait, vous le concevez sans peine, imposer au suzerain un autre vassal que celui qu'il avait adopté, avec lequel il avait traité. Aussi, dans les premiers temps, le vassal n'était-il point admis à vendre son fief sans le consentement de son seigneur. Cependant comme cette stagnation, cette immobilisation des fiefs était très-incommode, impraticable même dans la vie civile, la permission de vendre les fiefs s'introduisit bientôt sous une forme ou sous une autre, et à des conditions plus ou moins favorables; mais en s'introduisant elle fit naître, au profit du suzerain, un droit, soit de rachat, soit d'indemnité à chaque mutation. Ainsi, dès le xe siècle, le suzerain pouvait, en France, soit reprendre le fief en en payant au vendeur le prix, soit exiger de l'acheteur une certaine somme égale ordinairement à une année de revenu. Ce droit connu sous les noms de *placitum*, *rashatum*, *reaccapitum*, etc., fut sujet à beaucoup de variations, et se manifesta sous beaucoup de formes dont l'étude n'a aucune importance politique.

3° La forfaiture (*forisfactura*, mise-hors, déchéance) était également, pour le suzerain, un droit légal et une source de revenu. Lorsque le vassal manquait à tel ou tel de ses principaux devoirs féodaux, il tombait en forfaiture, c'est-à-dire qu'il perdait son fief, soit pour un temps limité, soit pour la vie, soit même pour toujours. L'avidité des suzerains travaillait sans cesse à multiplier les cas de forfaiture, et à la faire prononcer contre toute justice; mais elle n'en était pas moins une peine légale, la principale peine légale du code féodal, et un principe universellement admis dans la féodalité.

4° Le droit de tutelle ou de garde noble doit être aussi compté parmi les prérogatives du suzerain. Pendant la minorité de ses vassaux, il prenait la tutelle, l'administration du fief, et jouissait du revenu. Ce droit-là n'a jamais été généralement admis dans la féodalité française; il existait en Normandie et dans quelques autres provinces. Ailleurs, en cas de minorité d'un possesseur de fief, l'administration de son fief était remise au plus proche héritier, et le soin de sa personne à celui de ses parens qui ne devait point hériter de lui. Ce dernier usage était sans nul doute beaucoup plus favorable au mineur. Cependant la tutelle du suzerain était plus fréquente en France que ne paraît le croire M. Hallam, dans son *Tableau de l'état de l'Europe au moyen âge*[1].

5° Le suzerain avait aussi le droit de mariage (*maritagium*), c'est-à-dire le droit d'offrir un mari à l'héritière du fief, et de l'obliger à choisir entre ceux qu'il lui offrait. L'obligation du service militaire, obligation dont une femme ne pouvait s'acquitter, avait été la source de ce

[1] T. I, p. 190; édit. in-8°, Londres, 1819.

droit. Voici en quels termes le consacrent les Assises de Jérusalem :

Quant le seignor veaut semondre ou faire semondre, si com il doit, feme de prendre baron, quant elle a et tient fié qui li doie service de cors, ou a damoiselle à qui le fié eschait que il li doit service de cors, il li doit offrir trois barons; et tels que ils soient à lui afférens de parage, ou à son autre baron, et la doit semondre de deus de ses homes, ne de plus, ou faire la semondre par trois de ses homes, l'une en leuc de lui, et deus come court; et celui que il a establi en son leuc doit dire enci : « Dame, je vous euffre, » de par monseignor, tel, et le nome, trois barons tel et tel, » et les nome; et vous semons, de par monseignor, que de- » dans tel jour, et motisse le jour, aiés pris l'un des trois » barons que je vous ai només. » Et enci li die par trois fois [1].

La jeune fille ne pouvait se dispenser d'accepter un des maris qu'on lui offrait, si ce n'est en payant au suzerain une somme égale à celle qu'ils lui avaient offerte pour l'avoir pour femme; car celui qui prétendait à la main de l'héritière d'un fief l'achetait ainsi du suzerain.

M. Hallam croit que ce droit n'a jamais été usité en France [2] : il est dans l'erreur. Le

[1] *Assises de Jérusalem*, c. 242.

[2] *État de l'Europe au moyen âge*, t. 1, p. 191.

droit de mariage a si bien prévalu dans la féodalité française, que, dans le duché de Bourgogne, par exemple, et au XIVe siècle, non-seulement le duc de Bourgogne mariait ainsi les filles mineures de ses vassaux, mais qu'il étendait son pouvoir jusque sur les filles et veuves des marchands, des laboureurs ou des bourgeois riches [1].

C'étaient là les principales prérogatives introduites par l'usage au profit des suzerains. La violence et l'usurpation avaient souvent contribué à leur origine, et se mêlaient plus souvent encore à leur exercice. Cependant, à tout prendre, elles étaient assez conformes à la nature de la relation féodale, à ses principes fondamentaux ; aussi étaient-elles généralement acceptées. Je pourrais énumérer à leur suite plusieurs autres droits que réclamaient et possédaient souvent les suzerains sur leurs vassaux; mais ils n'ajouteraient rien à la juste idée de leurs rapports, et ceux dont je viens de parler sont seuls vraiment généraux et importans.

Quand une fois il s'était acquitté envers son

[1] *Mémoires de Jacques Duclercq*, l. 3, c. 6; dans la *Collection des Mémoires relatifs à l'histoire de France*, t. IX, p. 417.

seigneur de ces diverses obligations, le vassal ne lui devait plus rien, et jouissait, dans son fief, d'une entière indépendance; seul il y donnait des lois aux habitans, leur rendait la justice, mettait des taxes, etc., et n'en pouvait subir aucune que de son propre aveu. Tout me porte même à croire que, dans l'origine et en principe, le droit de battre monnaie appartenait à tout possesseur de fief aussi bien qu'à son suzerain. En fait, ce droit ne fut exercé sans doute que par les possesseurs de fiefs considérables, et ils ne tardèrent pas à en être seuls investis; mais, en principe et sauf les devoirs féodaux, l'égalité de droits dans l'intérieur des domaines me paraît entière entre le vassal et le suzerain.

Et non-seulement l'indépendance du vassal qui avait rempli ses devoirs féodaux était complète, mais il avait des droits sur son suzerain, et la réciprocité entre eux était réelle. Le seigneur était tenu non-seulement de ne faire aucun tort à son vassal, mais de le protéger, de le maintenir, envers et contre tous, en possession de son fief et de tous ses droits. On lit dans la *Coutume de Beauvaisis* :

Nous disons, et voirs est selonc nostre coustume, que tout autant comme li hons doit à son seigneur de foi et de loiauté par le reson de son houmage, tout autant li sires en doit à son houme...... Pour che que je dis ore que li sires doit autant de foi et de loiauté à son houme comme li hons à son seigneur, che n'est pas pour che à entendre que li hons ne soit tenus en mout de obéissance et mout de services dont li sires n'est pas tenu à son houme; car li hons doit aler as semonces son seigneur, et est tenus à fere ses jugemens, et à tenir ses commandemens resnaules (*raisonnables*), et à li servir, si comme je ai devant dit. Et en toutes tex choses n'est pas li sires tenus à son houme. Mais les fois et les loiautés que li sires a à son houme se doit estendre à che que li sires se doit garder que il ne face tort à son houme; et le doit mener débonnairement et par droit; et si li doit à garder et garantir che que il tient de li, en tele manière que nus ne l'en face tort. Et en cheste manière puet li sires garder sa foi vers son houme, et li hons vers son seigneur [1].

Nous voilà, Messieurs, au courant des relations des vassaux avec leur suzerain; je viens de mettre sous vos yeux le système de leurs droits et de leurs devoirs réciproques. Ce n'est encore qu'une première partie de la société féodale. Pour la connaître dans son ensemble, il nous reste à examiner : 1° quelles relations avaient entre eux les vassaux d'un même suzerain; 2° quelles garanties présidaient aux relations soit des vassaux entre eux, soit du suzerain et

[1] *Beaumanoir*, c. 61, pag. 311.

des vassaux; c'est-à-dire comment étaient assurés, en fait, leurs droits et leurs devoirs réciproques. Ce sera l'objet de notre prochaine réunion.

DIXIÈME LEÇON.

Continuation du tableau de l'organisation de la société féodale.—Des rapports qu'avaient entre eux les vassaux du même suzerain. — Des garanties politiques de la société féodale. — En quoi consistent en général les garanties politiques. — Des contestations entre vassaux. — Des contestations entre un vassal et son suzerain. — Des cours féodales et du jugement par les pairs. — Des moyens de faire exécuter les jugemens. — Impuissance des garanties féodales.—Nécessité où se trouvait chaque possesseur de fief de se protéger et de se faire justice lui-même. — Vraie cause de l'extension et de la longue durée du combat judiciaire et des guerres privées.

MESSIEURS,

Pour donner une idée claire des rapports des possesseurs de fiefs entre eux, j'ai dégagé ces rapports de tout élément étranger, de tout fait complexe; je les ai présentés sous leur forme la plus simple ; j'ai réduit la société féodale à un suzerain entouré d'un certain nombre de vassaux, possesseurs de fiefs de même nature et de même rang. J'ai montré quelles relations se formaient entre le chef et les membres de cette petite société, quels principes présidaient à leur formation, quelles obligations en résultaient. Nous sommes ainsi arrivés à une vue nette et complète du système des droits et des devoirs réciproques des vassaux et du suzerain. Occupons-nous d'abord aujourd'hui des rapports qu'avaient entre eux les vassaux du même suzerain. C'est là évidemment le second élément de cette association limitée et simple dans laquelle nous nous sommes renfermés.

Les vassaux d'un même suzerain, établis autour de lui, sur un même territoire, investis de fiefs de même rang, sont désignés au moyen âge par un mot qui est resté dans le langage des temps modernes, par le mot *pares, les pairs*. Je ne connais, du xe au xive siècle, aucun autre mot destiné à exprimer cette relation. Tous ces termes qui, dans les langues anciennes et les nôtres, marquent l'union, les rapports des habitans d'un même pays, les mots *concitoyens*, *compatriotes*, etc., sont inconnus au langage féodal; le seul mot qui leur ressemble, le mot *co-vassalli*, *co-vassaux*, est une expression d'érudits, inventée à une époque postérieure, et pour satisfaire à un besoin de la science, mais qui ne se rencontre pas dans les monumens originaux de la société féodale. Je n'y ai vu, je le répète, autant qu'il m'en souvient, aucun terme qui ait pour objet d'exprimer l'association des vassaux entre eux, indépendamment de tout contact avec le suzerain, leurs relations directes et personnelles. Le mot de *pares* est le seul qui les désigne en commun et par une même qualification.

C'est là un fait remarquable, Messieurs, et qui donne lieu de présumer que les vassaux d'un même suzerain avaient entre eux bien peu de rapports, et formaient à peine une société. S'ils avaient été fréquemment et directement en contact, si des liens étroits les avaient unis, des termes, à coup sûr, seraient là pour le dire; jamais les mots n'ont manqué aux faits; là où manquent les mots, très-probablement les faits ne sont pas.

C'est en effet le caractère de la société féodale, que les rapports des vassaux du même suzerain étaient, à ce titre du moins, indirects, rares et de peu d'importance. Dans nos sociétés actuelles, comme dans les sociétés municipales des anciens, les citoyens, les habitans du même territoire sont liés par mille relations directes, personnelles; le pouvoir public n'est pas le seul centre autour duquel ils se groupent; ils n'ont nul besoin d'être appelés auprès d'un magistrat, ralliés autour d'un supérieur commun pour apprendre qu'ils ont une situation, une destinée commune, qu'ils sont membres de la même société; ils le savent et le sentent chaque jour, dans cent occasions, cent affaires qui les rapprochent et les obligent à agir, à vivre ensemble. Rien de pareil n'existait dans la société féodale. Regardez-y de près; les vassaux d'un même suzerain ont des affaires auprès de lui, des droits et des devoirs envers lui; ils n'ont entre eux ni affaires, ni droits, ni devoirs; ils se trouvent ensemble autour du suzerain, quand il les convoque pour faire la guerre ou rendre la justice, ou se livrer à quelque fête. Mais hors ces réunions, et à moins qu'ils ne soient liés les uns aux autres à titre de suzerain et de vassal, ils n'ont entre eux point de rapports obligés, habituels; ils ne se doivent rien, ne font rien en commun : ce n'est que par l'intermédiaire de leur suzerain qu'ils se réunissent et se forment en société.

Ce fait, trop peu remarqué, Messieurs, est un

de ceux qui peignent et expliquent le mieux l'extrême faiblesse de la société féodale. Il y avait des relations habituelles, des liens nécessaires, c'est-à-dire société réelle entre le supérieur et les inférieurs. Les égaux vivaient isolés, étrangers les uns aux autres. Le lien féodal, le rapport du suzerain au vassal était, pour ainsi dire, le seul principe d'association, la seule occasion de rapprochement. Là où il manquait, rien ne le remplaçait; il n'y avait pas société, société légale et obligée : les hommes étaient dans une complète indépendance.

Cependant, et malgré leur isolement légal, par cela seul qu'ils habitaient le même territoire, qu'ils étaient voisins les uns des autres, qu'ils se rencontraient soit à la guerre, soit à la cour du suzerain, et pouvaient aisément et fréquemment s'atteindre, les vassaux du même suzerain avaient des rapports accidentels, irréguliers; ils commettaient les uns envers les autres des déprédations, des violences; des contestations s'élevaient entre eux. Il fallait absolument que quelques garanties d'ordre et de justice présidassent à ces relations; il en fallait aussi pour les rapports du suzerain avec ses vassaux.

Quelles étaient ces garanties? Nous connaissons le système des droits et des devoirs du suzerain et des vassaux; nous savons qu'entre les vassaux, et malgré l'absence de liens positifs, de droits et de devoirs directs, des occasions se rencontraient où un pouvoir reconnu avait nécessairement à intervenir pour maintenir ou rétablir l'ordre et la justice. Comment les droits et les devoirs du suzerain et des vassaux étaient-ils protégés? Comment se terminaient les contestations élevées entre les vassaux du même suzerain? Quel était, en un mot, dans la société féodale, le système des garanties?

Permettez, Messieurs, qu'avant d'exposer les faits, j'établisse avec quelque précision la question même à laquelle ils se rattachent.

Toute garantie consiste dans deux élémens : 1° un moyen de reconnaître le droit; 2° un moyen de le faire effectivement respecter.

Toute garantie, en effet, a pour objet de protéger un droit. Quand donc il y a recours à la garantie sociale, la première question qui se présente est de savoir où est le droit; et la première condition, le premier élément de la garantie, c'est un moyen de reconnaître le droit, c'est-à-dire un moyen de juger entre les droits en débat.

La seconde condition, le second élément de la garantie sociale, c'est une force qui fasse respecter le droit reconnu, c'est-à-dire une force qui fasse exécuter le jugement. Tout système de garanties sociales aboutit évidemment à ces deux termes : 1° un moyen de constater le droit; 2° un moyen d'en assurer le maintien.

Quels étaient, dans la société féodale, l'un et l'autre de ces moyens ? En quoi consistaient ses garanties, soit qu'il s'agît de reconnaître le droit, ou de protéger le droit reconnu ?

L'examen de la question de droit, quand il y a débat entre les individus, peut avoir lieu selon plusieurs systèmes. Il se peut, par exemple, qu'il y ait dans la société une classe d'hommes spécialement voués à cette fonction, chargés, par état et en toute occasion, d'examiner et de décider les contestations portées devant eux, c'est-à-dire une classe de juges. Il se peut aussi qu'il n'existe point de classe pareille; que, selon telle ou telle forme, tel ou tel principe, les membres de la société jugent eux-mêmes leurs contestations, prononcent eux-mêmes sur le conflit de leurs droits, c'est-à-dire qu'il n'y ait point de juges par état, que les citoyens eux-mêmes soient juges.

C'est par l'une ou l'autre de ces deux voies que le premier but de toute garantie politique peut être atteint, qu'on peut parvenir à reconnaître où réside le droit.

Dans la société féodale primitive, pure encore du mélange et de l'influence d'élémens étrangers, le premier système était inconnu; il n'y avait pas de classe spéciale investie du droit de juger; les membres mêmes de la société, c'est-à-dire les possesseurs de fiefs, étaient appelés à examiner et à prononcer entre les droits en débat. Plus tard, et par des causes dont je parlerai, il se forma dans le sein de la féodalité une classe de juges, d'hommes spécialement voués à l'étude et à la déclaration des droits privés; mais originairement, rien de pareil n'y existait; les citoyens se jugeaient eux-mêmes.

Dans ce système, et quand il n'y a point de classe spéciale chargée de juger, de graves différences peuvent se rencontrer encore. Les membres de la société peuvent se rendre la justice les uns aux autres, de deux façons différentes, et qui ont des conséquences très-diverses. Il se peut que, lorsqu'il y a contestation entre deux hommes, ils s'adressent à leurs égaux, et que leurs égaux, n'ayant d'ailleurs sur eux aucune autorité, aucun droit, se rassemblent, examinent et prononcent sur les droits en débat. Il se peut aussi qu'au lieu de s'adresser à leurs égaux, les contendans s'adressent à leur supérieur, à un supérieur commun, qui n'est point spécialement voué à la fonction de juge, qui est placé dans une situation et mène une vie analogue à celle de tous les membres de l'association, mais qui, vu la supériorité de sa condition sociale, est appelé à prononcer sur leurs débats. La justice, en un mot, même administrée par la société elle-même, peut être rendue soit entre égaux, soit du supérieur à l'inférieur.

En général, dans le premier âge des sociétés, ces deux systèmes, ces deux manières d'arriver à la reconnaissance du droit se combinent ensemble. C'est ce qui arrivait dans la société féodale. Voici comment elle procédait quand il y avait à prononcer, en matière de droit, entre deux vassaux du même suzerain.

Le plaignant s'adressait au suzerain; c'était au supérieur qu'on demandait justice de l'inférieur. Mais le suzerain n'avait nul droit de juger seul; il était tenu de convoquer ses vassaux, les pairs de l'accusé; et ceux-ci, réunis dans sa cour, prononçaient sur la question. Le suzerain proclamait leur jugement.

Le jugement par les pairs est essentiel à la société féodale. Voici des textes empruntés aux XIe, XIIe et XIIIe siècles, et qui vous montreront, à ces diverses époques, ce principe toujours reconnu et en vigueur.

Au XIe siècle (de 1004 à 1037), Eudes, comte de Chartres, écrit au roi Robert :

Seigneur, je veux te dire quelques paroles, si tu daignes les entendre. Le comte Richard (de Normandie), ton fidèle, m'a cité à venir pour recevoir jugement, ou m'accommoder au sujet des plaintes que tu élevois contre moi. Pour moi, j'ai remis toute ma cause en ses mains. Alors, de ton consentement, il m'a assigné un plaid où tout devoit se terminer. Mais le jour approchant, il m'a mandé de ne pas me atiguer à venir audit plaid, vu que tu ne voulois admettre aucun autre jugement ni accommodement, sinon de me faire signifier que je n'étois pas digne de tenir de toi aucun bénéfice; et il a ajouté *qu'il ne lui appartenoit pas de connaître d'un tel différend sans l'assemblée de ses pairs*, etc.[1].

Au XIIe siècle, en 1109, Robert II, comte de Flandre, conclut avec le roi d'Angleterre, Henri Ier, de qui il tenait des fiefs, une convention où on lit :

Ledit comte ira et prêtera aide au roi Henri selon sa foi... et il ne cessera point d'y aller jusqu'à ce que le roi de France ait fait juger que le comte Robert ne doit pas aide à son ami le roi d'Angleterre, de qui il tient fief; et cela *par les pairs dudit comte qui, en droit, le doivent juger*[2].

---

[1] Brussel, *Usage des fiefs*, t. 1, p. 334.

[2] Rymer, t. 1, p. 2.

Au XIIIe siècle, en 1220, Thibaut, comte de Champagne, prête à Philippe-Auguste le serment que voici :

Moi, Thibaut, fais savoir à tous que j'ai juré sur les saints autels, à mon très-cher seigneur Philippe, illustre roi des Français, que je le servirai bien et fidèlement comme mon seigneur-lige, contre tous hommes et femmes qui peuvent vivre et mourir ; et que je ne manquerai point à mon bon et fidèle service, *tant qu'il me fera droit dans sa cour par le jugement de ceux qui peuvent et doivent me juger*. Et si jamais, ce qu'à Dieu ne plaise, je manquois à mon bon et fidèle service envers mon seigneur roi, *tant qu'il me voudra faire et me fera droit dans sa cour par le jugement de ceux qui peuvent et doivent me juger*, le seigneur roi pourroit, sans méfaire, saisir ce que je tiens de lui et le retenir dans sa main, *jusqu'à ce que ce fût amendé par le jugement de sa cour et de ceux qui me peuvent et me doivent juger*[1].

En 1224 :

Quand Jean de Nesle cita à la cour du roi (Philippe-Auguste), Jeanne, comtesse de Flandres, sur le fondement qu'elle lui avoit fait *défaute de droit*, celle-ci, le déniant, dit au contraire « que Jean de Nesle avoit en Flandre des » pairs par lesquels il devoit être jugé dans la cour de la

[1] Brussel, *Usage des fiefs*, t. 1, p. 349.

» comtesse, et qu'elle était prête à lui faire droit dans sa cour » par lesdits pairs [1]. »

Je pourrais multiplier à mon gré ces exemples. Le principe était si puissant, si bien établi, que, lors même que le système judiciaire féodal eut reçu une profonde atteinte, lorsqu'il y eut, sous le nom de *baillis*, une classe d'hommes spécialement chargés de la fonction de juger, la nécessité du jugement par les pairs se perpétua long-temps, soit à côté de la nouvelle institution, soit même dans son sein. Voici un passage de la Coutume de Beauvaisis, par Beaumanoir, qui ne laisse à ce sujet aucun doute :

Il y a aucuns liex (lieux) là où li baillix fet les jugemens, et autres liex là où li homme qui sont homme du fief au seigneur les font. Or, disons nous ainsint que les lieus là où li baillis font les jugemens, quand li bailly a les paroles reçues et elles sont apuiées en jugement, il doit appeller à son conseilg des plus sages, et fere le jugement par leur conseilg. Car se l'en appelle dou jugement, et li jugement est trouviés mauves, li bailly est excusé de blesme quand on set que il le fist par conseil de saiges gents. Et ou lieu là où l'en juge par hommes, le bailly est tenu, en la présence des hommes, à penre (prendre) les parolles de chaux qui plaident, et doit demander es parties se il veulent oir

[1] Brussel, *Usage des fiefs*, t. 1, p. 261.

droit selonc les raisons que ils ont dites, et se il dient : « Sire, » oil, » li bailli doit contraindre les hommes que ils facent le jugement [1].

Vous voyez là les deux systèmes co-existans et même confondus.

Tel était, Messieurs, le principe fondamental de l'organisation judiciaire féodale, quand la contestation s'élevait entre les vassaux du même suzerain. Qu'arrivait-il quand elle avait lieu entre le suzerain et son vassal ?

Ici, il faut distinguer : ou la contestation avait pour objet quelqu'un des droits et des devoirs du vassal envers son suzerain, ou du suzerain envers le vassal, à raison de leur relation féodale et du fief qui y donnait lieu ; elle devait alors être jugée dans la cour du suzerain, par les pairs de son vassal, comme toute contestation entre vassaux. Ou bien la contestation ne roulait point sur le fief et la relation féodale, mais sur quelque fait étranger à cette relation, par exemple, sur quelque délit du suzerain, ou sur quelque atteinte par lui portée à quelque droit, à quelque propriété du vassal, autre que son fief; et alors le procès n'était

[1] Beaumanoir, t. I, p. 11.

plus jugé dans la cour du suzerain, mais dans celle du suzerain supérieur.

La distinction est clairement établie dans les monumens du temps. Voici un texte de Pierre de Fontaine :

Du meffait ke li sires feroit à son home lige, ou à son propre cors, ou à ses coses ki ne seroient mie du fief ke on tient de lui, ne plaideroit-il jà en sa court, ains s'en clameroit au sengneur de qui ses sires tenroit; car li home n'ont mie pooir de jugement faire seur le cors leur sengneur, ne de ses forfais amender, se ce n'est du fait ki apartiengne au fief dont il est sires [1].

Voici un texte de Beaumanoir qui n'est pas plus précis, mais qui entre encore dans plus de détails :

Voirs est que toutes choses qui sont proposées par devant le bailli ne ont mie mestier d'estre mises en jugement. Car quant le clameur est d'aucun cas qui touque (*touche*) à l'hiretage de son seigneur, ... ou se vilanie, ou son dammaige, et li cas est pour les houmes qui aider se vauroient (*voudraient*) en tel cas contre leur seigneur, li bailli ne le doit mie mettre en jugement, car li houmes ne doivent mie jugier leur seigneur; mais il doivent jugier li uns l'autre, et les quereles dou quemun pueple. Et se cheli

---

[1] Pierre de Fontaine, *Conseil à un ami*, c. 21, § 35.

qui a à faire contre le seigneur requiert que li droit li soit fet, li bailli, par le conseilg de son seigneur et de son conseil, li doit faire che qui cuide que il soit reson; et se il se deuilt de che que li bailli li fet, il doit montrer le grief au conte (*le suzerain supérieur*), et à chaus de son conseilg; et par chaus doit estre osté et amandé, et se li bailli a fet trop. Et ceste voie entendons-nous en tous les cas qui pueent touquier l'avantaige ou le pourfit de tous les hommes contre leur seigneur. Mes aucuns cas sont que li sires demande especiaument contre aucuns de ses houmes, ou aucuns de ses houmes contre leur seigneur; si comme se li sires demande l'amande d'aucun forfet qui a été fet en se terre, ou li demande aucun hiretage ou aucuns muebles dont il est tenant, en disant que il apartient à li par le coustume dou païs; et chil se deffend et dit que l'amande n'est pas si grant, ou que chil hiretage, ou chil mueble, que ses sires li demande, doivent estre sien, et en requiert droit. Toutes celles querelles puet et doit bien mettre li bailli au jugement des houmes [1].

Tels étaient les principes généraux de la juridiction féodale. Je n'entre pas dans l'examen des règles relatives à la conduite et au jugement des affaires : elles sont curieuses à connaître; mais nous n'étudions la féodalité que dans son rapport avec la civilisation en général, et il faut avancer.

Il pouvait arriver et il arrivait en effet sou-

[1] *Coutume de Beauvaisis*, c. 1, p. 12.

vent que justice n'était pas rendue ou que les plaignans la trouvaient mal rendue. Dans le premier cas, si le seigneur refusait, ou selon le langage du temps, *véoit* (*vetare*) la justice dans sa cour, le plaignant formait une plainte dite en *défaute de droit.* Il se plaignait que le droit lui avait failli, que son seigneur avait refusé de lui faire droit; et il portait sa plainte devant la cour du seigneur supérieur. Dans le second cas, si l'une des parties trouvait le jugement mauvais, elle se plaignait en *faux jugement*, et portait également sa plainte devant la cour du seigneur supérieur. Voici les textes où sont posés les principes à ce sujet; je les emprunte à la *coutume de Beauvaisis*, plus précise et plus détaillée que tous les autres monumens :

Défaute de droit si est de véer droit à fere à cheli qui le requiert; et encore puet-il estre en autre manière, si comme quant li seigneur deloient li ples (*plaids*) en leur cours plus que il ne pueent ne ne doivent contre coustume de terre [1].

Quiconque vieut son seigneur appeler de faux jugement ou défaute de droict, il doit avant tout son seigneur requierre que il li fache droict, et en la présence de ses pers.

---

[1] Beaumanoir, c. 61, p. 318.

Et se li sires li vée, il a bon apel de défaute de droict. Et se il apele avant que il ait son seigneur sommé en cheste manière, il est renvoiés en le court de son seigneur, et li doit amander che que il le trait en le court de souverain, seur si vilain cas. Et est l'amande à le volenté dou seigneur, de tout che que li appelieres tient de li [1].

Il ne convient pas que chil qui apele de faux jugement mete delai en son apel; ainchois doit apeler sitost comme li jugemens est prononciés; car, se il ne apele tantost, il convient que li jugemens soit tenus pour bon, quelque il soit, ou bons ou mauvés [2].

Chil qui apele soit de défaute de droit, ou de faux jugement, doit apeler devant le seigneur de qui l'en tient le court où li faux jugement fu fet; car se il le trespassoit et appeloit par devant le conte ou par devant le roy, si en auroit chil se court de qui l'en tenroit la justiche nu à nu où li jugement fu fet; car il convient apeler de degré en degré, chest à dire selonc che que li houmage descendent dou plus bas au plus prochein seigneur après; si comme du prevost au baillif, et du baillif au roy, es cours où prevost et baillif jugent; et es cours où les hommes jugent, selonc che que li houmages vont et descendent, li apel doivent estre fet en montant de degré en degré, sans nul seigneur trespasser [3].

Maintenant, Messieurs, je suppose ces divers

[1] Beaumanoir, c. 61, p. 318.
[2] *Ibid.*, p. 312.
[3] *Ibid.*, p. 317.

degrés parcourus, la juridiction féodale épuisée, le jugement définitif rendu, comment le faisait-on exécuter? en quoi consistait la seconde partie du système des garanties? quels moyens assuraient le rétablissement ou le maintien du droit une fois reconnu et proclamé?

De même qu'il n'y avait originairement, dans la société féodale, point de classe d'hommes spécialement chargée de juger, de même il n'y avait point de force publique chargée de faire exécuter les jugemens. Mais il était beaucoup plus aisé de suppléer au défaut de juges spéciaux, de magistrats, qu'au défaut d'une force capable de faire exécuter les jugemens. Les membres de la société, les possesseurs de fiefs pouvaient juger; mais leur jugement rendu, si celui qu'ils avaient condamné retournait dans son château, au milieu de ses hommes, et refusait d'obéir, qu'arrivait-il? Il n'y avait, pour l'accomplissement de la justice, nulle autre voie que la guerre. Le seigneur dans la cour duquel le jugement avait été rendu, ou le plaignant au profit duquel il avait été rendu, convoquait ses hommes, ses vassaux, et tentait de contraindre à l'obéissance celui qui avait été condamné. La guerre partielle, la force employée par les citoyens eux-mêmes, telle était en définitive la seule garantie de l'exécution des jugemens.

Je n'ai pas besoin de le dire; ce n'est pas là une garantie. L'exécution des jugemens, le rétablissement des droits juridiquement reconnus après contestation, n'en avait point en effet dans la société féodale.

Le mode d'examen et de reconnaissance des droits contestés, le système de juridiction que je viens d'exposer, valait-il mieux? le jugement par les pairs et les cours féodales était-il une garantie véritable, efficace? J'en doute fort.

Pour que la société exerce bien les fonctions judiciaires, pour qu'un délit, un procès quelconque soit bien jugé par les citoyens eux-mêmes, il importe que ceux auxquels on s'adresse dans ce dessein puissent être réunis promptement, facilement, souvent; qu'ils vivent habituellement rapprochés; qu'ils aient des intérêts communs, des habitudes communes; qu'il leur soit aisé et naturel de considérer sous le même point de vue, et de bien connaître les faits sur lesquels ils sont appelés à prononcer. Or rien de tel n'existait dans la société féodale. Ces vassaux, convoqués de temps en temps pour juger leurs pairs, étaient presque étrangers les uns aux autres, vivaient isolés dans leurs terres, sans relations intimes et fréquentes. Rien ne ressemblait moins à l'institution du jury, véritable type de l'intervention de la société dans les jugemens. Le jury suppose des concitoyens, des compatriotes, des voisins. C'est sur la facile réunion des jurés, sur la communauté de sentimens et d'habitudes qui les unit, sur les moyens qu'ils en tirent pour démêler et apprécier les faits, que reposent la plupart des avantages de l'institution. Comment ces avantages se seraient-ils rencontrés dans la société féodale? souvent, le plus souvent, les vassaux s'inquiétaient peu de venir à la cour de leur suzerain ; ils n'y venaient pas; qui les y aurait contraints? ils n'y avaient point d'intérêt direct ; et l'intérêt général, patriotique, ne pouvait être fortement excité dans un tel état social. Aussi les cours féodales étaient-elles fort peu suivies ; on était obligé de se contenter d'un très-petit nombre d'assistans. Selon Beaumanoir, deux pairs de l'accusé suffisent pour juger ; Pierre de Fontaine en veut quatre ; saint Louis, dans ses *Établissemens*, fixe ce nombre à trois. Le seigneur appelait ceux qui lui convenaient ; rien ne l'obligeait à les convoquer tous, à convoquer les uns plutôt que les autres ; l'arbitraire régnait ainsi dans la composition de la cour féodale ; et ceux qui s'y rendaient y étaient le plus souvent attirés soit par quelque intérêt personnel, soit par le seul désir de complaire à leur suzerain. Il n'y avait là, vous le voyez, Messieurs, point de véritables garanties ; et celle qui semble résulter du jugement par les pairs était rendue inefficace par l'état social.

Aussi en cherchait-on d'autres : les cours féodales, le jugement par les pairs, tout ce système de juridiction que je viens d'exposer, n'inspiraient évidemment à la société féodale aucune confiance, n'y étaient point d'une application facile et fréquente. Les possesseurs de fiefs vidaient leurs débats par d'autres moyens.

Il n'est aucun de vous, Messieurs, qui n'ait souvent rencontré dans ses lectures le combat judiciaire, les guerres privées, et ne sache que ces deux faits ont rempli l'époque féodale et la caractérisent. On les a, en général, représentés comme le résultat de la brutalité des mœurs, de la violence des passions, du désordre et du brigandage général. Sans nul doute, ces causes-là y ont beaucoup contribué : elles ne sont cependant pas les seules; la brutalité des mœurs n'est pas la seule raison qui ait maintenu si longtemps ces deux faits, et en ait fait l'état habituel, l'état légal de la société féodale. C'est parce que le système des garanties judiciaires était vicieux et impuissant, parce que personne n'y avait foi, et ne se souciait d'y avoir recours, c'est faute de mieux, en un mot, qu'on se faisait justice soi-même, qu'on se protégeait soi-même. Qu'est-ce donc que le combat judiciaire et les guerres privées? C'est l'individu se protégeant lui-même, se faisant justice lui-même. On appelait son adversaire à combattre, parce que les garanties pacifiques n'inspiraient aucune confiance; on faisait la guerre à son ennemi, parce qu'on ne croyait à aucun pouvoir capable de le contenir ou de le protéger. Il y avait sans doute penchant, goût, passion, si l'on veut, pour cette façon d'agir; il y avait aussi nécessité. Aussi, la guerre privée et le combat judiciaire devinrent-ils de véritables institutions, des institutions réglées selon des principes fixes, et avec des formes minutieusement convenues; principes bien plus fixes, formes bien mieux convenues que n'étaient celles des jugemens pacifiques. On trouve dans les monumens féodaux beaucoup plus de détails, de précautions, de prescriptions sur les duels judiciaires que sur les procès proprement dits, sur les guerres privées que sur les poursuites juridiques. Qu'est-ce à dire, sinon que le combat judiciaire et la guerre privée sont les seules garanties auxquelles on ait confiance, et qu'on les institue, qu'on les règle avec soin parce qu'on y a plus souvent recours? Je vais vous lire quelques textes tirés de la coutume de Beauvaisis; elle a été écrite, vous le savez, vers la fin du XIIIe siècle, après tous les efforts de Philippe-Auguste et de saint Louis pour abolir les guerres privées. Vous y verrez combien les racines de ce fait étaient profondes, combien il était encore la véritable institution judiciaire féodale.

Guere si puet mouvoir en pluries manieres, si comme par fet ou par paroles; ele muet par paroles quant li un manache (*menace*) l'autre a fere vilenie ou annui de son cors, ou quant il le defie de lui ou des siens; et si muet par fet quant chaude meslee sourt entre gentix houmes d'une part et d'autre. Si doit l'en savoir que, quant se muet par fet, chil qui sont au fet chient (*tombent*) en le guere sitot comme li fais est fais, et li lignage de l'une partie et de l'autre ne chiet en guere devant quarente jours après le fet. Et se le guere muet par manaches ou par defiement, cil qui sont defié ou menacié chient en guere puis luec en avant. Mais voir est que pour che que grans baras pouroit advenir en tel cas, si comme se aucuns avoit espié son fet avant que il eut fet menaches ni defies, et après sur le fet menachoit ou defioit, il ne se pouroit escuser dou fet pour tele menache ne pour tel deffiement. Doncques li gentix housmes qui menache ou defie se doit souffrir que li defiés se puist garder et garantir, ou autrement il ne se poura escuser dou meffet, ainchois devra estre justiciés se il meffet [1].

Qui autrui vieut mettre en guere par paroles, il ne les doit pas dire doubles ne couvertes, mais si clers et si apertes que chil a qui les paroles sont dites ou envoiées sache que il convient que il se gart. Et qui autrement le feroit se seroit traison [2].

Certes, ce sont là des formalités bien prévoyantes, bien précises; et le fait auquel elles s'appliquent ne saurait être considéré comme la simple explosion de la brutalité, de la violence des mœurs. Voici d'autres textes encore plus remarquables.

Quand la guerre s'élevait entre deux possesseurs de fiefs, leur parenté y était engagée, mais à certaines conditions et dans certaines limites, qu'on avait pris grand soin de régler :

Guere ne se puet fere entre deux freres germains, engenrés d'un pere et d'une mere, pour nul contens (*contestation*) que entre eus mueve, neis se li un avoit l'autre batu ou navié; car li uns n'a point de lignage qui ne soit aussint procheins à l'autre comme à lui; et quiconque est aussi procheins lignage de l'une des parties comme de l'autre de chaus qui

---

[1] Beaumanoir, c. 59, p. 300.

[2] *Ibid.*, p. 301.

sont chief de la guere, il ne se doit de le guere mesler. Donc se deux freres ont contens ensemble, et li uns meffet à l'autre, chil qui se meffet ne se puet escuser du droit de guere, ne nul de son lignage qui li vueille aidier contre son frère, si comme il pouvoit advenir de chaus qui aimeroient miex li un de l'autre. Doncques quant tix contens naist, li sires doit punir chelui qui meffet à l'autre, et fere droit dou contens [1].

Tout aions nous dit que guere ne se puet fere entre deux freres germains d'un pere et d'une mere, se ils n'estoient frere que de par pere et non par mere, guere se pouroit bien fere entre aus par coustume, car chascuns auroit lignage qui n'apartiendroit pas à l'autre; si comme ils étoient freres de par pere et non de par le mere, li lignage que chascuns auroit de par se mere n'apartienroit à l'autre frere, et pour che pouroient-ils le guere maintenir [2].

Ne sont-ce pas là de singulières précautions légales? Vous auriez peut-être été tentés de croire qu'en interdisant la guerre de frère à frère, on rendait hommage à un principe moral, à un sentiment naturel: point du tout. La raison de la loi, c'est que, s'il y avait guerre entre deux frères, ils ne sauraient comment se la faire, attendu qu'ils ont les mêmes parens. Je pourrais citer mille détails, mille passages de ce genre qui prouvent à quel point les

[1] Beaumanoir, c. 59, p. 299.
[2] *Ibid.*, p. 300.

guerres privées étaient une institution dont on avait prévu toutes les nécessités, toutes les difficultés, et qu'on s'était appliqué à régler.

Il en était de même du combat judiciaire. On ne trouve presque rien dans les monumens féodaux sur la marche de la procédure pacifique; mais dès qu'il s'agit du combat judiciaire, les détails abondent; les formalités qui doivent précéder le combat sont minutieusement décrites; toutes les précautions sont prises pour que la loyauté et la justice y président. Arrivait-il, par exemple, qu'au milieu du combat quelque incident vînt à le suspendre? les surveillans, les hérauts d'armes présens dans l'arène étaient chargés d'examiner attentivement la position des deux adversaires au moment de la suspension, afin qu'ils fussent obligés de la reprendre quand le combat recommencerait. On avait recours à la force; c'était la force qui devait juger la question; mais on voulait introduire, dans son jugement, autant de régularité, autant d'équité qu'il en pouvait admettre.

Plus vous examinerez les documens, plus vous verrez que le combat judiciaire et la guerre privée, c'est-à-dire l'appel à la force, le droit de chacun à se faire justice lui-même, était le vrai système de garantie de la société féodale, et que les garanties juridiques, par procédure pacifique, dont j'ai essayé de vous donner une idée, tenaient au fait, dans le régime féodal, assez peu de place.

Nous nous sommes renfermés, Messieurs, dans la société féodale la plus simple. Nous y avons étudié, d'une part, le système des droits et des devoirs réciproques des possesseurs de fiefs; de l'autre, le système des garanties qui devaient protéger ces droits. Nous avons maintenant à considérer la société féodale dans toute son étendue et sa complexité; nous avons à faire la part et à examiner l'influence des élémens étrangers qui vinrent s'y joindre. Mais je voudrais auparavant résumer complètement les principes de l'organisation féodale proprement dite, en apprécier les mérites et les vices, vous faire enfin pressentir, en elle-même et dans sa propre nature, les causes de sa destinée. Je l'essaierai dans notre prochaine réunion.

ONZIÈME LEÇON.

Caractère général de la société féodale. — De ses bons principes. — 1° Nécessité du consentement individuel pour la formation de la société; — 2° Simplicité et notoriété des conditions de l'association; — 3° Point de charges et de conditions nouvelles sans le consentement individuel; — 4° Intervention de la société dans les jugemens; — 5° Droit de résistance formellement reconnu; — 6° Droit de rompre l'association; ses limites. — Des vices de la société féodale. — Double élément de toute société. — Faiblesse du principe social dans la féodalité. — Prédominance excessive de l'individualité. — Par quelles causes. — Conséquences de ces vices. — Progrès de l'inégalité des forces entre les possesseurs de fiefs. — Progrès de l'inégalité des droits. — Décadence de l'intervention de la société dans les jugemens. — Origine des prévôts et des baillis. — Formation d'un certain nombre de petites royautés. — Conclusion.

MESSIEURS,

Nous connaissons l'organisation de la société féodale. Nous savons quels rapports liaient entre eux les possesseurs de fiefs, soit suzerain et vassaux, soit vassaux du même suzerain. Nous savons quel était le système de leurs droits et de leurs devoirs réciproques, et aussi le système des garanties qui assuraient l'accomplissement des devoirs, le maintien des droits et le redressement des torts. Avant d'examiner ce que firent, de cette société ainsi constituée, les élémens étrangers qui s'y trouvèrent mêlés; avant de rechercher comment se combinèrent la féodalité, la royauté et les communes, et quels résultats se développèrent progressivement; soit par leur amalgame, soit par leur lutte, arrêtons-nous encore sur la société féodale elle-même; rendons-nous un compte bien précis de son organisation et des principes qui y présidaient; essayons d'entrevoir ce qu'elle devait devenir, en vertu de sa propre nature, de sa propre tendance, indépendamment de toute influence complexe, de tout élément étranger. Il importe de bien savoir quelle part de la destinée de la féodalité doit être imputée à ce qu'elle était réellement, en elle-même, et non à ce que firent d'elle les causes extérieures qui vinrent la combattre ou la modifier.

Je voudrais résumer d'abord les principes constitutifs, bons ou mauvais, de la société féodale, et apprécier soit leur mérite intrinsèque, soit leur tendance naturelle, leur influence nécessaire.

Je commencerai par les bons principes, les principes de droit et de liberté, que j'ai déjà démêlés dans la société féodale, et qu'on a souvent méconnus.

Le premier, c'est que le lien féodal ne se formait que par le consentement de ceux qui y étaient engagés, du vassal comme du suzerain, de l'inférieur comme du supérieur; c'est-à-dire que la société ne commençait que par la volonté de ses membres. L'hommage, le serment de fidélité et l'investiture n'étaient autre chose, vous l'avez vu, que l'adhésion réciproque du suzerain et du vassal au lien qui devait les unir. Sans doute, et je l'ai déjà fait remarquer, ce principe était modifié, limité par un autre principe qui se développait également dans la société féodale, par l'hérédité des situations sociales et des fiefs. On naissait propriétaire, héritier de tel fief, c'est-à-dire vassal de tel suzerain. Il n'y avait rien là que de conforme au cours général des choses. L'hérédité des situations sociales et des fortunes est un fait naturel, nécessaire, qui se reproduit dans toute société. Sur ce fait reposent la liaison des générations entre elles, la perpétuité de l'ordre social, le progrès de la civilisation. Si les hommes ne succédaient pas à la situation de leurs prédécesseurs, si la société était, à chaque génération, entièrement subordonnée à la volonté des individus qui se renouvellent sans cesse, il n'y aurait évidemment aucun lien entre les générations humaines; toutes choses seraient sans cesse remises en question; l'ordre social serait pour ainsi dire à créer tous les trente ans.

Rien à coup sûr n'est plus contraire à la nature de l'homme, à la destinée du genre humain; ou plutôt il n'y aurait alors point de genre humain, point de destinée générale et progressive de l'humanité. L'hérédité des situations sociales est donc un fait légitime, providentiel, une conséquence de la supériorité de la nature humaine, une condition de son développement. Mais ce fait n'est pas seul et n'a pas droit à tout l'empire. A côté de l'hérédité des situations sociales, doit se placer aussi le libre concours de l'individu à sa situation, l'influence de sa volonté sur sa destinée. Chaque fois qu'un nouvel individu arrive sur la scène du monde, il a bien droit, à coup sûr, d'agir lui-même dans ce qui le regarde, de délibérer, de choisir sa situation, de le tenter du moins ; et si ce choix lui est interdit, si sa volonté est absolument étouffée, abolie par une situation héréditaire, il y a tyrannie. C'est dans le juste balancement de ces deux principes, l'hérédité des situations sociales, d'une part, et le consentement individuel, de l'autre, c'est, dis-je, dans le juste balancement de ces deux principes que résident l'équilibre et le bon état de la société.

Or, Messieurs, le principe de l'hérédité des situations sociales se développait et prévalait de plus en plus dans la société féodale comme dans toute autre; mais le principe de la nécessité du consentement individuel, pour la formation de la société, y subsistait également; chaque fois qu'une nouvelle génération se présentait, chaque fois que, par le renouvellement des individus, il pouvait y avoir lieu à renouveler le lien entre le vassal et le suzerain, ce principe était reconnu, proclamé. Et non-seulement il était reconnu et proclamé, mais il exerçait en fait, sur les relations féodales, une véritable influence ; il leur donnait un caractère qu'elles n'auraient point eu sans cela. Cette nécessité où se trouvait le suzerain d'obtenir, de génération en génération, l'hommage et le serment, c'est-à-dire l'engagement personnel du vassal, établissait au profit du vassal une indépendance, et pour tous les deux, une réciprocité de droits et de devoirs, qui se seraient probablement bientôt affaiblies, peut-être évanouies, si la vassalité eût passé de droit de génération en génération, sans que le consentement formel de l'individu vînt sans cesse la confirmer et la rajeunir.

C'est là, Messieurs, le premier des principes salutaires, des principes de liberté et de droit qui se rencontrent dans la société féodale. Je n'ai pas besoin d'insister davantage pour en faire sentir la valeur. En voici un second.

En entrant dans la société féodale, en devenant vassal d'un suzerain, on le devenait à des conditions convenues, bien déterminées, connues d'avance. Les obligations, soit matérielles, soit morales, des vassaux et des suzerains, les services et les devoirs réciproques qui leur étaient imposés, n'avaient rien de vague, d'incertain, d'illimité. Quand il prêtait foi et hommage, le nouveau vassal savait exactement ce qu'il faisait, quels droits il acquérait, quels devoirs il contractait. Il n'en est pas ainsi, tant s'en faut, dans la plupart des sociétés, et surtout dans nos grandes sociétés modernes. Les hommes y naissent sous l'empire de lois qu'ils ne connaissent point, d'obligations dont ils n'ont aucune idée ; sous l'empire non-seulement de lois et d'obligations actuelles, mais d'une multitude d'obligations et de lois éventuelles, possibles, auxquelles ils ne concourront pas, et qu'ils ne connaîtront pas davantage avant le moment où ils auront à les subir. Il y a peut-être dans ce mal quelque chose d'irrémédiable, et qui provient de l'étendue des sociétés modernes. Peut-être, dans la prodigieuse variété et la complexité toujours croissante des relations humaines, le progrès de la civilisation n'arrivera-t-il jamais à ce point que chaque individu sache à quelles conditions il entre et vit dans la société, quelles obligations il a à accomplir, quels sont ses droits et ses devoirs. Mais ce fait, fût-il inévitable, n'en serait pas moins un grand mal. Là est la source sinon de toutes, au moins d'une bonne partie des clameurs qui s'élèvent contre l'ordre social actuel. Ouvrez les livres empreints à cet égard d'un caractère d'amertume et de révolte, par exemple le traité de *la Justice politique* de Godwin ; vous y verrez inscrites, en tête des iniquités et des calamités de notre état social, cette ignorance, cette impuissance où sont tant d'hommes quant aux conditions de leur destinée. Et il ne faut pas avoir assisté long-temps au spectacle du monde pour être frappé en effet, douloureusement frappé de cet impitoyable dédain avec lequel la puissance sociale s'exerce sur des milliers d'individus qui n'en entendent jamais parler que pour la subir, sans aucun concours de leur intelligence et de leur volonté.

Rien de pareil n'existait dans la société féodale. Entre les possesseurs de fiefs, les conditions de l'association n'étaient point nombreuses, ni vagues, ni illimitées; on les connaissait, on les acceptait d'avance; on savait, en un mot, ce qu'on faisait en devenant citoyen de cette société, ce qu'on faisait dans le présent, ce qu'on aurait à faire dans l'avenir.

De là découlait nécessairement un troisième principe non moins salutaire au droit et à la liberté : c'est qu'aucune nouvelle loi, aucune nouvelle charge ne pouvait être imposée au possesseur de fief, si ce n'est de son consentement. En fait, ce principe était très-souvent violé; beaucoup de charges nouvelles étaient imposées par des suzerains à leurs vassaux, et uniquement en vertu de la force. Le pouvoir législatif fut usurpé, au bout d'un certain temps, par la plupart des grands suzerains. Cependant ce n'était point là le principe, l'état légal de la société féodale. Ces maximes que nous rencontrons sans cesse dans les histoires modernes, et qui de violation en violation ont cependant passé jusqu'à nous : « Nulle taxe n'est légitime » si elle n'est consentie par celui qui doit la » payer ; — nul n'est tenu d'obéir aux lois qu'il » n'a pas consenties ; » ces maximes, dis-je, appartiennent à l'époque féodale ; non que la féodalité les ait inventées et introduites dans le monde ; elles y étaient bien avant elle ; elles font partie de ce trésor de justice et de bon sens que le genre humain ne perd jamais tout entier. Mais elles étaient explicitement admises dans la société féodale ; elles constituaient son droit public. De même que chaque possesseur de fief savait, en entrant dans cette relation, quelles obligations il contractait et quels droits il acquérait, de même il était reconnu qu'aucune charge, aucune loi nouvelle ne pouvaient lui être imposées sans son consentement formel.

Un quatrième principe non moins salutaire, et que la société féodale possédait également, c'était l'intervention du public dans l'administration de la justice, le jugement des contestations élevées entre les propriétaires de fiefs, par les propriétaires de fiefs eux-mêmes. Comme le disait, il y a quelques années, M. Royer-Collard, en termes aussi exactement vrais qu'énergiques, un peuple qui n'intervient point dans les jugemens peut être heureux, tranquille, bien gouverné ; il ne s'appartient pas à lui-même, il n'est pas libre, il est sous le glaive. Toutes choses, dans l'état social, aboutissent à des jugemens ; l'intervention des citoyens dans les jugemens est donc la garantie véritable, définitive, de la liberté. Or, cette garantie existait, vous l'avez vu, dans la société féodale ; le jugement par les pairs y était le principe fondamental, bien que fort irrégulièrement appliqué, de la juridiction.

Voici un cinquième principe de liberté qu'on trouve rarement écrit dans les lois, qu'il est même rarement utile d'écrire, et que la société féodale a écrit et proclamé formellement, peut-être plus qu'aucune autre ; je veux parler du droit de résistance. Vous avez vu ce qu'étaient les guerres privées ; elles n'étaient point un simple acte de brutalité, une simple usurpation de la force ; elles étaient au fond un moyen légal, souvent l'unique moyen de redressement de beaucoup d'injustices. Qu'était-ce là, au fond, sinon le droit de résistance ? Et non-seulement ce droit était ainsi consacré dans la pratique, dans les mœurs de la féodalité ; on le trouve reconnu, inscrit dans les lois mêmes par lesquelles on entreprit de réprimer les guerres privées, et d'introduire, entre les possesseurs de fiefs, plus d'ordre et de paix. On lit dans les *Etablissemens* de saint Louis :

Se li sire a son hons lige, et il li die : « Venez-vous en o (*avec*) » moi, car je vueil guerroier mon seigneur (le roy) qui m'a » véé (*refusé*) le jugement de sa cour, » li hons doit respondre en tele manière à son seigneur : « Sire, je iray volentiers sa- » voir à mon seigneur (le roy) se il est ainsi que vous me » dites. » Adonc il doit venir au seigneur (le roy), et doit dire : « Sire, messire dit que vous lui avez véé le jugement » de vostre court, et pour ce suis-je venu à vostre court, » pour savoir en la vérité, car messire m'a semons que je » aille en guerre encontre vous. » Et se li seigneur (le roy) li dit que il ne fera jà nul jugement en sa court, li hons en doit tantost aller à son seigneur, et ses sires le doit pourveoir de ses despens; et se il ne s'en voloit aller o lui, il en perdroit son fié par droit. Et se li chief seigneur avoit répondu : « Je feré droit volentiers à vostre seigneur en » ma cort ; » li hons devroit venir à son seigneur, et dire : « Sire, mon chief seigneur m'a dit que il vous fera volentiers » droit en sa court. » Et se li sires dit : « Je n'enterré (*n'en-* » *trerai*) jamais en sa court, més venez-vous en o moi, si » comme je vous ai semons ; » adonc pourroit bien dire li hons : « Je n'iray pas. » Pour ce n'en perdroit jà, par proit, ne fié, ne autre chose [1].

---

[1] *Etablissemens de saint Louis*, l. 1, c. 49. — *Ordonnances des rois de France*, t. 1, p. 143.

Cette dernière phrase indique une limitation, une condition récemment imposée au droit de résistance; mais le droit lui-même est positivement proclamé.

Voici un second texte qui n'est pas moins remarquable. Il n'appartient pas, à la vérité, au droit féodal de la France; c'est le dernier paragraphe de la grande Charte des Anglais, de la Charte concédée, en 1219, par le roi Jean. Mais l'état d'idées et de mœurs qui s'y révèle était celui de la féodalité tout entière; et si le droit de résistance à main armée n'a été nulle part aussi régulièrement institué, il était de même partout reconnu.

La grande Charte se termine en ces termes :

Ayant accordé pour la réforme de notre royaume, et pour apaiser la discorde qui s'est élevée entre nous et nos barons, toutes les choses susdites, et voulant qu'ils en jouissent sûrement et à toujours, nous leur avons concédé la garantie suivante, savoir :

Les barons éliront à leur gré vingt-cinq barons du royaume, qui emploieront toutes leurs forces à faire observer et maintenir la paix et les libertés que nous leur avons accordées et confirmées par cette charte.

Si nous ou notre grand justicier, ou nos baillis, ou quelques-uns de nos ministres et serviteurs, venons à y manquer ou à en violer quelque article, et que la violation soit révélée à quatre des vingt-cinq barons susdits, ces quatre barons viendront à nous, ou en notre absence à notre grand justicier, nous dénonceront cet excès et nous requerront de le faire cesser sans retard; et si nous ou notre grand justicier ne réformons pas ledit excès dans l'espace de quarante jours après en avoir été informés, les quatre barons rapporteront l'affaire au reste des vingt-cinq barons; et alors ceux-ci, avec la communauté de toute la terre, nous molesteront et poursuivront de toute façon à eux possible, savoir par la prise de nos châteaux, terres, possessions et autrement, jusqu'à ce que l'abus ait été réformé à leur gré, sauf toutefois la sûreté de notre personne, de celle de la reine et de nos enfans; et quand l'abus aura été réformé, ils nous serviront comme auparavant.

Que tout homme de cette terre, qui le voudra, jure que pour faire exécuter les choses susdites, il obéira aux ordres des vingt-cinq barons susdits et nous molestera au besoin, de tout son pouvoir. Nous donnons à chacun la permission de le jurer librement, et n'en empêcherons jamais personne. Et quant aux hommes de cette terre qui ne voudraient pas d'eux-mêmes prêter ledit serment, nous le leur ferons prêter par nos propres ordres.

Si quelqu'un des vingt-cinq barons meurt ou quitte le pays, ou est empêché d'une façon quelconque de concourir à l'exécution des choses susdites, les barons restans en éliront à leur gré un autre qui jurera d'agir comme eux [1].

Il est impossible, à coup sûr, d'établir plus positivement en droit, de convertir plus com-

[1] *Grande Charte du roi Jean*, art. 61.

plètement en institution cette garantie du recours à la force que les peuples civilisés, avec grande raison, redoutent tant d'invoquer et même d'énoncer. Elle est souvent la seule dans les temps barbares; et la féodalité, fille de la barbarie, n'avait garde d'être aussi réservée que la civilisation, soit à l'écrire, soit à s'en servir.

Enfin, indépendamment du droit de résistance, il y avait encore, dans la société féodale, un dernier principe, une dernière garantie de liberté généralement admise, c'était le droit de rompre l'association, de renoncer à la relation féodale, à ses charges comme à ses avantages. Le vassal et le seigneur le pouvaient également. Certains cas étaient expressément prévus dans lesquels cette rupture pouvait avoir lieu; par exemple si le vassal croyait avoir quelque grave motif d'appeler son seigneur au combat judiciaire, il en était le maître; il fallait seulement qu'il renonçât à son hommage, à son fief. Voici le texte de la coutume de Beauvaisis :

Encore, par notre coustume, nus ne puet appeler son seigneur, à qui il est hons de cors et de mains, devant que il li a délessé l'oumage et che que il tient de luy. Doncques se aucun vient appeler son seigneur d'aucun cas de crieme auquel il chiet (*écheoit*) appel, il doit, ains l'apel, venir à son seigneur en la présence de ses pers, et dire en cheste manière :

« Sire, je ai esté une pièce en vostre foi et en vostre hou-
» mage, et ai tenu de vous tex hiretages en fief. Au fief et
» à l'oumage, et à la foy je renonce pour che que vous
» m'avés meffet, douquel meffet je entent à guerre (*querir*)
» vanjance par apel. » Et puis celle renonciation, semondre le doit fere en le court de son souverain, et aler avant en son apel. Et se il apele avant que il ait renoncié au fief et à l'oumage, il ni a nul gages; ainchois amandera à son seigneur le vilenie que il li a dite en court, et à le court aussint; et sera chascune amande de soixante livres [1].

Le seigneur était dans le même cas; quand il voulait appeler son vassal au combat judiciaire, il devait également renoncer au lien féodal :

Et par cheste reson poons nous veoir que, puisque li hons ne puet apeler son seigneur tant comme il est en son houmage, li sires ne puet apeler son houme. Doncques se li sires vieut apeler son houme, il doit quitier l'oumage en la présence dou souverain devant que il l'apele, et puis puet aler en son apel [2].

Les vassaux avaient même souvent la prétention de pouvoir rompre le lien féodal et se séparer de leur suzerain, arbitrairement, sans aucun motif, par le seul fait de leur volonté.

[1] Beaumanoir, *Coutume de Beauvaisis*, c. 61, p. 310-311.
[2] *Ibid.*, p. 311.

A la vérité les monumens de la législation féodale ne reconnaissent pas cette prétention comme légitime. Je lis dans Beaumanoir :

Li aucun si cuident que je puisse lessier le fief que je tieng de mon seigneur, et le foi et l'oumage, toutes les fois que il me plest; mais non puis se il n'y a resnable cause. Et ne pourquant, quant on les vieut lessier, li seigneur les reprennent volentiers par leur convoitise. Mais se il advenoit que messires meust semons pour son grant besoing, ou pour l'ost dou comte ou dou roy, et je en tel point vouloi lessier mon fief, je ne garderoi pas bien ma foi et ma loiauté vers mon seigneur; car foi et loiauté est de si franche nature que ele doit estre gardée et especiaument à chelui à qui elle est promise; car à l'oumage fere, promet-on à son seigneur (foi) et loiauté; et puisque ele est promise, che ne seroit pas loiauté de renoncier el point que ses sires s'en doit aidier.

Or veons doncques, si je renonce à mon fief pour che que je ne vueil pas mon seigneur aidier à son besoing, que messires en pourroit fere, car il ne puet justicier fors che que je tieng de li; et cheli ai-je rendu et lessié. Que fera il donc? je di, se il li plest, que il me pourra traire en le court dou souverain par apel; et me pourra mettre sus que je aurai ouvré vers lui faussement, mauvesement et desloiaument; et i aura bonne cause d'apel [1].

On assignait ainsi des limites, des formes à cette faculté de se séparer, de rompre le lien

[1] Beaumanoir, c. 61, p. 311.

social; mais elle n'en était pas moins le principe primitif, dominant, de la féodalité.

On dira peut-être que partout et toujours il en est ainsi, que tout homme qui veut abandonner ses biens, sa situation, est maître de quitter la société à laquelle il appartient, et de transporter sa destinée ailleurs. L'erreur serait grande, Messieurs, et par plus d'une raison. Remarquez d'abord que, dans les sociétés fondées sur le fait de l'origine, sur le principe du territoire, la législation suit partout l'individu né sous son empire. Ainsi la législation française passe avec les Français en pays étranger, leur impose partout les mêmes obligations, et ne reconnaît leurs actes qu'autant qu'ils ont été accomplis sous les conditions et dans les formes qu'elle prescrit. Ce n'est pas tout : un homme parmi nous a beau quitter son pays, transplanter ailleurs toute sa vie ; son pays conserve toujours sur lui des droits, et lui impose certains devoirs ; il lui sera défendu de porter les armes contre son ancienne patrie, de se considérer comme tout-à-fait étranger à elle. Je ne discute pas le mérite de cette législation ; je remarque seulement le fait : il est certain que maintenant la rupture matérielle avec la société au sein de laquelle l'homme est né, ne l'en sépare pas complètement, ne le dégage pas de tout lien avec elle. Comment s'en étonner? C'est la conséquence du principe même sur lequel nos sociétés sont aujourd'hui fondées; dès que la qualité de membre de la société ne provient pas du consentement de l'individu, dès que c'est là un fait indépendant de lui, une simple conséquence de ce qu'il est né de tels ou tels parens, sur tel ou tel territoire, évidemment il n'est pas en son pouvoir d'abolir ce fait; il n'est au pouvoir de personne de n'être pas né de parens français, sur le territoire français. L'homme ne peut donc, dans ce système, renoncer absolument à la société dont il a fait d'abord partie; elle est pour lui primitive et fatale; sa volonté ne l'a pas choisie, sa volonté ne peut l'en séparer tout entier.

Quand au contraire le consentement de l'individu est le principe en vertu duquel il appartient à la société, on comprend sans peine que, s'il retire son consentement, si sa volonté vient à changer, il cesse de faire partie de la société. Or il en arrivait ainsi dans la société féodale. Comme le libre choix de l'individu était la source, la condition du moins de la relation, quand il prenait une autre résolution, il rentrait dans sa pleine et primitive indépendance. Ce changement de résolution était, il est vrai, soumis à certaines règles ; la rupture du lien féodal n'était pas complètement arbitraire ; mais quand elle avait lieu, elle était complète. Le vassal ne devait plus rien au suzerain qu'il avait renoncé.

Tels étaient, Messieurs, les principes de droit et de liberté qui présidaient à l'association des possesseurs de fiefs. Ce sont là, à coup sûr, des garanties salutaires, de bons élémens d'organisation politique. Pénétrons cependant au-delà de ce premier examen ; essayons de bien apprécier, pour ainsi dire, la valeur sociale de ces garanties, leur sens et leur but véritable. A quoi se rapportaient-elles? Qu'étaient-elles destinées à protéger? La liberté individuelle, l'indépendance de l'individu contre toute force extérieure. Reprenez l'un après l'autre les six principes admis par la féodalité que je viens de faire passer sous vos yeux, vous verrez qu'ils ont tous le même caractère, qu'ils proclament tous les droits de l'individualité, et tendent à la maintenir dans son libre et énergique développement.

Est-ce là, Messieurs, toute la société? L'organisation sociale a-t-elle pour unique but la garantie de l'indépendance individuelle? Je ne le pense pas.

Qu'est-ce, à vrai dire, dans l'état social, que l'indépendance individuelle? C'est la portion de son existence et de sa destinée que l'individu ne met pas en commun, qu'il n'engage pas dans ses relations avec les autres hommes, dont il se réserve la possession, la disposition exclusive.

Mais ce n'est point là l'homme tout entier. Il y a aussi une portion de son existence, de sa destinée, que l'individu met en commun, qu'il engage dans ses relations avec ses semblables, et que, par une conséquence nécessaire, il soumet à certaines conditions, aux conditions naturelles ou convenues, des liens qui l'unissent à eux.

La société, Messieurs, c'est l'ensemble de ces deux faits-là. Elle comprend, d'une part, ce que les hommes mettent en commun, toutes les relations qui les unissent; d'autre part, ce qui, dans chaque individu, reste indépendant de toute relation, de tout lien social, cette portion de la vie et de la destinée humaine qui demeure isolée et indépendante pour chacun, au milieu même de ses semblables.

Je voudrais me rendre et vous rendre compte avec quelque précision de ce qu'est vraiment la portion d'existence et de destinée que les hommes mettent en commun, et qui constitue, à proprement parler, la société.

Du moment où les individus sont engagés dans quelque relation, du moment où, dans un but quelconque, ils agissent en commun, il y a entre eux société, sur ce point là du moins. La société, dans son sens le plus large et le plus simple à la fois, c'est la relation qui unit l'homme à l'homme.

Il est évident que la société peut subsister indépendamment de toute garantie extérieure, de tout lien politique, de toute force coercitive. Il suffit que les hommes la veuillent. A toutes les époques de la vie des peuples, à tous les degrés de la civilisation, il y a une multitude de relations humaines qui ne sont réglées par aucune loi, dans lesquelles aucun pouvoir public n'intervient, et qui n'en sont pas moins puissantes, ni moins durables, qui n'attirent et ne retiennent pas moins dans une destinée commune une portion de l'existence des individus.

C'est même aujourd'hui une remarque vulgaire qu'à mesure que la civilisation et la raison font des progrès, cette classe de faits sociaux qui sont étrangers à toute nécessité extérieure, à l'action de tout pouvoir public, devient de jour en jour plus large et plus riche. La société non gouvernée, la société qui subsiste par le libre développement de l'intelligence et de la volonté humaine, va toujours s'étendant à mesure que l'homme se perfectionne. Elle devient de plus en plus le fond de l'état social.

A côté de ces relations que crée et règle la volonté seule de ceux qui y sont engagés, se place un autre élément social, le gouvernement, qui crée aussi et maintient des rapports entre les hommes indépendamment de leur volonté. Quand je dis *gouvernement*, je comprends sous ce mot les pouvoirs de tout genre qui existent dans la société, depuis les pouvoirs domestiques qui ne sortent pas de la famille, jusqu'aux pouvoirs publics qui sont placés aux sommités de l'État. L'ensemble de ces pouvoirs est aussi un puissant lien social; non-seulement ils donnent naissance entre les hommes à beaucoup de relations que ne créerait pas leur volonté seule; mais ils imposent à ces relations, et à beaucoup d'autres, la perpétuité et la régularité, gage de la paix et du développement progressif de la société.

Les volontés individuelles et les pouvoirs publics, le libre choix des hommes et le gouvernement, ce sont là, Messieurs, les deux sources desquelles dérivent les relations humaines et leur transformation en société active et permanente. Interrogez maintenant la féodalité; rappelez-vous l'étude que nous venons d'en faire; et vous verrez que l'un et l'autre de ces élémens sociaux y étaient faibles, peu féconds, et n'y pouvaient créer qu'une société chancelante. S'agit-il de ces relations libres que forment entre eux les individus, sans aucune coaction extérieure, et qui tiennent parmi nous une si grande place? Elles étaient, entre les possesseurs de fiefs, rares, incertaines; il n'en pouvait résulter ni grand mouvement, ni forte cohésion dans la société. Est-ce au contraire le gouvernement que vous considérez, ce principe social qui réside dans la présence du pouvoir et dans son efficacité pour imposer et maintenir les relations des hommes? Celui-là aussi était, dans la féodalité, sans fécondité et sans énergie. Point de pouvoir central monarchique, ou à peu près; point de pouvoir public non plus, c'est-à-dire émané de la société elle-même; point de sénat, point d'assemblée publique; rien qui ressemblât à l'organisation active et forte des républiques anciennes. Il n'y avait, dans l'association des possesseurs de fiefs, ni sujets, ni citoyens. L'action du supérieur sur l'inférieur était peu de chose; l'action entre égaux, à peu près nulle. La société proprement dite, en un mot, c'est-à-dire la mise en commun d'une certaine portion de la vie, de la destinée, de l'activité des individus, était très-faible et très-bornée; la portion d'existence, au contraire, qui demeure distincte, isolée, c'est-à-dire l'indépendance individuelle, était très-grande. L'infériorité de l'élément social à l'élément individuel, c'est là le caractère propre et dominant de la féodalité.

Il n'en pouvait être autrement : j'ai déjà eu l'honneur de vous le dire; la féodalité a été un premier pas hors de la barbarie, le passage de la barbarie à la civilisation. Or, le caractère dominant de la barbarie, c'est l'indépendance de l'individu, la prédominance de l'individualité; chaque homme fait, dans cet état, ce qu'il lui plaît, à ses risques et périls. L'empire des volontés et la lutte des forces individuelles, c'est là le grand fait de la société barbare. Ce fait fut combattu et limité par l'établissement du régime féodal. La seule influence de la propriété territoriale et héréditaire rendit les volontés individuelles plus fixes, moins désordonnées; la barbarie cessa d'être errante; premier pas, et pas immense vers la civilisation. De plus, les volontés individuelles reconnurent des devoirs, des règles. Le vassal s'astreignit, envers son suzerain, à des obligations morales et matérielles, plus explicites, plus permanentes que ne l'étaient, dans la vie barbare, celles des compagnons envers leur chef. Il y eut donc aussi en ce sens, sous le rapport moral, progrès et grand progrès vers la civilisation. Cependant l'indépendance individuelle demeura encore le caractère dominant du nouvel état social. Ses principes la consacraient; ses garanties eurent surtout pour objet de la maintenir. Or, ce n'est point par la prédominance de l'indépendance individuelle que se fonde et se développe la société; elle consiste essentiellement dans la portion d'existence et de destinée que les hommes mettent en commun, par laquelle ils tiennent les uns aux autres, et vivent dans les mêmes liens, sous les mêmes lois. C'est là, à proprement parler, le fait social. Sans doute l'indépendance individuelle est respectable, sainte, et doit conserver de puissantes garanties; l'homme ne livre pas à la société sa vie tout entière; une grande part lui appartient toujours, isolée, étrangère à toute relation sociale; et dans les relations mêmes où il s'engage, son indépendance doit profiter de tous les progrès que font sa raison et sa volonté. Mais évidemment, dans le régime féodal et entre les possesseurs de fiefs, cette indépendance était excessive, et s'opposait à la formation, au progrès véritable de la société; c'était l'isolement encore plus que la liberté. Aussi, indépendamment de toute cause étrangère, par sa seule nature, par sa tendance propre, la société féodale était-elle toujours en question, toujours sur le point de se dissoudre; incapable du moins de subsister régulièrement et de se développer sans se dénaturer. Quelques faits généraux, que je vais mettre sous vos yeux, vous montreront ce travail de désorganisation intérieure, cette impossibilité de durée, de fidélité à ses principes primitifs, qui caractérisent la féodalité.

Et d'abord une prodigieuse inégalité s'introduisit très-vite entre les possesseurs de fiefs. Vous avez vu que, dans les premiers temps, la multiplication des fiefs fut rapide, et que la pratique de la sous-inféodation donna naissance à une multitude de petits fiefs et de petits seigneurs. Dès le milieu du XIe siècle, commence le phénomène contraire : le nombre des petits fiefs, des petits seigneurs, diminue; les fiefs déjà grands s'agrandissent aux dépens de leurs voisins. La force présidait presque seule à ces relations; rien n'en arrêtait les effets; et dès que l'inégalité était quelque part, elle allait se déployant avec une rapidité, une facilité inconnues dans les sociétés où le faible trouve, contre le fort, protection et garantie. Il n'est pas besoin de grandes recherches pour se convaincre que telle fut, du XIe au XIVe siècle, la marche des choses. Ouvrez seulement le second volume de l'*Art de vérifier les dates*, qui contient l'histoire des principaux fiefs de France; vous y verrez, dans cet intervalle, trente-neuf fiefs éteints, absorbés par d'autres fiefs plus heureux ou plus puissans. Et remarquez qu'il n'est ici question que de fiefs considérables, qui ont un nom célèbre, une histoire. Que serait-ce si nous recherchions quelle fut la destinée de tous ces petits fiefs placés à la portée d'un suzerain puissant? Nous en verrions disparaître un grand nombre; nous verrions partout l'inégalité se développer, les suzerains s'étendre aux dépens de leurs vassaux.

Quand l'inégalité des forces est grande, l'inégalité des droits ne tarde pas à le devenir. Vous avez vu qu'originairement tout possesseur de fief avait, dans son domaine, les mêmes droits, le pouvoir législatif, le pouvoir judiciaire, souvent même le droit de battre monnaie. Il n'en fut pas long-temps ainsi. Dès le XIe siècle, sous le point de vue de la juridiction, par exemple, l'inégalité des possesseurs de fiefs est évidente : les uns possèdent ce qu'on a appelé la haute justice, c'est-à-dire une juridiction complète, qui comprend tous les cas ; les autres n'ont que la basse justice, juridiction inférieure et limitée, qui renvoie au jugement du suzerain les cas les plus graves. Sous le point de vue législatif et politique, le même fait se déclare. Les simples habitans d'un fief, colons ou serfs, dépendaient complètement, vous l'avez vu, du seigneur, qui exerçait sur eux tous les droits de la souveraineté. On voit, au bout d'un certain temps, le suzerain intervenir dans le gouvernement intérieur des fiefs de ses vassaux, exercer un droit de surveillance, de protection, dans les rapports du simple seigneur avec la population sujette de ses domaines. Cette protection fut sans doute appelée par la nécessité ; elle réprima souvent l'intolérable tyrannie du petit possesseur de fief sur de malheureux colons; et à tout prendre, l'accroissement de pouvoir des grands suzerains fut beaucoup plus favorable que nuisible au sort des hommes et au progrès de la société; mais ce n'en fut pas moins une usurpation, un abandon des principes essentiels et de l'état primitif de la féodalité.

De bien autres changemens s'y accomplissaient en même temps, et toujours par les mêmes causes, par le seul effet des vices naturels du système, surtout de l'excessive indépendance individuelle. Le principe fondamental, en matière de contestations privées, était, vous le savez, le jugement par les pairs, l'intervention de la société elle-même dans le pouvoir judiciaire. Mais les vassaux avaient peu de rapports entre eux; il était difficile de les réunir, difficile de compter sur leur intelligence ou leur équité. Le recours à la force, soit par le combat judiciaire, soit par la guerre privée, était le mode le plus commun de mettre fin aux procès. Mais la force n'est pas la justice; les plus grossiers esprits ne les confondent pas long-temps. La nécessité d'un autre système judiciaire, d'un véritable jugement, devint bientôt évidente. Le jugement par les pairs était presque impraticable. Alors s'introduisit dans la féodalité un autre système judiciaire, une classe spéciale d'hommes voués à la fonction de juges. C'est là la véritable origine des baillis, et même avant les baillis, des prévôts, chargés, au nom du suzerain, d'abord de percevoir ses revenus, les redevances des colons, les amendes, ensuite de rendre la justice. Ainsi commença l'ordre judiciaire moderne, dont le grand caractère est d'avoir fait, de l'administration de la justice, une profession distincte, la tâche spéciale et exclusive d'une certaine classe de citoyens. De même que vous avez vu, sous la race carlovingienne, Charlemagne obligé de faire, des *scabini*, de véritables juges, des magistrats permanens, à la place des hommes libres qui ne se rendaient plus aux plaids locaux, et ne se souciaient plus de leurs droits; de même, dans le régime féodal, les propriétaires de fiefs abandonnèrent le pouvoir judiciaire, cessèrent de se juger entre eux, et le pouvoir judiciaire tomba aux mains de magistrats spéciaux, des prévôts et des baillis.

Ainsi, Messieurs, par cela seul que le lien social manquait à la féodalité, les libertés féodales périssaient rapidement; les excès de l'indépendance individuelle compromettaient perpétuellement la société; elle ne trouvait, dans les relations des possesseurs de fiefs, ni de quoi se maintenir régulièrement, ni de quoi se développer; elle eut recours à d'autres principes, à des principes contraires à ceux de la féodalité; elle chercha dans d'autres institutions les moyens dont elle avait besoin pour devenir permanente, régulière, progressive. La tendance vers la centralisation, vers la formation d'un pouvoir supérieur aux pouvoirs locaux, fut rapide. Bien avant que la royauté générale, la royauté qui est devenue la royauté française, intervînt sur tous les points du territoire, il s'y était formé, sous les noms de *duché*, de *comté*, de *vicomté*, etc., plusieurs petites royautés, investies du gouvernement central, dans telle ou telle province, et sous la main desquelles les droits des possesseurs de fiefs, c'est-à-dire les souverainetés locales, s'abaissaient de plus en plus.

Tels étaient, Messieurs, les résultats naturels, nécessaires, des vices intérieurs du régime féodal, et surtout de la prédominance excessive de l'indépendance individuelle. Ces conséquences se développèrent bien plus rapidement, bien plus énergiquement, quand des influences étrangères, quand la royauté et les communes vinrent y pousser à leur tour et seconder ce travail de désorganisation auquel, par sa propre nature, la société féodale était en proie. L'étude de ces deux nouveaux élémens de la France moderne et de leur rôle au sein de la féodalité, sera l'objet de nos prochaines réunions. Nous commencerons par l'histoire de la royauté.

DOUZIÈME LEÇON.

État de la royauté à la fin du xe siècle. — Affaiblissement progressif de ses divers principes. — Contradiction entre la situation de droit et la situation de fait de la royauté carlovingienne. — Nécessité de sa chute. — Caractère de l'élévation de Hugues Capet. — Progrès du principe de la légitimité. — État de la royauté sous Robert, Henri Ier et Philippe Ier. — Était-elle aussi faible, aussi nulle qu'on le dit? — Causes et limites de sa faiblesse. — Incertitude de son caractère et de ses principes. — Nouveau caractère de la royauté sous Louis VI. — Elle se dégage du passé et se met en harmonie avec l'état social. — Guerres et gouvernement de Louis VI. — Gouvernement de Suger sous Louis VII. — État de la royauté à la mort de Louis VII.

MESSIEURS,

Nos réunions ont été un peu dérangées. Permettez qu'en les reprenant je rappelle, en quelques mots, le plan que nous avons suivi et le point où nous sommes arrivés.

C'est de l'époque féodale que nous nous occupons. Dans l'époque féodale, nous avons distingué l'histoire de la société civile, l'histoire de la société religieuse et l'histoire de l'esprit humain. Nous ne pourrons traiter cette année que l'histoire de la société civile. Nous l'avons divisée en deux sections. Nous nous sommes promis d'étudier d'une part l'élément féodal, les possesseurs de fiefs; d'autre part, les élémens non féodaux, qui concouraient aussi à la formation et aux destinées de la société, c'est-à-dire la royauté et les communes.

En étudiant l'élément féodal proprement dit, nous l'avons considéré sous divers aspects. Nous avons commencé par nous renfermer dans l'intérieur du simple fief, du domaine féodal élémentaire. Nous avons examiné d'abord l'état progressif du possesseur de ce fief et de sa famille, c'est-à-dire ce qui se passa dans l'intérieur du château féodal; ensuite ce qui se passa autour du château, dans le village féodal, c'est-à-dire l'état de la population sujette.

Le fief simple et les révolutions intérieures qui y sont survenues du xe au xive siècle, ainsi bien connus, nous avons considéré les relations des possesseurs de fiefs entre eux, les institutions qui y présidaient, la société féodale dans son organisation et son ensemble.

Enfin, nous avons tenté de nous rendre compte avec quelque précision des principes généraux de la féodalité, de ses mérites et de ses vices ; et nous avons ainsi cherché en elle-même, dans sa propre nature, les premières causes de sa destinée.

J'aborde aujourd'hui l'examen de cette seconde portion de la société civile qui n'était point féodale dans son origine ni dans son caractère, qui cependant a coexisté avec la féodalité, et l'a d'abord puissamment modifiée, ensuite vaincue ; je veux dire la royauté et les communes. J'essaierai de suivre dans leurs développemens, du xe au xive siècle, ces deux grands élémens de notre civilisation. Je commence par la royauté.

Vous vous rappelez quel était à la fin du xe siècle, au moment de la chute de la race carlovingienne, c'est-à-dire au commencement de l'époque féodale proprement dite, l'état de la royauté en France. J'en ai déjà dit quelques mots[1]. Elle avait eu quatre origines, elle dérivait de quatre principes différens. Sa première origine était la royauté militaire barbare; les chefs des guerriers germains, ces chefs nombreux, mo-

[1] *Voyez* dans ce même volume, leçon quatrième, p. 136.

biles, accidentels, souvent simples guerriers eux-mêmes, entourés des compagnons qu'attiraient leur libéralité et leur bravoure, étaient désignés par ce même mot, *kong*, *kœnig*, *king*, qui est devenu le titre de *roi*; et leur pouvoir, quelque limité, quelque chancelant qu'il pût être, fut l'une des bases sur lesquelles s'éleva la royauté après l'établissement territorial.

Elle trouva aussi chez les barbares une base religieuse. Dans les différentes tribus ou confédérations germaines, chez les Francs entre autres, certaines familles, issues des anciens héros nationaux, étaient investies à ce titre d'un caractère religieux et d'une prééminence héréditaire, qui devint bientôt un pouvoir.

Telle est la double origine barbare de la royauté moderne. Nous lui avons reconnu en même temps une double origine romaine. Nous avons distingué d'une part la royauté impériale, personnification de la souveraineté du peuple romain, et qui avait commencé à Auguste; d'autre part la royauté chrétienne, image de la Divinité, représentation, dans une personne humaine, de son pouvoir et de ses droits.

Ainsi, 1° chefs de guerriers barbares; 2° descendans des héros, des demi-dieux barbares; 3° dépositaires de la souveraineté nationale, personnification de l'Etat; 4° image et représentans de Dieu sur la terre, tels étaient les rois, du VIe au Xe siècle. Ces quatre idées, ces quatre origines concouraient alors à former la royauté.

A la fin du Xe siècle, et, si je ne me trompe, je l'ai déjà fait remarquer, l'un de ces quatre caractères avait complètement disparu. Il n'y avait plus aucune trace de la royauté religieuse barbare. La seconde race des rois francs, les Carlovingiens, n'avaient nulle prétention à descendre des anciens héros germains, à être investis d'une prééminence religieuse nationale. Ils n'étaient point, comme les Mérovingiens, une famille à part, distinguée par sa longue chevelure. Trois seulement des caractères primitifs de la royauté se réunissaient entre eux : ils étaient des chefs de guerriers, les successeurs des empereurs romains, les représentans de la Divinité.

L'idée romaine, le caractère impérial domina d'abord dans la royauté carlovingienne. C'était le résultat naturel de l'influence de Charlemagne. La résurrection de l'empire, et non-seulement du nom de l'empire, mais du pouvoir réel des empereurs, tel fut, vous le savez, le rêve de sa pensée, le but constant de ses efforts. Il y réussit assez pour rendre en quelque sorte à la royauté considérée comme institution politique, sa physionomie impériale, et imprimer fortement dans l'esprit des peuples l'idée que le chef de l'État était l'héritier des empereurs. Mais après Charlemagne, et sur la tête de ses successeurs, la couronne ne conserva pas long-temps cette glorieuse et puissante physionomie. A partir de Louis le Débonnaire, on voit s'établir dans la royauté carlovingienne, non pas précisément une lutte, mais une incertitude, une fluctuation continuelle entre l'héritier des empereurs et le représentant de la Divinité, c'est-à-dire entre l'idée romaine et l'idée chrétienne qui servaient l'une et l'autre de base à la royauté. C'est tantôt à l'une, tantôt à l'autre de ces origines, de ces idées, que Louis le Débonnaire, Charles le Chauve, Louis le Bègue, Charles le Gros, redemandent la force et l'ascendant qui leur échappent. Comme chefs militaires, ils ne sont plus rien; c'est encore là une source de pouvoir qui se tarit pour eux. Le caractère impérial romain et le caractère religieux chrétien leur restent seuls; leur trône chancelle sur ces deux bases.

Sa ruine en était la conséquence presque inévitable. A ce double titre, comme héritière des empereurs et comme alliée du clergé chrétien, la royauté carlovingienne était, à la fin du xe siècle, dans une situation fausse et faible. L'empire de Charlemagne était démembré, le pouvoir central détruit; ce qui constituait essentiellement la royauté impériale, cette toute-puissance, cette présence universelle, cette administration unique et partout active, avaient complètement disparu. Le clergé chrétien était en même temps fort déchu de son ancienne grandeur. Il en avait dû une partie à l'unité de l'Église, à sa constitution générale, à la tenue fréquente des conciles, à l'ascendant qu'ils exerçaient sur les esprits, au pouvoir central qu'ils établissaient au sein de la chrétienté. Par le triomphe de la féodalité et la prédominance des institutions et des idées locales, cette unité visible de l'Église éprouva, sinon un échec irréparable, du moins une forte éclipse. Les conciles devinrent plus rares et moins puissans. Dans les petits États nouveaux, l'importance et le pouvoir du seigneur laïque l'emportèrent sur l'importance et le pouvoir de l'évêque. Le clergé agit beaucoup moins comme corps et dans son ensemble : ses membres, isolés, tombèrent dans une sorte d'infériorité. De là un affaiblissement assez grand, quoique passager, pour l'Église en général, et pour toutes les institutions, toutes les idées qui s'y rattachaient, entre autres pour la royauté considérée sous son aspect religieux, et comme image de la Divinité. C'est dans le xᵉ siècle que cette idée paraît avoir exercé le moins d'empire.

La royauté carlovingienne se trouvait ainsi dépourvue de ses deux appuis fondamentaux, l'un et l'autre fort chancelans. Il y a plus : elle était en contradiction, en hostilité même avec le nouvel état, les nouveaux pouvoirs de la société. Presque toutes ces souverainetés locales naguère formées étaient autant de démembremens du pouvoir central. Ces ducs, ces comtes, ces vicomtes, ces marquis, maintenant indépendans dans leurs domaines, étaient, pour la plupart, d'anciens bénéficiers ou d'anciens officiers de la couronne. L'ancienne royauté, la royauté de Charlemagne, leur était donc suspecte, comme une puissance sur laquelle ils avaient usurpé, et qui avait beaucoup à leur redemander. Elle conservait des droits supérieurs à ses forces ; elle avait des prétentions fort au-dessus de ses droits. Elle était, aux yeux des seigneurs féodaux, l'héritière dépossédée d'un pouvoir auquel ils avaient obéi, et sur les ruines duquel s'était élevé le leur. Par sa nature, son titre, ses habitudes, ses souvenirs, la royauté carlovingienne était donc antipathique au régime nouveau, au régime féodal. Vaincue par lui, elle l'accusait et l'inquiétait encore par sa présence. Elle devait disparaître.

Elle disparut en effet. On s'est étonné de la facilité que trouva Hugues Capet à s'emparer de la couronne. On a tort. En fait, le titre de roi ne lui conféra aucun pouvoir réel dont ses égaux se pussent alarmer : en droit, ce titre perdit, en passant sur sa tête, ce qu'il avait encore pour eux d'hostile et de suspect. Hugues, le comte de Paris, n'était point dans la situation des successeurs de Charlemagne; ses ancêtres n'avaient point été rois, empereurs, souverains de tout le territoire; les grands possesseurs de fiefs n'avaient pas été ses officiers ou ses bénéficiers; il était l'un d'entre eux, sorti de leurs rangs, jusque là leur égal; ce titre de *roi* qu'il s'appropriait pouvait leur déplaire, mais non leur porter sérieusement ombrage. Ce qui portait ombrage dans la royauté carlovingienne, c'étaient ses souvenirs, son passé. Hugues Capet n'avait point de souvenirs, point de passé; c'était un roi parvenu, en harmonie avec une société renouvelée. Ce fut là sa force, ce qui du moins rendit sa position plus facile que celle de la race qu'il écartait.

Il rencontra cependant un obstacle moral qui mérite notre attention. Si l'idée de la royauté impériale, et même celle de la royauté chrétienne, s'étaient fort affaiblies, un nouveau principe s'était développé, qu'on avait pu entrevoir lors de la chute des Mérovingiens, mais qui apparut, à celle des Carlovingiens, bien plus accrédité et plus clair, le principe de la légitimité. Dans l'opinion, non des peuples, ce serait trop dire, car il n'y avait à cette époque point de peuple ni d'opinion générale, mais dans l'opinion d'un grand nombre d'hommes importans, les descendans de Charlemagne étaient seuls rois légitimes; la couronne était considérée comme leur propriété héréditaire. Cette idée ne suscita point à Hugues Capet de grandes et longues difficultés : cependant elle survécut à son succès et continua d'agir sur les esprits. Je lis dans une lettre de Gerbert à Adalbéron, évêque de Laon, écrite en 989, c'est-à-dire deux ans après l'avénement de Hugues à la couronne :

Le propre frère du divin Auguste Lothaire, l'héritier du royaume, en a été expulsé. Ses rivaux ont été placés au rang des rois. Beaucoup de gens du moins les tiennent pour tels. Mais de quel droit l'héritier légitime a-t-il été déshérité ? de quel droit a-t-il été dépouillé du royaume[1] ?

Et le doute sur le droit de Hugues était si réel qu'il paraît l'avoir ménagé et peut-être partagé lui-même, car en parlant de son avénement, une chronique porte :

Ainsi le royaume des Français échappa à la race de Charles le Grand. Le duc Hugues en fut mis en possession l'an du Seigneur 989, et le posséda neuf ans, *sans porter toutefois le diadème*[2].

Bien plus, trois siècles après, cette idée conservait encore son empire, et le mariage de Philippe-Auguste avec Elisabeth (Isabelle) de Hainault, issue de la race de Charlemagne, était considéré comme un triomphe de la légitimité : on lit dans la *Chronique de Saint-Bertin* :

Ainsi la couronne du royaume de France échappa à la race de Charles le Grand; mais elle lui revint dans la suite, de la façon que voici. Charles (de Lorraine), qui mourut en prison (à Orléans, en 992), eut deux fils, Louis et Charles,

---

[1] Lettre de Gerbert à Adalbéron, évêque de Laon, écrite en 989. — *Hist. de France*, t. x, p. 401.

[2] *Ibid.* p. 259, 275.

et deux filles, Ermengarde et Gerberge. La première épousa le comte de Namur. De sa descendance naquit Baudouin, comte de Hainault (Baudouin V, 1171-1195), qui eut pour femme Marguerite, sœur de Philippe, comte de Flandre; leur fille, Élisabeth, épousa Philippe II, roi des Français, qui en eut pour fils Louis, son successeur dans le royaume, duquel sont descendus depuis tous les rois des Français. Ainsi il est constant que, dans la personne de ce Louis, et du côté de sa mère, le royaume revint à la race de Charles le Grand[1].

A coup sûr, et malgré l'extrême facilité que trouva Hugues à s'approprier la couronne, ces textes prouvent que l'idée de la légitimité de l'ancienne race était déjà développée et puissante.

Il prit, pour la combattre, le seul moyen efficace; il rechercha l'alliance du clergé qui la professait et avait surtout contribué à l'accréditer. Non-seulement il s'empressa de se faire sacrer à Rheims par l'archevêque Adalbéron, mais il traita les ecclésiastiques réguliers et séculiers avec une faveur infatigable; on le voit sans cesse appliqué à se les concilier, leur prodiguant les donations, leur rendant ceux de leurs priviléges qu'ils avaient perdus dans le

[1] *Chroniq. de Saint-Bertin; histor. de France*, t. x, p. 298.

désordre de la féodalité naissante, ou leur en concédant de nouveaux. Il rétablit entre autres, dans les monastères de ses domaines, la liberté des élections dont, depuis un siècle, on ne tenait presque plus aucun compte. Il abdiqua lui-même la dignité d'abbé de Saint-Germain et de Saint-Denis, dont il avait été revêtu, comme il arrivait souvent alors à des laïques puissans, et fit régulièrement élire à sa place des abbés ecclésiastiques. Sa conduite à cet égard fut si constante et d'un tel effet que, près de 600 ans après sa mort, en 1576, aux États de Blois, les chapitres de chanoines, demandant qu'on leur rendît la liberté de leurs élections, apportaient à l'appui de leur demande cet argument, que la race carlovingienne avait été de courte durée parce qu'elle s'était arrogé le droit de disposer des dignités ecclésiastiques, tandis que la race capétienne, qui, depuis son origine et à l'exemple de son fondateur, en avait habituellement respecté l'indépendance, régnait depuis plus de cinq siècles.

Quelle était, dans cette conduite de Hugues, la part de la sincérité et celle de l'habileté, je ne saurais le dire. Toute sincérité n'y manquait pas, car il agissait ainsi long-temps avant son élévation au trône et lorsque évidemment il n'y pouvait songer. Quoi qu'il en soit, l'intérêt de sa position lui conseillait ce que lui dictait sa croyance, et il les suivit exactement l'un et l'autre. Le caractère romain de la royauté était presque entièrement effacé ; celui de la légitimité appartenait aux adversaires de Hugues ; le caractère chrétien était seul à sa disposition ; il se l'appropria, et ne négligea rien pour le développer.

Secondé par la tendance générale des choses, il y réussit sans peine. Ce fut évidemment sur la base chrétienne que s'affermit la royauté des Capétiens ; et pendant le règne des trois premiers successeurs de Hugues Capet, Robert, Henri Ier et Philippe Ier, elle porta l'empreinte de ce système et vécut sous son empire. C'est surtout à cette cause que plusieurs historiens modernes, M. de Sismondi entre autres, ont attribué la mollesse et l'inertie de ces princes ; pendant qu'autour d'eux se développait l'esprit guerrier, l'esprit ecclésiastique, disent-ils, dominait en eux ; au milieu de la féodalité dans sa force et de la chevalerie dans sa jeunesse, ils étaient les rois des prêtres, soutenus par leur alliance, gouvernés par leur influence, et ne prenant à l'activité extérieure et temporelle de leur temps que fort peu de part.

Je ne crois pas, Messieurs, qu'en fait, l'insignifiance des premiers Capétiens, de Robert, Henri Ier et Philippe Ier, ait été aussi grande qu'on le dit. Quand on regarde de près aux documens et aux événemens de leur temps, on voit qu'ils ont joué un rôle plus important et exercé plus d'influence qu'on ne leur en attribue. Lisez leur histoire : vous les verrez intervenir sans cesse, soit à main armée, soit par des négociations, dans les affaires du comté de Bourgogne, du comté d'Anjou, du comté du Maine, du duché d'Aquitaine, du duché de Normandie, en un mot dans les affaires de tous leurs voisins, et même de seigneuries fort éloignées d'eux. Nul autre suzerain, à coup sûr, sauf les ducs de Normandie qui conquirent un royaume, n'agissait alors aussi souvent et à une aussi grande distance du centre de ses domaines. Ouvrez les lettres contemporaines, par exemple celles de Fulbert et d'Yves, évêques de Chartres, ou celles de Guillaume III, duc d'Aquitaine, et beaucoup d'autres, vous verrez que le roi de France n'était point sans importance, et que les plus puissans suzerains le ménageaient fort. De ces trois princes, le plus apathique, le plus étranger à toute activité sérieuse et forte, était peut-être Philippe Ier; et cependant sa cour ou, comme on l'appelait alors, sa *famille*, c'est-à-dire la réunion des jeunes gens envoyés auprès de lui pour se former, sous son patronage, à la vie de chevalier, était assez nombreuse pour lui tenir quelquefois lieu d'armée. Je vais vous lire le procès-verbal de son sacre, monument curieux, car c'est le plus ancien qui nous reste d'une telle cérémonie; vous verrez que l'existence du roi de France y apparaît plus considérable que vous ne seriez tentés de le croire d'après le tableau qu'en font plusieurs historiens :

L'an de l'incarnation du Seigneur 1059, la trente-deuxième année du règne du roi Henri, le dixième jour avant les calendes de juin (23 mai)....., le roi Philippe fut sacré par l'archevêque Gervais, dans la grande église, devant l'autel de Sainte-Marie, avec les cérémonies suivantes.

La messe commencée, avant qu'on lût l'épître, l'archevêque se tourna vers le roi, et lui exposa la foi catholique, s'enquérant de lui s'il y croyait et la voulait défendre. Sur sa réponse affirmative, on lui apporta sa profession de foi; il la prit, et quoiqu'il n'eût encore que sept ans, il la lut et la signa. Cette profession de foi était ainsi conçue : « Moi, Philippe, devant bientôt, par la grâce de Dieu, » devenir roi des Français, au jour de mon sacre, je pro» mets, en présence de Dieu et de ses saints, de conserver » à chacun de vous, mes sujets, le privilége canonique, la » loi et la justice qui sont dues; et Dieu aidant, autant qu'il

» me sera possible, je m'attacherai à les défendre avec le » zèle qu'un roi doit montrer dans ses États, en faveur de » chaque évêque et de l'église à lui commise ; nous accor- » derons aussi, de notre autorité, au peuple confié à nos » soins, une dispensation des lois conforme à ses droits. »

Cela fait, il remit sa profession de foi entre les mains de l'archevêque, en présence de..... (suivent les noms de cinquante-trois archevêques, évêques ou abbés). Prenant le bâton de saint Remi, l'archevêque expliqua, avec douceur et mansuétude, comment c'était à lui, par-dessus tous, qu'appartenaient l'élection et la consécration du roi, depuis que saint Remi avait baptisé et consacré le roi Clovis. Il expliqua comment le pape Hormisdas avait donné à saint Remi, et le pape Victor à lui, Gervais, et à son église, le droit de consacrer par ce bâton, et la primatie de toute la Gaule. Alors, du consentement de son père Henri, il élut Philippe roi. Après cela, comme il avait été soutenu que cela pouvait se faire sans l'assentiment du pape, néanmoins les légats du saint Siége, pour faire honneur au prince Philippe et lui témoigner leur affection, assistèrent à cette cérémonie. Après eux, vinrent les archevêques et les évêques, les abbés et les clercs ; ensuite Guy, duc d'Aquitaine..... (suivent les noms de seize grands feudataires, présens soit en personne, soit par leurs envoyés).....; ensuite les chevaliers et le peuple, tant les grands que les petits, qui, d'une voix unanime, donnèrent leur consentement et leur approbation, et s'écrièrent par trois fois : « Nous approuvons, nous voulons qu'il en soit » ainsi. » Alors Philippe rendit, à l'exemple de ses prédécesseurs, une ordonnance concernant les biens de Sainte-Marie, le comté de Rheims, et les terres de Saint-Remi et les autres abbayes. Il la scella et la signa.

L'archevêque signa également. Le roi Philippe l'établit grand chancelier, comme les rois ses prédécesseurs l'avaient fait pour les prédécesseurs de Gervais ; et l'archevêque le sacra roi. L'archevêque étant retourné à son siége, et s'étant assis, on apporta le privilége que lui avait accordé le pape Victor, et il en fit lecture en présence des évêques. Toutes ces choses se passèrent avec la dévotion et la joie la plus vive, sans aucun trouble, aucune opposition, ni aucun dommage pour l'État. L'archevêque Gervais accueillit tous les assistans avec bienveillance, et les entretint largement à ses propres frais, quoiqu'il ne le dût à personne, si ce n'est au roi ; mais il le faisait pour l'honneur de son église et par générosité [1].

Certes, aucun autre suzerain, même des plus puissans, ne prenait possession de son rang avec tant de solennité, au milieu d'un tel cortége. Et il est impossible qu'une influence réelle ne se joignît pas très-souvent à une situation si évidemment supérieure.

Cependant, Messieurs, cela dit, et après avoir ainsi restreint une idée fort répandue, je n'ai garde d'en contester absolument la vérité. Il est certain que les premiers Capétiens ne régnèrent point avec l'activité, le pouvoir croissant qui accompagne ordinairement la fondation d'une

[1] *Collect. des Mém. relat. à l'hist. de France*, t. VII, p. 89-92.

nouvelle dynastie, et que leur mollesse frappa même leurs contemporains. On lit dans une chronique d'Anjou, sous l'année 959 :

> Cette année mourut le duc Hugues, abbé de Saint-Martin, fils de Robert le pseudo-roi, et père de cet autre Hugues qui, dans la suite, fut fait roi lui-même avec son fils Robert, que nous-même avons vu régner dans une honteuse mollesse, et de l'apathie duquel n'a point dégénéré son fils Henri, aujourd'hui roitelet[1].

Mais il ne faut pas s'y tromper, Messieurs ; ce ton de mépris avec lequel quelques chroniqueurs parlent de ces rois, n'est point une juste mesure de leur situation. On comparait ce qu'ils étaient à ce qu'ils semblaient devoir être, et leur pouvoir au titre qu'ils portaient. Or ce titre, le nom de roi, réveillait dans les esprits des idées de grandeur, de supériorité, tout-à-fait étrangères au nouvel état de la société, empruntées aux souvenirs de Charlemagne. Il semblait que quiconque s'appelait roi dût, comme Charlemagne, régner sur un immense territoire, commander, conquérir, s'élever fort au-dessus de tous les autres hommes. A côté de cette colossale figure de

[1] *Chroniq. d'Anjou, dans les Histor. de France*, t. VIII, p. 252.

Charlemagne qui remplissait les romans populaires et occupait toutes les imaginations, Robert, Henri Ier et Philippe Ier étaient de chétifs personnages. Eux-mêmes en avaient le sentiment; eux aussi, par leur titre de roi, se croyaient placés dans cette situation élevée, majestueuse, que Charlemagne avait faite, et appelés à exercer un grand, un brillant pouvoir. Et pourtant, en fait, ils ne le possédaient point; ils n'étaient, matériellement parlant, que de grands propriétaires de fiefs, entourés d'autres propriétaires de fiefs, aussi puissans, peut-être même plus puissans qu'eux. Ils se regardaient comme les héritiers du trône de Charlemagne, et n'étaient pas capables de le remplir. De là une extrême incertitude, et comme une sorte de stagnation singulière dans leur situation. Ils ne comprenaient pas le caractère nouveau que devait prendre la royauté au milieu d'une société si complètement changée; ils ne savaient pas jouer, en tant que rois, le rôle qui lui convenait; et en même temps ils étaient incapables de continuer cette ancienne royauté, cette royauté souveraine et pompeuse dont pourtant ils se croyaient revêtus.

C'est peut-être dans cette contradiction qu'il faut chercher la cause, sinon la plus apparente, du moins la plus réelle, de l'état d'inertie et d'impuissance des premiers Capétiens. Ils avaient expulsé les derniers Carlovingiens; et pourtant ils vivaient à peu près comme eux, immobiles, renfermés dans l'intérieur de leur palais, sous l'empire des prêtres et des femmes, hors d'état d'être rois à la façon de Charlemagne, de se faire rois comme il convenait à leur temps, et succombant sous ce double embarras.

Ce fut seulement au commencement du XIIe siècle, à la fin du règne de Philippe Ier et dans la personne de son fils Louis, que la royauté comprit le changement accompli dans sa situation, et commença à revêtir le caractère qui lui convenait. De Louis le Débonnaire à Louis le Gros, et malgré l'usurpation de Hugues Capet, on la voit se traîner dans la même ornière, à moitié impériale, à moitié religieuse, et se perdant de plus en plus dans l'incertitude de sa nature. Avec Louis le Gros commence la royauté nouvelle, la royauté de l'époque féodale, et d'où la royauté moderne est sortie. Je vais essayer de vous faire reconnaître, dans les monumens contemporains, cette importante révolution.

De ces monumens, le plus instructif, le plus authentique, est, sans contredit, la *Vie de*

Louis le Gros, par Suger. On ne saurait l'étudier avec trop de soin et de trop près. Elle répand des lumières infinies sur l'état de la société française à cette époque. J'en tirerai presque tout ce que je vais mettre sous vos yeux.

Et d'abord, à propos de la conduite du prince Louis, pendant que son père régnait encore, je lis dans cette histoire :

Ce jeune héros, gai, se conciliant tous les cœurs, et d'une bonté qui le faisait regarder par certaines gens comme un homme simple, était à peine parvenu à l'adolescence qu'il se montrait déjà, pour le royaume de son père, un défenseur..... courageux, pourvoyait aux besoins des églises, et, *ce qui avait été négligé long-temps*, veillait à la sûreté des laboureurs, des artisans et des pauvres [1].

Et un peu plus loin :

Vers ce temps, en 1101, il arriva qu'entre le vénérable Adam, abbé de Saint-Denis, et Bouchard, noble homme, seigneur de Montmorency, s'élevèrent, à raison de quelques coutumes, certains débats qui s'échauffèrent si fort, et en vinrent malheureusement à un tel excès d'irritation que,

---

[1] *Vie de Louis le Gros*, par Suger, c. 2, dans ma *Collection*, t. VIII, p. 8.

l'esprit de révolte brisant tous les liens de la foi et hommage, les deux partis se combattirent par les armes, la guerre et l'incendie. Ce fait étant parvenu aux oreilles du seigneur Louis, il en manifesta une vive indignation, et n'eut point de repos qu'il n'eût contraint ledit Bouchard, dûment sommé, à comparaître au château de Poissy, devant le roi son père, et à s'en remettre à son jugement. Bouchard, ayant perdu sa cause, refusa de se soumettre à la condamnation prononcée contre lui, et se retira sans qu'on le retînt prisonnier, *ce que n'eût pas permis la coutume des Français. Mais tous les maux et les calamités dont la majesté royale a droit de punir la désobéissance des sujets, il les éprouva bien vite.* En effet, le jeune et beau prince porta sur-le-champ ses armes contre lui, etc [1].

N'êtes-vous pas frappés de l'attitude nouvelle que prend ici la royauté, du langage nouveau qu'on parle en son nom? Nous sommes bien évidemment au milieu de la société féodale; les choses se passent comme je vous les ai décrites. Un vassal du duc de France, le seigneur de Montmorency, est cité devant la cour de son suzerain; elle le condamne; il refuse d'obéir et se retire tranquillement sans qu'on tente même de l'arrêter, *ce que n'eût pas permis la coutume des Français.* Jusqu'ici tout est féo-

[1] *Vie de Louis le Gros*, par Suger, c. II, dans ma *Collection*, t. VIII, p. 8.

dal; tout est conforme aux relations ordinaires des suzerains et des vassaux. Mais voici un nouvel élément qui intervient : « Tous les maux » et toutes les calamités dont la majesté royale » a droit de punir la désobéissance des sujets, » Bouchard les éprouva bien vite. » Ceci n'est plus de la féodalité. Ce même Bouchard, que son suzerain n'a pas osé faire arrêter, quoiqu'il l'eût condamné, voici un nouveau maître, son roi, qui le poursuit et lui inflige toutes les calamités « dont la majesté royale *a droit de » punir la désobéissance des sujets.* » La royauté apparaît ici en dehors de la féodalité, respectant les droits, les rapports féodaux, s'accommodant d'abord à leurs principes, à leurs formes, puis s'en dégageant, et réclamant, et exerçant, au nom d'autres principes, en son propre nom, le droit de poursuivre et de punir.

Je continue. Il faut voir beaucoup de faits du même genre et les observer attentivement :

La noble église de Rheims, dit Suger, voyait ses biens et ceux des églises qui dépendaient d'elle, ravagés par la tyrannie du très-vaillant et turbulent baron Ebble de Roussi et de son fils Guichard..... Les plaintes les plus lamentables contre cet homme si redoutable par sa bravoure, mais si criminel, avaient été portées cent fois au seigneur roi Philippe, et tout récemment deux ou trois fois à son fils. Celui-ci, dans son indignation, réunit une petite armée à peine composée de sept cents chevaliers..... marche en toute hâte vers Rheims, venge en moins de deux mois, par des combats sans cesse renouvelés, les torts faits anciennement aux églises, ravage les terres du tyran et de ses complices, et porte partout la désolation et l'incendie. Justice bien louable qui faisait que ceux qui pillaient étaient pillés à leur tour, et que ceux qui tourmentaient étaient pareillement, ou même plus durement tourmentés.....

Il ne s'illustra pas moins en prêtant le secours de ses armes à l'église d'Orléans [1].....

C'était par ces preuves de valeur et d'autres encore, que le seigneur futur de la France s'élevait dans l'esprit des sujets, et s'efforçait avec une courageuse constance, toutes les fois qu'il s'en offrait quelque occasion favorable, de pourvoir avec sagacité à l'administration du royaume et de la chose publique, de dompter les rebelles, et de prendre ou soumettre, par tous les moyens possibles, les châteaux signalés comme oppresseurs [2].

Philippe meurt; Louis lui succède; la première idée qui vient à l'esprit de son historien est celle-ci :

Louis devenu roi des Français, par la grâce de Dieu,

---

[1] *Vie de Louis le Gros*, par Suger, c. 5 et 6; dans ma *Collection*, t. VIII, p. 15-17.

[2] *Ibid*, c. 8, p. 21.

ne perdit pas l'habitude qu'il avait contractée dans son adolescence, de protéger les églises, de soutenir les pauvres et les malheureux, et de veiller à la défense et à la paix du royaume [1].

Et il en donne aussitôt plusieurs preuves, parmi lesquelles je choisis l'anecdote suivante :

On sait que les rois ont les mains longues....

Singulière phrase à cette époque, Messieurs; croyez-vous qu'on eût dit de Robert, de Henri Ier, de Philippe Ier, qu'ils avaient les mains longues? Leurs flatteurs, les prêtres qui les entouraient pouvaient leur parler de la majesté de leur titre, de la sublimité de leur rang; mais l'étendue réelle de leur pouvoir, la portée de leurs mains! nul n'y eût songé. Cette idée renaît au temps de Louis le Gros; la royauté se représente aux esprits comme un pouvoir général, qui a droit partout, peut atteindre partout. « On sait que les rois ont les mains » longues, » dit l'historien, et il continue aussitôt en développant sa phrase :

Pour qu'il parût donc clairement qu'en aucune partie

---

[1] *Vie de Louis le Gros*, par Suger, c. 14; t. VIII, p. 50.

de la terre l'efficacité de la vertu royale n'était renfermée dans les étroites limites de certains lieux, un nommé Alard de Guillebaut, homme habile et beau parleur de son métier, vint des frontières de Berry (en 1117) trouver le roi. Il exposa en termes assez éloquens les réclamations de son beau-fils, et supplia humblement le seigneur Louis de citer en justice, par-devant lui, en vertu de son autorité souveraine, le noble baron Aymon, surnommé Vair-Vache, seigneur de Bourbon, qui refusait justice à ce beau-fils; de réprimer la présomptueuse audace avec laquelle cet oncle dépouillait son neveu, fils de son frère aîné Archambaut, et de fixer, par le jugement des Français, la portion de biens que chacun devait avoir. Craignant que des guerres privées ne fussent pour la méchanceté une occasion de s'accroître, et que les pauvres, accablés de vexations, ne portassent la peine de l'orgueil d'autrui, le monarque.... cita en justice le susdit Aymon. Ce fut en vain : celui-ci, se défiant de l'issue du jugement, refusa de se présenter. Alors, sans se laisser arrêter ni par les plaisirs ni par la paresse, Louis marcha vers le territoire de Bourges, à la tête d'une nombreuse armée, alla droit à Germigny, château bien fortifié appartenant à ce même Aymon, et assaillit vigoureusement la place. Ledit Aymon reconnaissant qu'il n'avait aucun moyen de résister, et perdant tout espoir de sauver sa personne et son château, ne trouva d'autre voie de salut que d'aller se jeter aux pieds du seigneur roi, s'y prosternant plusieurs fois au grand étonnement de la foule des spectateurs; il pria instamment le roi de se montrer miséricordieux envers lui, rendit son château, et se remit entièrement lui-même à la volonté de la majesté royale. Le seigneur Louis garda le château, conduisit Aymon en France pour y être jugé, fit avec autant d'équité que de piété terminer la querelle entre l'oncle et le neveu, par le jugement et l'arbitrage des Français, et mit fin, à force de fatigues et d'argent, aux peines et à l'oppression qu'avait à souffrir une foule de gens. Il prit ensuite l'habitude de faire souvent, et toujours avec la même clémence, des expéditions semblables dans ce pays, pour y assurer la tranquillité des églises et des pauvres. Les rapporter toutes dans cet écrit serait fatiguer le lecteur, nous croyons donc plus convenable de nous en abstenir [1].

Et tous les faits de ce genre sont résumés dans cette réflexion générale :

C'est le devoir des rois de réprimer de leur main puissante, et par le droit originaire de leur office, l'audace des tyrans qui déchirent l'État par des guerres sans fin, mettent leur plaisir à piller, désolent les pauvres, détruisent les églises, et se livrent à une licence qui, si on ne l'arrêtait, les enflammerait d'une fureur toujours croissante [2].

Certes, Messieurs, ceci n'est plus la royauté molle, inerte, de Philippe Ier, de Robert; et pourtant ce n'est pas non plus l'ancienne

1 *Vie de Louis le Gros*, par Suger; dans ma *Collection*, t. VIII, p. 103.

2 *Ibid.*, p. 99.

royauté des Carlovingiens, au temps de sa force et de sa gloire. Dans les textes que je viens de vous lire, vous chercheriez en vain l'idée romaine, le type impérial. La royauté nouvelle ne réclame point le pouvoir absolu, le droit d'administrer seule et partout; elle ne prétend point à cet héritage des anciens empereurs; elle reconnaît et respecte l'indépendance des seigneurs féodaux; elle laisse leur juridiction s'exercer librement dans leurs domaines; elle ne nie et ne détruit point la féodalité. Seulement elle s'en sépare; elle se place au-dessus de tous ses pouvoirs, comme un pouvoir distinct, supérieur, qui, par le titre originaire de son office, a droit d'intervenir pour rétablir l'ordre, la justice, pour protéger les faibles contre les puissans, les gens désarmés contre les gens armés; pouvoir d'équité et de paix, au milieu de la violence et de l'oppression générale; pouvoir dont le caractère essentiel, dont la vraie force résident, non dans quelque fait antérieur, mais dans son harmonie avec les besoins réels, immédiats, de la société, dans le remède qu'il apporte ou promet aux maux qui la travaillent. Car, remarquez le bien, le caractère religieux ne tient guère plus de place dans la royauté de Louis le Gros que le caractère impérial;

elle ne ressemble guère plus à la royauté de Robert qu'à celle de Charlemagne. Le prince est l'ami, l'allié de l'église, ou plutôt des églises; il les honore en toute occasion, les protége quand elles en ont besoin, reçoit d'elles un utile appui; mais il ne paraît pas très-préoccupé de la divine origine de son pouvoir; la théorie chrétienne tient peu de place dans son esprit et dans son règne; il ne l'invoque point pour s'arroger le pouvoir absolu; elle ne détermine point la physionomie de ses actes, la couleur de son langage. Il n'y a, en tout, dans son gouvernement, rien de savant, de systématique; il s'inquiète peu de théorie, peu de l'avenir; il pourvoit, selon les règles du bon sens, aux besoins du présent; il maintient ou rétablit partout de son mieux l'ordre, la justice. Il s'en croit la mission et le droit, mais ne les rattache à aucun principe général, ne poursuit aucun grand dessein.

C'est là le vrai caractère du gouvernement de Louis le Gros; caractère si conforme à l'esprit et aux besoins du temps, qu'on le voit persister et se développer après sa mort, sous le règne de son fils, Louis le Jeune, l'un des souverains les plus faibles, les plus désordonnés, les plus dominés par ses goûts personnels, les plus étrangers à toute pensée publique, qui aient régné sur la France. La révolution accomplie, sous le règne de son père, dans la nature et la situation de la royauté, était si naturelle, si forte, qu'entre les mains d'un prêtre, de l'abbé Suger, le pouvoir royal suivit la même route, conserva la même physionomie que lui avait imprimée Louis le Gros, sans contredit le chevalier le plus actif, le plus guerroyant de cette époque. Vous savez que Suger fut le principal conseiller de Louis VII, et que pendant la longue absence de ce prince, parti pour la Terre-Sainte, ce fut Suger qui porta vraiment la couronne. Je vais mettre sous vos yeux quelques lettres écrites, soit par lui, soit à lui, et qui caractérisent son gouvernement. Vous y reconnaîtrez sans peine le développement de ce que vous venez de voir commencer sous Louis VI.

En 1148, pendant que le roi, de désastre en désastre, traversait l'Asie mineure, les bourgeois de Beauvais adressent à Suger la lettre que voici :

Au seigneur Suger, par la grâce de Dieu, révérend abbé de Saint-Denis, les pairs de la commune de Beauvais, salut et respect comme à leur seigneur.

Nous en appelons à vous et nous plaignons à vous comme

à notre seigneur, puisque nous avons été remis en vos mains et votre tutelle par le seigneur roi. Un certain homme, juré de notre commune, ayant entendu dire que deux chevaux qui lui avaient été enlevés pendant le carême, étaient à Levémont, s'y rendit le jeudi de la Résurrection du Seigneur pour les reprendre. Mais Galeran, seigneur de ladite ville, ne portant aucun respect à la résurrection du Seigneur, fit arrêter cet homme qui n'avait commis aucun délit, et le força de racheter sa liberté au prix de dix sous parisis, et ses chevaux au prix de cinquante. Comme cet homme est pauvre et doit à usure cette somme et beaucoup d'autres, nous supplions, au nom du Seigneur, votre sainteté de faire, par la grâce de Dieu et la vôtre, bonne justice de Galeran, pour qu'il rende à notre juré son argent, et désormais n'ose plus troubler quelqu'un qui vous est confié. Salut [1].

La commune de Beauvais se serait-elle adressée à Louis le Gros en d'autres termes ?

Voici une autre lettre. C'est Suger lui-même qui, en 1149, écrit à Samson, archevêque de Rheims, pour réclamer son appui en faveur du pouvoir royal attaqué :

Au vénérable Samson, archevêque de Rheims, par la grâce

---

1 *Lettres de et à Suger*, dans le *Recueil des Hist. de France*, t. xv, p. 506.

de Dieu, Suger, abbé du bienheureux Denis, salut et dilection.

Comme la gloire du corps du Christ, c'est-à-dire de l'Église de Dieu, consiste dans l'indissoluble union de la royauté et du sacerdoce, il est constant que qui sert l'un sert l'autre, car il est évident pour tous les sages que le pouvoir temporel existe par l'Église de Dieu, et que l'Église de Dieu profite par le pouvoir temporel; c'est pourquoi, voyant, pendant la longue absence du voyage de notre très-cher Louis, roi des Français, le royaume gravement agité par les égaremens et les attaques des méchans, craignant qu'avec le royaume, l'Église ne soit encore plus gravement troublée, et ayant besoin sur-le-champ de faire quelque chose, nous vous invitons, vous supplions,..... et vous sommons par le lien commun du même serment dont vous et moi sommes attachés au royaume, de vous trouver près de nous à Soissons, avec vos suffragans, le dimanche qui précède les Rogations. Nous avons convoqué pour le même temps et lieu les archevêques, les évêques et les principaux grands du royaume, afin que, selon notre fidélité et notre serment,.... nous pourvoyions avec prudence au royaume et à l'Église de Dieu, que nous portions chacun les fardeaux des autres, et nous placions comme un rempart pour la maison d'Israël, parce que si nous ne tenons pas fermement à l'État dont il est dit, *la multitude des croyans n'avait qu'un cœur et qu'une âme*, l'Église de Dieu sera en péril, et le royaume, divisé contre lui-même, livré à la désolation [1].

---

[1] *Histor. de Fr.*, t. XV, p. 511.

Et ce n'était pas en vain que Suger demandait l'appui des évêques; il se servait d'eux très utilement pour exercer la surveillance royale et maintenir un peu d'ordre dans les provinces les plus éloignées. La lettre suivante que lui écrivait, en 1149, Geoffroi, archevêque de Bordeaux, est l'une de celles qui font le mieux connaître l'état du pays, et le mode d'intervention du pouvoir.

Geoffroi, archevêque de Bordeaux, à Suger.

A son révérend et très-cher en Christ, Suger, par la grâce de Dieu abbé de Saint-Denis, son frère Geoffroi, dit évêque de Bordeaux, avec le salut d'amour et de respect qu'il peut rendre dans le Seigneur.

Nous avions à vous communiquer l'état de notre pays, comme nous en étions convenus ensemble; mais nous avons retardé jusqu'à présent afin que, si quelque changement avait lieu, nous n'eussions à vous annoncer que des choses certaines et connues. Vous saurez d'abord que le jour de l'Assomption de la bienheureuse Marie, à Mansan, où s'étaient réunis l'archevêque d'Auch et presque tous les évêques et grands de la Gascogne, nous avons, en présence de tous, attaqué le vicomte du Gabardan, sur ce que les terres du seigneur-roi étaient attaquées et dépouillées par lui et les siens, et sur ce qu'il assiégeait la cité de Dax, propriété du roi. Ensuite furent lues devant tous et exposées par nous les lettres du seigneur-pape, portant excommunication sur lui et sa terre, s'il ne se désistait d'inquiéter la terre du roi. Il parut très-dur à lui et aux siens d'entendre cette sentence, et que ces choses et d'autres plus dures encore fussent dites en public. Tout ne s'est pas passé suivant notre désir; cependant nous avons obtenu, non sans de grandes difficultés, qu'un jour serait assigné....., à la suite du colloque, où, selon l'avis du susdit archevêque et de nous, on s'occuperait de l'enquête que nous avions faite de la part du seigneur-pape et du seigneur-roi. Nous ne savons pas ce que ledit vicomte fera là-dessus, mais on dit qu'il ne soutiendra pas longtemps la sentence, si elle est exécutée à la rigueur. C'est pourquoi il serait nécessaire que le seigneur-pape,.... ordonnât de nouveau d'exécuter dans toute sa rigueur la même sentence, ou une plus sévère, car il y a des gens qui tremblent et cependant ne se rendent pas à la voix d'un seul ordre. Nos autres grands semblent, par la grâce de Dieu, mieux disposés que de coutume au bien et à la paix du pays. Mais Martin, qui était chargé de la garde de la tour de Bordeaux, est entré récemment dans la voie de toute chair. Cette tour, telle que nous l'avons reçue de ce Martin, est entièrement dépourvue de munitions et de vivres, à ce que nous avons su avec certitude par ceux que nous avons envoyés la visiter;... Martin disait avoir dépensé fidèlement, pour fournir la tour et suppléer à ses besoins et à ceux des siens, les quatorze livres qui lui avaient été promises l'an dernier. Mais à présent qu'il est mort, ceux qui restent paraissent peu propres à cette garde..... Puis donc que le gouvernement et le soin du royaume vous regardent, vous et le comte Raoul, que nous vous prions de saluer de notre part et d'instruire de tout ceci, qu'il soit de votre sollicitude et de la sienne,.... si vous voulez conserver la terre du roi, de vous occuper diligemment et sans retard, à cause de la nécessité pressante, de fournir la tour.... de courageux et capables gardiens, avec un bon pourvoyeur et toutes les choses dont ils auront besoin. Quant aux officiers établis par le roi, en Aquitaine, et ceux qui leur sont préposés, le frère N., porteur de la présente, vous en dira ce qui est nécessaire, ainsi que pour plusieurs autres choses qu'il sait bien. Nous vous prions de l'en croire comme nous-mêmes, car il est tel que vous le connaissez, disant la vérité et fidèle et dévoué, selon son pouvoir, à tout ce qui touche le roi. Vous nous répondrez par lui ce qu'il vous plaira [1].

Malgré ses efforts, Suger ne réussissait que très-imparfaitement à maintenir un peu d'ordre et à défendre les domaines et les droits du roi. Aussi le pressait-il constamment de revenir. Il lui écrivait entre autres en 1149 :

Suger à Louis, roi des Français.

...... Les perturbateurs du repos public sont de retour, tandis qu'obligé de défendre vos sujets, vous demeurez comme captif dans une terre étrangère. A quoi pensez-vous, seigneur, de laisser ainsi à la merci des loups les brebis qui vous sont confiées?.... Non, il ne vous est pas per-

---

1 *Histor. de Fr.*, t. xv, p. 515.

mis de vous tenir plus long-temps éloigné de nous. Nous supplions donc Votre Altesse, nous exhortons votre piété, nous interpellons la bonté de votre cœur, enfin, nous vous conjurons, par la foi qui lie réciproquement le prince et les sujets, de ne pas prolonger votre séjour en Syrie au-delà des fêtes de Pâques, de peur qu'un plus long délai ne vous rende coupable aux yeux du Seigneur, de manquer au serment que vous avez fait en recevant la couronne...... Vous avez lieu, je pense, d'être satisfait de notre conduite. Nous avons remis entre les mains des chevaliers du Temple l'argent que nous avions résolu de vous envoyer. Nous avons de plus remboursé au comte de Vermandois les trois mille livres qu'il nous avait prêtées pour votre service. Votre terre et vos hommes jouissent, quant à présent, d'une heureuse paix. Nous réservons pour votre retour les reliefs des fiefs mouvans de vous, les tailles et les provisions de bouche que nous levons sur vos domaines. Vous trouverez vos maisons et vos palais en bon état par le soin que nous avons pris d'en faire les réparations. Me voilà présentement sur le déclin de l'âge; mais j'ose dire que les occupations où je me suis engagé pour l'amour de Dieu, et par attachement pour votre personne, ont beaucoup avancé ma vieillesse. A l'égard de la reine votre épouse, je suis d'avis que vous dissimuliez le mécontentement qu'elle vous cause, jusqu'à ce que, rendu en vos États, vous puissiez tranquillement délibérer sur cela et sur d'autres objets [1].

---

[1] *Rec. des Histor. de Fr.*, t. xv, p. 509.

Louis revint enfin, et, dans le cours de cette même année, de retour en Europe et en route vers la France, il écrivit à Suger :

Nous ne pouvons exprimer dans cet écrit avec quelle ardeur de cœur nous désirons la présence de votre dilection. Mais nous voulons vous faire connaître la cause de notre retard. Après avoir abordé en Calabre, nous y avons attendu trois jours la reine, qui n'avait pas encore abordé. Quand elle fut arrivée, nous dirigeâmes notre chemin vers Roger, roi de Pouille, qui nous retint trois jours. Au moment où nous le quittions, la reine tomba malade. Dès qu'elle fut convalescente, nous allâmes chez l'Apostolique, près de qui nous passâmes deux jours, et un à Rome. Et maintenant, nous hâtant de venir à vous sain et sauf, nous vous ordonnons de ne pas tarder à venir nous trouver en secret, un jour avant nos autres amis. Ayant entendu certains bruits sur notre royaume, et n'en connaissant pas la vérité, nous voulons savoir de vous comment nous devons nous comporter envers chacun. Que ceci soit si secret que nul autre que vous n'en ait connaissance [1].

Le roi, arrivé à Paris, reprend le gouvernement, auquel sa présence devait nuire encore plus que son absence; et dans le cours de l'année suivante, 1150, je trouve cette lettre que lui adresse Suger, presque complètement retiré

[1] *Histor. de Fr.*, t. xv, p. 518.

dans son abbaye de Saint-Denis, et la dernière que je veuille aujourd'hui vous citer :

Nous supplions bien instamment l'Altesse de Votre Majesté royale, en qui nous avons toujours eu coutume de nous confier, de ne pas se jeter sans réflexion et sans le conseil de vos archevêques, de vos évêques et de vos grands, dans la guerre contre le comte d'Anjou, que vous avez fait duc de Normandie. Si vous l'attaquiez légèrement, vous ne pourriez ensuite ni vous retirer avec honneur, ni continuer sans grandes peines. Aussi, quoique vous ayez convoqué vos hommes pour cela, nous vous conseillons et vous prions, après avoir entendu leur conseil, d'attendre un peu jusqu'à ce que vous ayez recueilli l'avis de vos fidèles, savoir : de vos évêques et de vos grands, qui, selon le droit de la foi qu'ils doivent à vous et à la couronne, vous aideront de toutes leurs forces à accomplir ce qu'ils vous auront conseillé [1].

Vous le voyez, Messieurs; soit que Suger écrive ou qu'on lui écrive, soit qu'il écrive au roi ou aux sujets, dans tous les documens, la royauté apparaît sous le même aspect. Ce n'est plus évidemment ni la royauté impériale, telle que la voulait ressusciter Charlemagne, ni la royauté ecclésiastique, telle que l'auraient faite les prêtres. C'est un pouvoir public, dont on

[1] *Histor. de Fr.*, t. XV, p. 522.

ne connaît pas bien l'origine ni la portée, mais essentiellement distinct des pouvoirs féodaux, et appelé à les surveiller, à les contenir dans un intérêt public, à protéger contre eux les faibles; une sorte de juge de paix universel au milieu de la France, comme je le disais, si je ne me trompe, il y a deux ans. C'est par là, Messieurs, par la naissance et le développement de ce fait, que les règnes de Louis le Gros et de Louis le Jeune font époque dans notre histoire politique. A partir de là, la royauté moderne, la royauté française existe véritablement, et joue, au milieu de notre société, le rôle qui lui a long-temps appartenu.

Nous verrons, dans notre prochaine réunion, ce qu'elle devint sous le règne de Philippe-Auguste, et comment il se servit du nouvel instrument que lui avaient légué ses prédécesseurs, je veux dire la royauté, pour aller bien plus loin, et refaire ce que ses prédécesseurs ne lui avaient point légué, le royaume.

FIN DU TOME PREMIER.

www.ingramcontent.com/pod-product-compliance
Ingram Content Group UK Ltd.
Pitfield, Milton Keynes, MK11 3LW, UK
UKHW031831260826
14628UKWH00001B/317

9 782013 400589